CAN-DO リスト作成・活用

英語到達度指標
CEFR-J
ガイドブック

CD-ROM 付

投野 由紀夫 編

大修館書店

はじめに

　本書は2012年3月に一般公開された新しい英語到達度指標 CEFR-J のガイドブックである。文部科学省初等中等教育局は2013年3月『各中・高等学校の外国語教育における「CAN-DO リスト」の形での学習到達目標設定のための手引き』を公表した。これは2011年6月にとりまとめた「国際共通語としての英語力向上のための5つの提言と具体的施策」の中で，生徒に求められる英語力を達成するための学習到達目標を「CAN-DO リスト」の形で具体的に設定すること，という提言を受けたものである。この背景には世界的に新しい外国語能力の参照基準として注目を集めている *Common European Framework of Reference for Languages : Learning, teaching, assessment*（CEFR）の存在がある。

　CEFR-J は欧州評議会で開発された CEFR に準拠し，それを日本の英語教育の枠組みに適用したものである。CEFR-J の構築は，2004-2007年度（課題番号：16202010，代表者：小池生夫），および2008-2011年度（課題番号：20242011，代表者：投野由紀夫）の2つの基盤研究（A）の研究成果に基づいている。本書は特に CEFR-J の具体的策定と検証を行った後者の科研プロジェクトの研究分担者および研究協力者18名によって執筆が行われた。

　CEFR は正式には2001年に発表されたが，翌2002年7月，文科省は「英語が使える日本人の育成のための戦略構想の策定について－英語力・国語力増進プラン－」を発表し，総合政策で英語教育を改造しようとした。2004年に CEFR の翻訳書（吉島・大橋，2004）が出版され，我々の第1期の科研プロジェクトが開始。アジア諸国，さらにアメリカ，欧州などの外国語としての英語教育の水準を日本のそれと比較した。そして，日本人がグローバル世界で活躍するために必要とする英語力，交渉力はどの程度かを，典型的な例として日本人ビジネスパーソン約7000名を対象に調査をおこなった。この調査の結果，衝撃的な実態が明らかになった。すなわち彼らが必要と感じる英語コミュニケーション能力は極めて高く，TOEIC が900以上，英検は1級である。それに対して彼らの実際の英語力は自己評価では大体3割から半分程度であり，80％が貧弱な英語力のために国際交渉力に大きな不安をもっていた。ストラスブールの欧州評議会，グラーツの欧州現代語セン

ター(ECML)の訪問によって，小池氏は以下のように述懐している。
「我々は初めて実感を持って欧州の40年以上にわたる研究の成果がコミュニカティブ・アプローチを生み出し，グローバル世界を外国語教育でリードし，世界的影響をアジア，さらに米国にも与えつつあり，社会変革をもたらしている実態を理解した。欧州各国が共同して，CEFR のもとに最新の学習法，教授法，教員の養成法，少数民族への言語教育がどんどん進めつつあり，効果を上げている実態を理解したのである。そして，遅ればせながら，グローバルな未来社会を予想して，日本の英語教育を改革するために CEFR の日本版を試作し学習者中心の到達目標を明確にし，小学校から大学まで一貫するカリキュラムを作る必要を認識した。」(小池生夫談)

　我々はこのような問題意識から次の4年間の科研プロジェクトで CEFR-J の試作と検証を行った。本書はその記録である。Part 1 は CAN-DO リストの原典である CEFR そのものを理解するための情報を整理した。Part 2 では CEFR に準拠して構築された CEFR-J の構築プロセスを詳述し，CAN-DO リストの検証を行いたい研究者や学校などに参考になる情報を中心に提供した。Part 3 では CEFR-J を活用するために，CEFR レベル別，英語技能別の指導法や CEFR-J の活用法を研究メンバーの得意分野を活かして自由に執筆してもらった。

　さらに本書には CEFR-J の活用度を高めるための各種資料が CD-ROM の媒体で提供されている。CEFR-J 本体，付属語彙表，CAN-DO リスト集，ディスクリプタ検証用データ，各種報告書などが利用できる。これらの利用によって，さらに CEFR-J のような CEFR の応用研究が促進されるものと期待される。

　最後に，2度の基盤研究（A）で大規模な研究を支えて下さった日本学術振興会，CEFR-J のディスクリプタの精度向上のための調査に参加して下さった日本中の英語教員，学生の皆さん，そして多岐にわたる執筆チームの要望をとりまとめ，執筆作業を実に的確に導いてくださった大修館書店の小林奈苗さんに心から御礼申し上げたい。

2013年5月
投野由紀夫

目次

はじめに ……………………………………………………………………… iii
執筆者一覧 …………………………………………………………………… viii

Part 1　CAN-DO リストの原典：CEFR とは？ ……………………… 3

Q1	CEFR ができた歴史的な背景とは？ ………………………………	4
Q2	CEFR の理念である「行動指向アプローチ」とは？ ……………	13
Q3	CEFR が前提とする「複言語主義」とは？ ………………………	18
Q4	CEFR ディスクリプタの作成プロセスは？ ………………………	23
Q5	CEFR の各言語における利用状況は？ ……………………………	30
Q6	A1, B2などの CEFR のレベルの示すものは？ …………………	34
Q7	Spoken Interaction と Spoken Production の違いや特徴は？ ………………………………………………………………………	38
Q8	CEFR の元になった Threshold Level とは？ ……………………	46
Q9	CEFR は評価のため？指導のため？ ………………………………	51
Q10	CEFR は外国語教育にどのように活かされているか？ …………	56
Q11	Core Inventory とは？――CEFR の英語における利用指針 …	61
Q12	English Profile Programme とは？ ………………………………	65
Q13	ESLC とは？――CEFR に基づいた言語能力調査 ………………	72
Q14	CEFR 準拠教材にはどのようなものがあるか？ …………………	77
Q15	CEFR を元にした言語テストはどのようなものがあるか？ ……	82
Q16	CEFR はアジアでどのように応用されているか？ ………………	87

| Part 2　CEFR-J を理解する | 91 |

- Q17　CEFR-J と CEFR との関係は？ ……… 92
- Q18　CAN-DO リストの表す能力とは？ ……… 97
- Q19　CAN-DO リストのディスクリプタの含むべき要素は？ ……… 101
- Q20　CAN-DO リストは一般的にどのような妥当性検証を行うか？ ……… 105
- Q21　CAN-DO リストの妥当性を検証する「並べ替え調査」とは？ ……… 111
- Q22　CAN-DO リストの妥当性を検証する「学生自己評価アンケート」とは？ ……… 117
- Q23　CAN-DO リストはどのように作られ，検証されたのか？ ……… 123
- Q24　CEFR-J Wordlist とは？ ……… 130
- Q25　CEFR-J Can do Descriptor Database とは？ ……… 135

| Part 3　CEFR-J を活用する | 141 |

- Q26　Pre-A1レベルの CAN-DO の特徴とその指導法とは？ ……… 142
- Q27　A1レベルの CAN-DO の特徴とその指導法とは？ ……… 149
- Q28　A2レベルの CAN-DO の特徴とその指導法とは？ ……… 156
- Q29　B1レベルの CAN-DO の特徴とその指導法とは？ ……… 164
- Q30　B2レベルの CAN-DO の特徴とその指導法とは？ ……… 172
- Q31　Cレベルの CAN-DO の特徴とその指導法とは？ ……… 181
- Q32　Spoken Production の CAN-DO の特徴とその指導法とは？ ……… 188
- Q33　Spoken Production の CAN-DO と実際のスキルとの関連性は？ ……… 197
- Q34　Spoken Interaction の CAN-DO の特徴とその指導法とは？ ……… 204

Q35	Spoken Interaction の CAN-DO と実際のスキルとの関連性は？ 212
Q36	Listening の CAN-DO の特徴とその指導法とは？ 221
Q37	Listening の CAN-DO と実際のスキルとの関連性は？ 228
Q38	Reading の CAN-DO の特徴とその指導法とは？ 237
Q39	Reading の CAN-DO と実際のスキルとの関連性は？ 245
Q40	Writing の CAN-DO の特徴とその指導法とは？ 255
Q41	Writing の CAN-DO と実際のスキルとの関連性は？ 265
Q42	CEFR-J を用いた文法指導はどうあるべきか？ 273
Q43	CEFR-J を用いた語彙指導はどうあるべきか？ 281
Q44	CEFR-J を用いた言語テストはどうあるべきか？ 290

CEFR-J（日本語版） 294
参考文献 302
索引 311

付属 CD-ROM の内容

＊詳しくは CD-ROM 中の「本 CD-ROM について」ファイルをご覧ください。

1．Can do ディスクリプタ・データベース（ELP に含まれる CAN-DO リストのデータベース）
2．CAN-DO 学生自己評価アンケート（学生自己評価アンケートに関する資料）
3．分析結果（科研研究報告に掲載された分析結果を再録）
4．CEFR-J Wordlist（本書 Q.24で紹介した CEFR-J 活用語彙表 Version 1）
5．CEFR-J 本体英語版／日本語版
6．Descriptor Corpus（記述文の研究用に作成したディスクリプタの英文コーパス）
7．Introducing CEFR-J Prezi（CEFR-J の概要を解説したプレゼンテーション・ファイル）
8．ディスクリプタ並べ替え調査（ディスクリプタ並べ替え調査の結果データ）
9．科研報告書類

執筆者一覧（執筆箇所は【　】内）

投野由紀夫（東京外国語大学大学院総合国際学研究院教授）
　　　　　【Q17, 20, 24, 30, 43】

相川真佐夫（京都外国語大学外国語学部教授）【Q16, 33】
尾関直子（明治大学国際日本学部教授）【Q21, 34】
金森　強（関東学院大学大学院教授）【Q2, 3, 10】
川成美香（明海大学外国語学部准教授）【Q40】
笹島　茂（東洋英和女学院大学国際社会学部教授）【Q4, 29, 38】
椎名紀久子（名古屋外国語大学外国語学部教授　千葉大学名誉教授）【Q9, 37】
髙田智子（明海大学外国語学部教授）【Q11, 19, 39】
髙橋美由紀（愛知教育大学教育学部教授）【Q26, 27】
寺内　一（高千穂大学商学部教授）【Q6, 31】
中谷安男（法政大学経済学部教授）【Q14, 41】
中野美知子（早稲田大学名誉教授　理工総研招聘研究員　大学総合研究センター
　　　　　招聘研究員　教務部参与）【Q18, 22】
根岸雅史（東京外国語大学大学院総合国際学研究院教授）
　　　　　【Q12, 13, 15, 23, 35, 44】
松井順子（明海大学外国語学部准教授）【Q7, 36】
緑川日出子（元昭和女子大学人間文化学部非常勤講師）【Q5, 28, 32】
村野井仁（東北学院大学文学部教授）【Q8, 42】

小池生夫（慶應義塾大学・明海大学名誉教授）【Q1】
林　正治（元明海大学外国語学部講師）【Q25】

CAN-DO リスト作成・活用
英語到達度指標 CEFR-J ガイドブック

Part 1
CAN-DO リストの原典：CEFR とは？

Q1 CEFRができた歴史的背景とは？

※ 欧州評議会（Council of Europe）の設立——その目的と活動
（1）欧州評議会創設に向けて

1945年に第2次世界大戦で日本，ドイツ，イタリアを中心とする枢軸国は連合国に降伏した。欧州では被害は全土に及んだ。生き残った人々は，再び戦争を引き起こしてはならないと誓い合い，精神的，物的廃墟の中から新世界を創造するべく立ち上がった。それは1943年のウィンストン・チャーチル英国首相のラジオ演説による戦後の「欧州合衆国」の創設への呼びかけが導火線であった。1948年にオランダ南西部の国際都市デン・ハーグに集まった各国政府代表，各国市民代表らは討議をして欧州評議会（Council of Europe）の原型を立ち上げた。こうして翌1949年に制定されたロンドン条約によって，欧州評議会が正式に成立したのである。創設された欧州評議会は各国の政府代表と民間の代表の両方を含む形となったが，その後欧州の多くの国際組織の原型になった。またさらに翌1950年には，欧州人権条約が制定されて，人権尊重の仕組みが欧州で出来上がった。

（2）欧州評議会の設立

欧州評議会の基本目的は，one greater European nationを目指して，人権の尊重，大義，平等の精神を維持し，政治，社会の原理として民主主義を維持することと決まった。設立当初の加盟国は欧州協議会のフランス，イタリア，英国，ベルギー，オランダ，スウェーデンなど10カ国であったが，次第に増え，特に1990年にハンガリーが加盟してからは，共産主義から民主主義に変わった東欧諸国がこぞって参加した。1996年にはロシアが加盟し，2007年にモンテネグロを加えて現在加盟47国となり，総人口は8億人となった。さらにオブザーバーとして日本を含む5カ国が加わった。

欧州評議会は本拠をフランスのストラスブール（Strasbourg）市郊外に構

えた。また，欧州連合（European Union, EU）の本会議場や欧州人権裁判所もある。ちなみに日本は1996年以降総領事館を置いている。

(3) 欧州評議会の組織と活動

　欧州評議会は欧州全体の社会，文化，教育，言語教育などの分野を扱っているが，具体的には，人権と基本的自由の保護のための欧州人権条約，拷問禁止，人身売買反対のための条約，子どもの性的搾取および虐待からの保護条約，欧州社会憲章，欧州地域言語，少数言語の保護，少数民族の保護，議会の監督機能と議員会議による選挙監視などの改革支援による民主主義の擁護，文化条約，文化的財産の保護，オーストリアのグラーツにある欧州現代語センター(European Centre for Modern Languages, ECML)，リスボンに設置した南北センターによる文化振興事業などが主である。そのほかに薬物乱用，偽造医薬品対策，サイバー犯罪，テロ，女性に対する暴力などの各種条約締結などについて専門家会議の勧告，決議採択，決議事項モニタリングも行っている。その組織としては，各加盟国外務大臣会議を最高決議機関として，その下に各国議員会議，事務局を持っている。すべて法律，議案にまとめることによって各国との提携を強化してきている。

　さて，評議会の一部局に教育と言語，言語政策を扱う言語政策部門（Language Policy Unit, LPU）がある。それによって1957年以来ストラスブール本部で政府間協力計画が進められ，1994年からはオーストリアのグラーツで欧州現代語センターを立ち上げている。それらはどんな機関であろうか。

※ 言語政策部門（LPU）と欧州現代語センター(ECML) の意義
(1) 言語政策部門の活動

　欧州評議会での最初の言語教育の推進をするべく欧州各国がまとまって討議したのは1949年，欧州評議会が創立された年である。上述のように，言語政策部門と欧州現代語センターはいずれも欧州評議会の下部機関であり，言語と言語教育に関する政策の立案とその実施の役割を受け持っている。そのひとつに言語教育の欧州共通参照枠作成に至る活動がある。これは現代語の学習，教授，評価に関する指標の提案であり，30年以上の歳月と言語教育の政策の研究と政策立案を積み上げ，今日欧州のみでなく世界各地に大き

な影響を与えている。

(2) 欧州現代語センターの活動

　オーストリア政府の援助を受けて欧州現代語センターが1994年に創設された。欧州各国民の言語コミュニケーション能力向上のための具体的カリキュラム，教授法，教材，教師教育等に関する25程度の国際研究委員会を組織し，4年ごとに提案をまとめ，発表している。このセンターの会員国である欧州31カ国から専門委員を出し合って，さまざまな共同研究と提案をまとめ，実施に移している。また教員の現職教育を実施する教育モデルを立ち上げ，それに必要な設備，備品を提供する工夫をして，教育のさまざまな条件に適合するようなモデル例示をするなど現代語教育の実用面を担っている。センターには John Trim 記念ライブラリーを含む図書館などがあり，外国語教育の教授法，教材，教員養成研究などの情報センターの役割を果たす。

※ Threshold Level の作成過程と CEFR の関係
(1) Notional Syllabuses と Threshold Level

　ここで，Common European Framework of Reference for Languages: Learning, teaching, assessment, CEFR（Council of Europe, CUP, 2001）『外国語の学習，教授，評価のためのヨーロッパ共通参照枠』（吉島茂，大橋理枝他，2004, 朝日出版社）に至る歴史的経緯を説明するにあたり Notional Syllabuses から Threshold Level への展開に触れるのは妥当であろう。

　Threshold Level の構想の原点になったのは，D. A. Wilkins が1972年に欧州評議会から出した報告書 *The Linguistic and Situational Content of the Common Core in a Unit / Credit System Development in Adult Language Learning*（Strasbourg: Council of Europe, 1973）である。それが基礎になって，1976年に，*Notional Syllabuses*（D.A.Wilkins, Oxford University Press, 1976）が世に登場した。当時，構造主義に基づく教授法理論から，言葉の概念と機能を基礎に教授システムの枠組みを変えることの意義が学会や欧州評議会で議論されており，John Trim なども協力してアイディアをつくり出したので，Wilkins のまったくの独創というわけではない。しかし執筆は Wilkins の単独執筆で，彼の本格的な執筆は1972年にさかのぼったという。

Wilkinsは言語教育の基礎はコミュニケーション能力の養成にあるとし，言語材料を概念（notion）と機能（function）とに分け，言語材料の総合的アプローチをとってシラバスを作ったところに特徴がある。欧州評議会での研究の機会を共にし，Wilkinsのこの考えを支持した委員はvan Ek, Rene Richtrich, John Trimであった。彼らは当時から欧州言語教育の指導者たちであり，多くの場合CEFRの作成の直接の担当者たちであった。このほかにHenry Widdowson, Chris Candlinなどもこの考えを支持していたという。要するにNotional SyllabusとThreshold Levelはそれぞれ単著ではあるが，まわりのすぐれた同僚との討議があって出版されたと言える。
　一方，Threshold Levelが欧州評議会から出版されたのは1976年で，執筆者はJ. A. van Ekであるが，両者はもちろんTrimなど他のメンバーも欧州評議会の言語教育部会で一緒に仕事をしていた。
　やがてコミュニカティブ・アプローチの登場のきっかけになる，場面や相手に応じての表現の選択に基づくアプローチとも言える概念，機能シラバスが生まれ，進むべき道が開けていくのは1970年代後半からであった。

(2) Threshold Levelの作成とその発展

　さてThreshold Levelは1976年にvan Ekが著者で，欧州評議会の多くの研究者，教授者の研究活動の成果として出版した *Threshold Level for Modern Language Learning in School*（Council of Europe, 1976, Longman）を指す。彼はその中で，L. A. Alexanderによる概念と機能の基礎的見解を特別寄稿として掲載して感謝の意を表している。したがって，Wilkinsと相前後してCEFRにつながる構想がここでも発表されていることがわかる。
　さらに1991年，*Threshold 1990*（J.A. van Ek, and J. M. Trim, Council of Europe, 1991, CUP）が旧版の全面的な拡大，改訂版として出版されたが，それを読むと，その内容がCEFRのアイディアに色濃く反映していることが理解できる。このThresholdの言語教育システムの考えは，van Ek & Alexander著，*Threshold Level English*（Oxford, Pergamon Press on behalf of the Council of Europe, 1975）から示唆を受けたとTrimは序文で感謝している。
　Thresholdの意味は，言語学習者が適切にコミュニケーションすることが

できるには何がどの程度言葉の発表や理解できればよいか，その到達程度はどれほどかを，あたかも敷居（threshold）のように明確に目標を示すということである。

ここでコミュニケーションを構成する要素は，表現，意味，話題，コンテクスト，ストラテジーなどに文法構造も含めており，日常生活でのコミュニケーションが機能するように必要な要素を，できるだけ総合的に組み合わせることによって内容が示されている。この考え方が言語学習の基準になっていくべきであると考えられたのである。

最初に発行された Threshold Level（1975）は，シラバスデザイン，カリキュラム設計，試験の工夫，教材製作に全面的に利用されてきた。機能と概念の範疇が言語学習と教授の枠組みの中に取り入れられて，語や表現の概念と機能が個々の具体的な場面，状況と結びつき，その枠組みを提供したものである。出版後何年にもわたって，この Threshold Level と類似した記述がフランス，ドイツなど15カ国で出版されて利用された。またその他の欧州各国でもそれに追随したことを見てもその影響力は大きい。

Threshold Level は，単に学習のシラバスを提供したのではなく，各国の人々の生活と文化にも根ざしたものとして各国で適用された。また使用者は使用目的に合うように自由に利用することができた。しかし，欧州評議会の現代語プロジェクト・グループの中には，既存のモデルは言語学習者が取り扱う対象をすべては網羅していないと考えた者もいた。学習者は言語の学習者であると同時に，コミュニケーションを行う人間として言語学習に取り組むべきであるとか，学習者を個人としても社会人としても発展する存在であるという意識を持つべきだとする考え方が出てきた。

1984年に欧州評議会は，現代語プロジェクトのアドバイザーによる"Towards a More Comprehensive Framework for the Definition of Language Learning" という重要な報告書を提出した。この先行研究，報告に基づき，van Ek は言語学習の目的を特定化するための総合的モデルを作ってそこにさまざまな要素を入れ込むことと，その構成要素に特有の性質と教育的示唆を与えることを委嘱された。こうして，外国語の学習の目的を述べた *Objectives of Foreign Language Learning* が1986年と1987年に分けて欧州評議会から出版された。1987年に The Cultural Cooperation of the Council of Europe は Language Learning for European Citizenship とい

うプロジェクトを立ち上げ，Threshold Level をさらに進化させるために，言語学習と教授法の分野を英語に特化したものとして進めた。すると「外国語としての英語」の教授に関連した多くの団体，組織が一層関心を持つようになった。それでさらに充実したものにするべく改訂して Threshold 1990 を出版したのである。

(3) Threshold を基準とした言語習熟到達度

　Threshold Level の出版以後，その下位レベル到達基準である *Waystage* (van Ek and Trim, 1991, CUP)，さらに上位レベルの到達基準として *Vantage* (van Ek and Trim, 1991, CUP) が作成され，また *Waystage* の下位に *Breakthrough* が作成され，出版予定である。いずれも欧州評議会の活動の一部である。このシリーズは Threshold が基準で，しかもこれが後に CEFR の B1 に相当するレベルを示しているので中核となって，CEFR の構想が練られたと思われる。

　こうしてみると Notional Syllabuses も Threshold Level もその作成者たちは同グループであり，欧州評議会の機構と役割の中で，欧州各国の外国語教育の仕組みを作ったが，そこには中心となって活躍したこれらの人々の言語教育への考え方が反映されている面が大きい。中でも van Ek と Trim は長年にわたり大きな足跡を残した。

※ **欧州評議会における CEFR の研究討議と出版に至る経過**
(1) 欧州評議会の言語能力向上計画と CEFR 策定の経過

　欧州評議会は言語コミュニケーション能力の育成を重視しはじめ，1991年スイスのルシュリコン・シンポジウム（Ruschlikon Symposium）で，欧州共通の言語能力を規定する枠組みを設定する案が提出，決議された。同時に「欧州言語記録帳（ポートフォリオ）」（European Language Portfolio, ELP）が提案，可決された。

　枠組み設定については，もともとスイスは言語が複数あり，州ごとに言語運用のレベル設定基準が異なるという悩みを抱えていた。この問題を解消する必要が生じ，結果的に，その問題意識が欧州全土に共有されたのである。

　欧州評議会では従来の言語能力の基準を分析し，理論的裏付けと客観的方法を検討し，より妥当な基準を設定した。

1993年に欧州評議会は「欧州市民のための言語学習」(Language Learning for European Citizenship) 研究調査グループを作り，研究がはじまった。グループのメンバーはJ. Trim（リーダー），D. Coste, G. Schneider, B. North, R. Richterich, M. Milanovic であった。1993〜1996年には，言語能力レベル別判定に用いるディスクリプタ（descriptor：能力記述文）と言語の学習を記録する ELP が開発された。それは数多くの「〜ができる（can-do 〜）」表現を用いて例示した能力 CAN-DO ディスクリプタを使い，2800人の学習者評価データを集め，検証したプロジェクトであった。そのディスクリプタをもとにした枠組みの分担執筆者にはJ. Trim, B. North, D. Coste と事務局の中心である J. Sheils が選ばれた。
　初版は1996年であり，1998年に改訂版が発行された。その後，大規模な検証が行われて，2001年に現在のCEFRがケンブリッジ大学出版局から出版された。

(2) 欧州言語ポートフォリオ（ELP）
　一方，CEFR の役割を明確にすべく言語学習や教授の現場で学習者個人の能力が検証されて，学習を補助するために工夫された ELP は欧州評議会で考案され，欧州各地で言語学習，異文化学習に使用されている。
　ELP の目的は，欧州市民の相互理解を深め，多種多様な文化を重んじ，生涯複言語主義を実践し，自律学習能力を高め，言語学習プログラムに透明性と一貫性を持たせ，欧州圏内の移動の容易さを求めて言語能力と資格を明確に記述するなどである。
　これは次の3つの柱から成る。言語パスポート（Language Passport）には言語に関する資格や，学習した言語の自己評価と教師の評価を CEFR に定めた基準に基づき自己評価表に記入する。言語学習記録（Language Biography）は言語学習日記のようなもので，学習者が学習目標を設定し，学習過程を観察しながら，言語学習，異文化体験を記録する。これにより，自己評価をし，反省し，学習効果を高める。資料集（Dossier）には，学習言語の熟達度を記すのに役立つ資料，成績記録などを自己判断で入れていく。

※ CEFR の構想
(1) どのようにして CEFR は生まれたか──複言語主義と複文化主義
　「外国語の学習，教授，評価のためのヨーロッパ言語共通参照枠」（CEFR）

がどのような歴史的経過をたどって姿を現したかについて縷々述べてきた。ここでは CEFR の目的，内容について簡単に説明しよう。

　CEFR のまえがきによれば，CEFR は1971年以来続けてきた作業が2001年の出版という形をとるまで30年かかって，欧州評議会の責任において多くの言語教育の専門家，関係者の協議と執筆で完成した。この間，Language Learning for European Citizenship, European Commission, LINGUA など各種委員会の指導，援助があって前述の4名の執筆者がこの労作を完成することができた。

　CEFR 作成の目的は，欧州評議会の会員国で言語教育のシラバス，カリキュラムのガイドライン，試験，教材などの質的向上のために共通の枠組み，記述レベル，指標を学習者，教育関係者に提供すること，さらに効果的にコミュニケーション行動ができるための知識，技能を記述すること，そして言語が置かれている文化的なコンテクストを記述の対象に，学習者の熟達度のレベルを記述し，学習進度を測定できるようにすることであった。

　CEFR の基本的性格は，複言語主義（plurilingualism）であり，複文化主義（pluriculturalism）である（→ Q3参照）。複言語主義は，個人が必要に応じて異なった場面で異なった言語を使ってコミュニケーションを行うことによって，相互関係を築くことができる言語能力を意味しており，複文化主義は，個人が複数の異なった文化を異なった場面で理解することによって相互の文化を理解し，相互に関係し合い，作用し合う能力を身に付けることである。これは多言語主義（特定の地域に数カ国語が使用される社会的状況，multilingualism）とは異なるものである。

(2) CEFR の基本的構想

　CEFR は言語観，言語学習，教授観を行動指向アプローチ（action-oriented approach）で考える（→ Q2参照）。これは言語使用者を，社会行為を行う者ととらえ，言語行為はある目的で行動することによって生じると考えている。この基本的考えによって，CEFR では言語学習に関する事柄が広範囲に詳細に設定されている。

　CEFR の共通参照レベル（common reference level）の構成は，縦軸と横軸の構成になっている。縦軸は言語能力のレベルの記述であり，一番下のレベルは「基礎段階の言語使用者」，第2段階では「自立した言語使用者」

のレベルであり，一番上のレベルでは「言語に熟達している」レベルである。さらにそれらをそれぞれ2分割にして，全部で6レベルの言語コミュニケーション能力の到達目標の基準を設定した。その3レベルが妥当であると決めた理由は，多くの専門家の常識の平均に基づく。続いて，各レベルをA，B，Cと名付けたのは，最初に使われた術語が難し過ぎたためである。A1がBreakthrough，A2がWaystage，B1がThreshold，B2がVantage，C1がEffective Operational Proficiency，C2がMasteryとそもそもは名付けられていた。各レベルはディスクリプタによって，「～ができる」という，肯定的な記述になっている。「～の言語行動ができるなら，その人の能力のレベルはディスクリプタのレベルになる」という考え方である。また，ディスクリプタは例示であるので，この表現以外にも類似した表現も考えられる。そのような表現を使用する際には，欧州評議会の審査委員会の審査に合格すること，とかなり厳密な方法をとっている。

　共通参照レベルの横軸では，理解すること（聞くこと，読むこと），話すこと（やり取り，表現），書くこと（書くこと）の5技能ごとに分類した。さらに，言語活動の領域を公的，私的，職業的，教育的に分け，それぞれの中で言語活動を並べ，言語能力を記述した。さらにストラテジー，テーマ，タスク別にも言語活動を記述し，総合的に言語活動，言語教育をとらえている。CEFRの共通参照レベルは，画一的にとられがちであるが，むしろ記述を参考にして，状況に合わせて記述文を適用することが期待されている。

　評価においても同様である。実際の学習者のレベルに合わせて利用することが望ましい。ただし，CEFRの記述文の表現は変更した場合も，もとのCEFRレベルを参照している必要がある。ELPの自己評価などで，国によって多少文言が変わることで各国の事情に合わせている。EUでもCEFRの有用性を認め，母語を含める3言語習得運動を展開している。

> **まとめ**
>
> 　CEFRは，欧州評議会言語政策部門の専門家チームによる，30年以上の研究成果の結晶であった。行動指向アプローチと複言語・複文化主義を理念とし，CAN-DOディスクリプタを用いた能力記述の体系はこの10年で世界中で影響を及ぼすに至った。

Q2 CEFRの理念である「行動指向アプローチ」とは？

✳ CEFRの言語・言語教育観

　CEFRにおいては，言語使用者をある特定の社会において行動する社会的な存在であるととらえ，発話行為は，特定の活動領域において言語使用者がなすべき目的を達成するために行う言語活動であると考える。そして，言語学習も言語使用の1つであると考えられている。

　人は社会の中において，自身の持つさまざまな能力を駆使して目的を成し遂げる存在であり，言語によるコミュニケーションをとることは，その目的達成のための1つの方法である。実際の言語使用の場面においては，言語によるコミュニケーション能力だけではなく，一般的な知識や技能も用いられる。言語使用者は，特定の活動領域に関わる内容についてその文脈における条件の範囲で，言語によるコミュニケーションを効果的に用いて目的達成を目指すのである。

　それ故，CEFRでは，言語教育に携わる人間は，指導に際して，人間が社会的文脈において目的を果たすために用いる能力（知識，技能，姿勢・態度）をさまざまな視点から考慮すべきであるとしており，言語によるコミュニケーション能力，一般的な能力，言語活動，その際の活動領域・テキスト・方略・タスクについて十分意識していなければならないとする。つまり，実際の指導や教材・カリキュラム開発にあたる人間は，これらが相互に関連していることを十分理解した上で指導方法を考えたり，教材やテストの開発にあたったりしなければならないとするものである。そうすることによって，バランスのとれたシラバスや多様な教材の開発，効果的な指導が可能となるのである。以下，それぞれについて留意すべき点を考えてみたい。

✳ 言語によるコミュニケーション能力

　言語によるコミュニケーション能力は，(1) 言語構造に関する能力，(2)

社会言語的能力，(3) 語用論的能力から構成されている。

(1) 言語構造に関する能力

　言語構造に関する能力とは，言語使用者が持つ音韻・統語・形態・意味に関する知識と技能であり，語彙や句，文に関する構造的な情報や関連する知識の整理・統合された蓄えであり，また，それらを場面や目的に応じて言語使用者が引き出して使用する能力のことである。

　1人の人間が複数の言語を用いる場合，言語によって個人が持つ言語構造に関する能力には違いがあるものである。また，当然，別の複数の言語を使用する人間の持つ能力とも異なる。なぜなら，使用する複数言語間の構造の類似性に違いがあるだけではなく，それぞれの言語構造に関する能力の相互作用が働くはずだからである。このように，言語の構造に関する能力は，言語使用者が置かれる言語環境によって影響を受けるものでもある。

(2) 社会言語的能力

　社会言語的能力とは，さまざまな文脈における社会的な言語使用に関する慣習に応じた言語使用に必要な能力である。言語使用の起こる場面や相手との関係において，送られた言語形式から使用される場面に応じてメッセージを正確に理解し，望ましい言語形式を選択して適切に反応することができる能力のことである。

　この能力は，所属する社会（性別，年齢，社会的グループ等）や生活に使用される言語，あるいは言語使用者の所属する共同体における慣習や文化の影響を強く受けるものであり，普段は意識されない分，異なる言語・文化を用いる人間同士のコミュニケーションの際に誤解を生じさせる要因となる場合が多い。単に知識としてではなく，体験的な知識として認識することが大切であり，言語・文化的な違いの「気づき」として理解されることが期待される。

(3) 語用論的能力

　語用論的能力とは，発話行為の果たす機能や談話の構成，進行を行う能力である。また，一貫性のある文章やパラグラフの論理的構成能力，テキストのジャンルに気づいたり，行間から伝わる内容を理解したりする能力のことである。

このように，言語によるコミュニケーション能力を持つということは，言語に関する知識だけにとどまらず，その知識を活用して，実際の場面において効果的な言語機能を果たす術を得ていることである。そのためにも，この能力育成のための指導は，実際の言語使用をおいてしか考えられない。つまり，教室の中であれば，タスク活動を通して，学習者にタスクを成し遂げるために必要な言語使用の自動化が進むような体験を多く与えることが望まれるのである。

※ 一般的な能力
言語の使用に必要となる一般的な能力は，知識，技能，姿勢・態度，学習能力である。

(1) 知識
知識には「体験的な知識」と「学習による知識」がある。多くの場合，母語の使用を通した「体験的な知識」が育まれ，各自の価値観や信条，常識が培われる。一方，「学問的な知識」は教育を通して得る知識である。言語活動においては，使用されるテキストや会話の内容に関する前提的な知識を与えるだけではなく，体験的な知識を再確認したり，再編成したりすることを可能とするものでもあり，言語学習にも影響を与えることになる。

(2) 技能
実際に目的とする行為を実行する能力のことであり，練習期間を通して意識的な活動を十分繰り返し行うことによって，特定の文脈において必要となる技能を無意識的に，自然に使用できる能力に到達させることが可能となる。「知識」にとどまらず無意識に実行できる「技能」の獲得までを目指すことが大切である。

(3) 姿勢・態度
個人のいろいろな事柄に対する姿勢や態度は，学びや経験を通して変容するものであり，言語学習においては，母語以外の言語を学ぶことを通して，あるいは言語によるコミュニケーションを通して，言語使用や異文化間のコミュニケーションに対する姿勢や態度が変化することが期待される。結果として，他者と積極的に関わる社会性の育成にもつながるものである。

（4）学習能力

　上で述べた一般的な知識や技能，姿勢・態度が複雑に絡み合うことで学習能力は形成される。学習能力を得るとは，学習者が学ぶ対象について興味を持ち，学ぶために必要な情報と学習方略を手にしていることである。学習者に自身の多様な知識や能力を活用する機会が与えられ，実際に活動する経験を通してこそ，この能力を発達させていくことが可能となるのである。学習能力は，学校を卒業した後にも新しい言語を学び続ける自律的な学習者に必要な資質であり，CEFRでその育成を重視している点である。

※ 言語活動

　言語活動には受信活動，発信活動，インタラクション，翻訳・通訳がある。2人以上の人間が受信・発信活動を相互に行うことは，インタラクションである。また，直接のやりとりでは理解が不可能な者同士の仲介として，翻訳・通訳がある。言語学習においては，それぞれの活動を通してコミュニケーションに必要な能力を身に付けていくことになるが，学習者はさまざまな言語活動体験を持つことが望ましい。

　例えば，「英会話」の指導というと，「話す」ことの指導を行ってしまいがちであるが，実際には，誰かが話をする際，それを聞いている人がいる場合が多く，聞き手の役割がコミュニケーションにおいては重要な役割を果たすものである。つまり，インタラクションとしての指導を意識すれば，発信だけではなく，受信に関する指導も必要であることは至極当然のことである。発信活動においても，受信活動，インタラクションを意識した指導を行うことがポイントとなる。

※ 活動領域

　言語学習においては，学習者の活動領域を，個人の生活や家族・友人との生活に関わる「私的な領域」，公的な文脈における言語活動となる「公的な領域」，職業や専門的仕事に関する「職業領域」，学校等の場面における「教育領域」の4つの領域に分類することができる。大切なことは学習者がどの領域の言語能力を育てる必要があるかを知ることであり，その目的に応じて用いられる教材，指導法，評価方法は変わってくることになる。

　実際の活動においては，学習者に活動領域を意識させる教材や内容が必要

であり，目的を設定するだけではなく，具体的な場面と言語機能を明確にする工夫が必要となる。

※ **タスク，方略，テキスト**
　言語学習においては，言語によるコミュニケーション能力だけではなく，学習者のさまざまな能力を使用することで成し遂げるタスクを与え，学習者自身が課題の遂行にふさわしい方略を選び，実際に言語（語彙，フレーズ，文構造）を使用することを促すようにする。その際，タスク活動は，なるべく実生活で起こり得る自然な言語使用を考えることが求められる。言語（語彙，フレーズ，文構造）を用いることだけを目的とするのではなく，言語活動を通して達成される課題を明確にし，何のためにその言語活動を行うのかを明らかにすることが大切である。また，学習者が，必要となる情報を得るために，さまざまなテキストの処理を行うことが必要になるような手立てを行うことが求められる。

【まとめ】
　CEFRでは，行動指向アプローチをとり，言語使用者が社会的文脈において成し遂げたい目的達成のために必要となる言語コミュニケーション能力と一般的な能力が用いられることを明らかにし，社会的な存在として持つべき言語能力育成のための包括的で一貫性のある共通参照枠を提供している。その際，言語に関する知識だけを切り離して教育するのではなく，より自然な言語使用の活動を通して，各自の言語コミュニケーション能力の育成を目指すことが大切にされている。

【もっと知りたい方へ】
　以下の文書を参照されたい。
Council of Europe, Common European Framework in its political and educational context (http://www.coe.int/t/dg4/linguistic/source/framework_en.pdf)

Q3　CEFRが前提とする「複言語主義」とは？

※ 複言語主義（plurilingualism）と複文化主義（pluriculturism）

　経済のグローバル化に伴い人の移動が進む中，欧州では同じ共同体において異なる言語や文化が共存する複雑な社会が形成されている。このような環境において，民主的で平和な社会を持続していくためには，共同体に生きる良き市民として，お互いが相手の文化や言語を尊重し，その存在を認め合う姿勢を持つことが大切となる。

　そのためには，ある特定の文化への統合を進めるのではなく，それぞれの文化や慣習を保ったまま，お互いを理解するように努めることが大切であり，たとえ衝突が起こった場合でも，平和的に妥協点を見出し解決していくことのできる異文化コミュニケーション能力を持つことが求められるのである。このような資質の育成を目指す考えこそが複言語主義であり，複文化主義の1つの表れであり，複文化主義を支える重要な部分でもある。

　複言語主義とは，単に1人の人間が複数の言語に関する知識を持っているということではない。また，特定の社会にいろいろな言語が存在したり，学校や教育制度に多数の言語を学ぶ機会が与えられていたりするということでもない。さらに，国際コミュニケーションにおける主要な言語として，ある特定の言語だけ——例えば英語——を認めるようなことをしないというものでもない。複言語主義とは，各個人が家庭，社会，学校において，多様な言語を使用したり学んだりする機会を得ることを通して，各自が母語以外の言語を異なる別の存在としてとらえるのではなく，母語を含めた多数の言語知識や言語の使用体験が相互に関連し合い，影響を与え，人々に言語や文化に対する柔軟な姿勢が育まれるようになることである。その結果，お互いの理解を進めるために積極的にコミュニケーションをとり，また，継続的に母語以外の言語を学び続ける生涯学習者としての資質を育成することになるのである。

例えば，実際のコミュニケーションにおいては，互いの理解をより深めるために，自らが使用する言語を別の言語や方言に変えてみたり，会話において知らない語彙に出会った場合においても，他の言語に関する知識を用いて推測したりすることで，母語が異なる者同士のコミュニケーションを積極的に進めることが可能となる。このように，相手や状況に応じて効果的に働く異文化コミュニケーション能力が育成されるのである。

※ 複言語主義に基づく言語教育

　複言語主義に基づく言語教育においては，外国語教育として特定の１言語だけを教育する場合とは，その目的や方法が異なってくる。例えば，身に付けようとする３つの言語がある場合，その３つとも完璧に母語話者のレベルまでに到達することを目指すのではなく，言語レパートリーを広げ，抑揚や強弱といったパラランゲージを用いたり，他の言語や方言の使用を試みたりすることでコミュニケーションが成立するような言語能力と態度を育むことが目標とされるのである。

　学校教育においては，複言語能力を育成するための言語科目の設置が行われることはもちろん，目標とする特定の言語の運用能力の育成に加え，学習者に生涯学習としての言語学習のあり方を認識させ，１つの言語を学ぶことが他の言語を学ぶ動機付けとなることに気づかせるとともに，社会に出てからも新しい言語を学べる自信と学習の方法を身に付けさせることが重要な目的となる。つまり，教育機関や言語教師は，単に言語運用能力の育成だけを目的にするのではなく，自律的な生涯学習者の資質育成に必要なさまざまな指導を行うことが求められるのである。

※ 複言語主義の普及における CEFR と ELP の役割

　欧州評議会の提案する言語プログラムにおいては，この複言語主義の実現を進めるためのさまざまな提案や，実施のための取り組みが行われてきている。特に，学習者の言語学習と異文化経験を記録する European Language Portfolio（ELP）の普及は重要な役割を果たすと考えられている。ELP は，学習者に，CEFR に示されている言語能力の到達目標を知らせるだけでなく，学習者にとって，実際の言語使用の記録としての役割を持ち，それは，言語を学ぶ上で役に立つ「振り返り」のツールにもなっている。結果として ELP

は，自律的な学習者育成のための道具としての役割も果たすことになっている。指導者側にとっても学習者の ELP に目を通すことは，学習者の特徴やニーズに応じた言語学習の目的や指導のあり方の明確化，形成的な評価の実施に役立っている。このような理由で，複言語主義における，特に自律的な学習者の育成に関して，ELP と CEFR の果たす役割は大きいと言えよう。

※ 複文化における複言語主義

複言語主義は本来，複文化の文脈の中に存在するものである。多様な文化が存在する中で，各自が，言語・文化的体験を比較対照しながら，また，いろいろな体験が影響を与え合いながら，自身の持つ文化と異なる文化への意識の広がりを生み出すことにつながるのである。

言語だけが文化を構成する唯一主要なものであるわけではないが，複言語能力の育成は，異なる文化を持つ人たちとのより深い理解と共存・共生を可能とするコミュニケーション能力の育成につながるものであり，別の言い方をすれば，複言語の能力は，複文化能力の一部をなすものだと言える。

※ スイスにおける functional plurilingualism

スイス教育省においても，言語教育において複言語主義は最も重要であると考えられている。言語能力と異文化能力はお互いの理解を深めると同時に，他者・他文化への寛容性を育てるだけではなく，グローバルなステージにおける職業選択の機会を増やすことにも寄与すると考えられている。

スイスは民主的な国家である。これまで，各カントン（26の自治州）が自らの目指す教育を行うことが常であり，国全体の教育を統一して進めることは行われてこなかった。しかし，2004年，6つのカントン（Basel, Bern, Basel-Stadt, Fribourg, Solothurn, Valais）で，初等教育の3年生から1つの外国語教育（ドイツ語，フランス語のどちらか）を，そして5年生から2つ目の外国語教育（英語）を，それぞれに到達目標を設定し，共通の教材や教員研修，シラバスを用いて行う"PASSEPARTOUT"の実施を決め，その新しい取り組みが始まっている。

本来，複言語主義における言語学習においては，習得する各言語が同じ能力レベルに達するということを目的としておらず，完璧な言語能力を求めるものではない。このような考えから，"PASSEPARTOUT"においても，小

学校段階ではリスニング，リーディング，スピーキング，ライティングの基礎能力の中でも，特に receptive level (listening, reading) の基本的な運用能力の育成を重視している。また，言語運用能力は，生涯を通して個人の必要に応じて高めていくことが望ましいとする考えから，まずは，最小限，伝えられた内容を理解すること，そして，相手に理解してもらうことを小学校段階に育成すべき能力として考えている。そのため，学習者の発話等にローカルエラーがあったとしても大きな問題として考えず，目標言語でのコミュニケーションへの関心や意欲を育てることを重視する指導がなされており，これを functional plurilingualism（機能的複言語主義）と呼んでいる。

※ functional plurilingualism における言語教授法の開発

複言語能力は language awareness（言語への意識），学習方略，メタ言語能力の育成によって育まれるものであるとし，言語能力と学習方略はすべての教科で育てられるものであり，結果としてそれが自律的な学習者の育成につながるものであると考えられている。つまり，複言語能力はいくつかの言語を同時並行的に学べば必ず得られるというものではなく，いくつかの言語の学びを通した「気づき」や「体験的な知識」がお互いに影響を与えながら，次第に身に付くものであると考えられているのである。それ故，これまで行われてきた母語以外の2番目の言語や第一外国語を指導するための教授法ではなく，複数の言語を学ぶためにふさわしい「複言語指導のための教授法」が必要であるという考えが生まれてきている。つまり，1つの言語だけを切り離して指導するために開発されたカリキュラムや指導法・教材ではなく，むしろ，他の言語との比較や関連づけを行いながら，また，言語や文化に対する感覚や体験の省察を意図的に図りながら進める教授法の開発が必要であるとするものである。今後の成果が期待されるところである。

> **まとめ**
> 　複言語主義とは，欧州市民1人1人が複数の言語の運用能力を持ち，その言語を実際のコミュニケーションに用いることで，お互いの理解を深め，協力しながら社会的な行動を実践する能力育成を目指すことである。また，多様な言語能力により，多くの情報を手に入れる機会を持つことは，社会

> において成功の機会を得る可能性を高めることにもつながるものである。複数の言語の学習を通して生涯にわたって複数言語を学ぶ自律的な学習者を育むことは，結果的に，平和で豊かな社会・市民生活を送ることにつながるとする考え方である。

【 もっと知りたい方へ 】

特に functional plurilingualism に関しては，以下の文書も参照されたい。
Working group on framework conditions of PASSEPARTOUT (2008) "Didactic principles for foreign language teaching in primary schools ─A new concept of foreign language teaching within the framework of intercantonal cooperation between the cantons of BL, BS, BE, FR, SO and VS." http://www.passepartout-sprachen.ch./de/downloads/fuer_lehrpersonen.html

Q4 CEFR ディスクリプタの作成プロセスは？

※ CEFR の能力尺度はどのようにして生まれたか

　CEFR 以前にも多くの外国語能力尺度は当然存在していた。しかし，そのほとんどは根拠があまり明確ではなかった。そのような背景から，CEFR の能力尺度は，ヨーロッパの言語政策の1つの柱として，各言語に共通に利用できる信頼できる尺度として作成されたのである。

　CEFR 能力尺度の作成には質的にも量的にも相当の時間と労力がかけられた。その尺度を表す記述はディスクリプタあるいは CAN-DO として表され，専門家や教師の知識や経験に根ざしている。CEFR が広く認知されるようになった根拠は，そのプロセスが相当に綿密であり，多種多様な検証を重ね，信頼性が高い点にある。その裏返しとして，CEFR が理解されにくい点は，かなり複合的で複雑に構成されていることであろう。

　CEFR の能力尺度とディスクリプタ作成のプロセスを簡単に図式化すると次のようにまとめられる。詳細は，参考文献に示した Case Studies（2002）を参照していただきたい。

専門家による検討と企画
すでに存在する尺度の収集と分析
提示の原則の策定
ディスクリプタ・バンクの構築
教師による検証
レベル区分の決定
学習者，授業，学習による検証

図1：ディスクリプタ作成のプロセス

❋ CEFR のディスクリプタの起源

　CEFR のディスクリプタ作成上の基本構想は，それ以前に開発されていた Waystage や Threshold などの能力尺度に端を発している（→ Q1参照）。それらの検討の後，能力尺度を，記述理論に基づいたディスクリプタ（能力記述子）と，測定理論に基づいた共通参照レベルの2つの柱で提示したことに特徴がある。

　ディスクリプタ作成にあたっては，コミュニケーション能力 (communicative language competence)（言語的，語用論的，社会言語的観点など）と，コミュニケーション活動 (communicative language activities)，つまり，受信 (reception)，やりとり (interaction)，発信 (production) という活動やストラテジーの観点を考慮した。これらの観点がさらに詳細なカテゴリーに分けられ，ディスクリプタが構成された。例えば，ストラテジーとして，きっかけの認識／推測 (identifying cues / inferring)，会話の順番 (turntaking)，協力 (cooperating)，明確さの要求 (asking for clarification)，計画 (planning)，相補 (compensating)，修正 (monitoring and repair) などが盛り込まれている。このような基本構想のもとに CEFR のディスクリプタは綿密に作成された。

❋ CEFR 共通参照レベルの比較

　CEFR 共通参照レベルの成り立ちは表1により理解できるだろう。始まりは，1913年の Cambridge ESOL テスト，CPE (Cambridge Proficiency Exam) である。その後1992年に，欧州評議会により原型が示され，それが今日の CEFR の6レベルとなっている。

　CEFR の特徴は，全体尺度と自己評価表のほかにも54種類の例示的尺度 (illustrative scale) が提示されていることだ。複雑との批判はあるが，語彙，文法，正確さ，流暢さ，一貫性などそれぞれのカテゴリーに応じて共通の尺度を示していることに CEFR の価値があると言ってよいだろう。

❋ CEFR 以前の能力尺度の問題点とその分析

　CEFR 以前の能力尺度の問題点は，例えば，「ネイティブスピーカーと同じ」「コミュニケーションが相当に困難」などと表現されるように，表現が相対的で，共通した基準で判断できる記述が少なかったことである。また，恣意的で，型通りの記述が多く，具体性に欠け，尺度の意味の記述にすぎな

表1：CEFR 共通参照レベルの成り立ち

Wilkins 1978	Cambridge 1992	Council of Europe 1992-1997	CEFR レベル	
Ambilingual Proficiency (完璧なバイリンガル)				
Comprehensive Operational Proficiency (総合的な運用力)	CPE	Mastery	Proficient User (熟達した使用者)	C2
Adequate Operational Proficiency (適切な運用力)	CAE	Effective Operational Proficiency		C1
Limited Operational Proficiency (限定的な運用力)	FCE	Vantage	Independent User (自立した使用者)	B2
Basic Operational Proficiency (Threshold Level) (基礎的な運用力)	PET	Threshold		B1
Survival Proficiency (生活上最低限の力)	KET	Waystage	Basic User (基礎段階の使用者)	A2
Formulaic Proficiency (片言の定型表現力)	YLE	Breakthrough		A1

かった。さらには，下位尺度の記述には否定的な表現が多く，教師などの経験をもとにした直感に頼り過ぎていて，「ニワトリが先か，卵が先か」というような論理に陥りやすく，ディスクリプタの多くが学習目標になりにくいという面の指摘が多々あった。

能力尺度そのものの有用性は指摘されている。例えば，学習者に自分のレベルを判断する材料を提供し，テストのガイドライン作成，実施，結果報告などに必要であり，教育においても貢献度が高い。個々の教育環境においての経験や直感で作成される尺度はあまり意味をなさないので，共通の尺度による測定は教育的に重要と考えられた。

そのような背景から，CEFR の能力尺度の必要性が高まってきた。そのために，まず，教師に理解されるかどうかという点を重要視した。また，理論に基づいたカテゴリーを設定し，そのカテゴリーに関連してレベルに位置づける必要性があり，主観による偏りや，文化や文脈による違いをできるかぎり少なくする方策が検討された。さらには，多言語状況に対応し，さまざま

な教育領域を考慮した能力尺度を表すディスクリプタが求められた。CEFRの能力尺度の作成は，経緯からもわかるようにアングロサクソンのテストの伝統に根ざしているので，その伝統ばかりに偏らないような配慮なされた。

※ CEFR のディスクリプタ作成と検証プロセス

　CEFR のディスクリプタ作成と検証は綿密になされたが，今日の CEFR のディスクリプタの基礎となった大規模な検証は，1993年から1996年までスイスで行われたプロジェクトであろう。そこで，CEFR と ELP のディスクリプタの透明性と一貫性を図るための検証作業が次に述べるようなプロセスで実施された。このプロセスから CEFR のディスクリプタ作成の経緯も理解できるだろう（→ Q20参照）。

(1) 直観的検証フェーズ（ディスクリプタ収集）

　まず実施されたのは既存の能力尺度を調査することだった。その調査をもとに，ディスクリプタ作成グループの活動と並行して，具体的なディスクリプタが検討された。また，教師のワークショップを通して，教師にわかりやすく，使い勝手をよくするには，どのように記述するかが検討され，ディスクリプタのカテゴリーが決定された。さらに，既存のコミュニケーション能力や言語使用に配慮し，受信，やりとり，発信のコミュニケーション活動がディスクリプタ作成に反映させた。このような教師による直観（経験）をもとに，既存の能力尺度を参照し，ストラテジーについてのディスクリプタを80程度加え，総計で2000もの CEFR のディスクリプタが作成された。

(2) 質的検証フェーズ（教師のワークショップ）

　次に，このように収集し加工された約2000のディスクリプタの質的な検証が，スイスの中学校，高校，職業学校，大学の外国語教員を対象に，2年間に16回のワークショップと32回の会議を通じて実施された。検証方法の1つは，教師がビデオを見て，2人の学習者のどちらが能力が高いかを話し合う活動である。目的は，教師が学習者の能力について話し，ディスクリプタのカテゴリーに適しているかを判断するメタ言語能力を引き出すことだった。もう1つの検証は，教師がペアになり，ばらばらになった60～90のディスクリプタを，3～4のカテゴリーに仕分ける活動だった。このような教師による判断は，質的な検証としては現在でも有効であり，CAN-DO リスト

作成の際の検証にも役立つと考えられている。

（3）量的検証フェーズ（アンケート調査）

良質のディスクリプタを選ぶ作業としてアンケート調査が実施された。教師による質的検証でカテゴリーとレベルに選別されたディスクリプタをアンケート項目として，次の2つの評価検証が教師を対象として実施された。

- 50のディスクリプタで構成したアンケートを用いた10人の学習者の熟達度の評価
- アンケート調査で選ばれた学習者のビデオのやりとりの評価

1994年に，100名の教師が英語学習者合計945名を上記の方法で評価した。翌年，192名（81名のフランス語教師，65名のドイツ語教師，46名の英語教師）の教師が同様に学習者を評価した。このようにして，合計2800名の学習者のデータが集められ，分析された。この調査をもとに，いくつかのアンカーとなるディスクリプタを使って，共通に参照できる尺度が作成された。

この教師による評価のデータ分析では，従来のテスト分析方法とともに，ラッシュモデルが使われ，ディスクリプタのレベルの設定に利用された。このような統計的なデータ分析は，ディスクリプタを構築する際に大いに役立つが，それだけでは不十分だった。そこで，異なる状況でもたえず同じように解釈されるディスクリプタを利用するために，ディスクリプタ・バンク（ディスクリプタをプールした項目バンク）に「質の階層」を設定した。こうして，安定したディスクリプタが共通参照レベルとして利用されるようになった。

（4）ディスクリプタ作成での不具合

ディスクリプタ作成は容易ではなく，不具合も多い。スイス・プロジェクトの検証結果と分析する際にわかった不具合は次のようにまとめられた。これは今後のディスクリプタ作成の課題でもある。

- 社会文化的な能力の扱い――言語能力とは異なるあいまい性のある能力で，教師によって異なり，一貫性に欠ける。
- 仕事や経験との関連の扱い――教師が直接経験しない内容のディスクリプタを推測して判断しなければならない。
- 表現の不確定性――ディスクリプタには，簡単な言い回し，繰り返し，

明確化など話者間の調整に依存する表現がある。

　このようなディスクリプタ作成上の不具合は常につきまとう課題であり，評価する側は配慮する必要がある。

(5) ディスクリプタの解釈

　統計的な分析結果に期待されるものは，ディスクリプタの尺度の明確化であることは当然である。それは，尺度を分けるレベル区分の基準（cut-off point）をどのように数値化するのかという問題だ。このレベルの基準の決定は，最終的には主観によらざるを得ないということが指摘されているが，なお客観性を高める必要があるのは言うまでもない。CEFRの能力尺度の構築にあたっても，レベルは何段階が適切か，レベルを区分する「閾（しきい）値（threshold）」（能力の質が分かれる場所）をどのように明確にするか，尺度はどのように表されるのかなどの課題がある。それはひとえに解釈の問題でもある。ディスクリプタが，作成者の意図をどの程度反映しているか，WaystageやThresholdとどう一致するのかなど，このプロジェクトが提供した直感や経験のデータや学習者のデータは，これらの疑問の解決にある程度役立った。

(6) CEFRと他の能力尺度との比較検証

　CEFRのレベルは6段階になっているが，そのレベルの幅は一様ではないことがCEFRのオリジナル文書でも指摘されている。A1とA2，C1とC2の幅よりも，A2，B1，B2，C1の幅には差があり，A2+，B1+，B2+というレベルが設けられた。CEFR-Jではこれをさらに細分化している。

　しかし，このようなレベル分けが既存の尺度とどう関係するのかを調査する必要があった。そこで，CEFRとカナダのEurocentres Scale of Language Proficiency（1933）の尺度が比較された。話し言葉のやりとりと発表に関する212のディスクリプタのうち73がEurocentresを利用したものだったので，それらを比較した。その結果，多くのディスクリプタのレベルは関連していたが，逸脱したディスクリプタも多く見られた。つまり，ディスクリプタの解釈は，一様ではないということが示唆されたのである。このような比較は，検証作業としてたえず必要なことである。

(7) CEFRのレベル分けの内容の検証

　ディスクリプタの解釈に関しては，内容を検証することも重要である。これを検証するために，すべてのディスクリプタは要素に分けられ，チャートに示された。チャートにより，それぞれのカテゴリーの進行の論理が色分けされた。具体的には，表2に示したように，リスニングの下位尺度の項目が「場面」「話し方」「補助」の3つの要素に分けられた。これにより，ディスクリプタのカテゴリーが違っても，ある一貫性が把握できたのである。

表2：リスニング・ディスクリプタの要素（例）

レベル	場面	話し方	補助
A1	・具体的な満足を得られるための日常的な表現 ・短く簡単な質問や指示	・直接に，はっきりと，ゆっくりと，注意深く，繰り返して話される	・気持ちが通じている ・意味を判断できる時間がある

　以上，CEFRの公開前にスイスで行われたディスクリプタ検証プロジェクトの結果をもとに，CEFRのディスクリプタの作成過程の一端を紹介した。その全容は複雑で重層的であり，すべてを理解することは難しい。1つ明確に言えることは，ディスクリプタ作成にあたっては，多くの検証を重ねて今日に至っているということである。

【まとめ】
　能力尺度とそのディスクリプタは完全ではない。ディスクリプタ・バンクはさらに充実する必要がある。CEFRの基本は変わらなくても実際の使用の場面では，今後も変動する可能性はある。ここで述べたCEFRディスクリプタの作成と検証のプロセスは，それぞれの状況に応じたディスクリプタあるいはCAN-DO作成の際に，常に参照する必要があるだろう。

【もっと知りたい方へ】
　CEFRの能力尺度の検証プロジェクトとしては，DIALANGとALTEが有名である。CEFRの共通参照レベルの検証に大きな影響を与えている。双方とも学習者の自己評価に焦点を当てた検証作業なので，CEFRの理解には欠かせない。いずれもヨーロッパ評議会のウェブサイトなどを参照されたい。

Q5　CEFR 各言語における利用状況は？

※ CEFR と外国語教育に関する情報

　CEFR では対象言語を特にどの言語と指定していないので，CEFR がどの言語で最も利用されているかについては興味のあるところである。CEFR と外国語教育の関連についての情報は，2つの方法でデータの収集が可能である。1つは，CEFR のレベルや到達指標を用いた言語テストを調べる方法である。どの言語でテストが行われているか調べれば，各言語での利用状況がわかることになる。もう1つの方法は，CEFR を用いた教室実践から，どの言語が指導されているか調べる方法である。これは，欧州評議会が CEFR の実践的な活用をねらって承認制度を用いて進めてきた European Language Portfolio（欧州言語ポートフォリオ，ELP）がどの言語で発行されているかを調べるというものである。本稿筆者は研究分野の関係で後者の ELP の利用に関する資料に関心があり，本稿も ELP を通して各国語の利用状況を調べる方法をとった。

　ELP については，Q10 などでくわしく記述されているが，本稿をわかりやすくするために，次のことにふれておきたい。ELP は学習者の自律と生涯教育，異文化コミュニケーションの促進を目的とした，いわば学習者の学習記録ノート（ポートフォリオ）であり，学習者が到達目標を決め，授業活動，教室外活動等によって自己の外国語学習を内省的に省察，評価しながら外国語学習が続けられるよう意図されたものである。その構成は，Language Biography（学習者自身の学習歴や学習環境等の記録），Language Passport（資格や能力の記録），Dossier（課題等の記録）と CEFR の global scale（CEFR の Table 1），self-assessment grid（CEFR の Table 2）からなり，特に到達度チェックリストは，学習者や教師が学習の進捗度をチェックするために用いる重要なツールになっている。

　Shärer（2000, 2004, 2005）は，ヨーロッパ47カ国の European

Language Portfolio（ELP）の使用状況を報告書にまとめている。そのもとになるアンケート調査結果を筆者に直接提供してくれたデータによれば，国家的規模でCEFRベースの外国語教育が行われているという報告は，欧州評議会に属する47カ国中17カ国である。これはCEFRとELP，カリキュラムとの関わりを筆記で問う質問回答の中で，CEFRとカリキュラムに直接関係があると記述した国を数えたものであるが，残りの30カ国は無回答だったため，両者の関係については不明だということになる。また，CEFRとカリキュラムに関係あることを記述した17カ国についても，それらの国でどの言語を学習／指導しているかについては記述がなく，CEFRと各言語の利用状況はわからなかった。そこで，次にすべきことは，発行されたELPに用いられている使用言語を調べることにより，CEFRと各言語の利用状況を確認することである。次にELPと発行言語の関係をまとめ，若干の考察を加えることにする。

※ ELPと使用言語

以下に示す表は，欧州現代語センター（ECML）のELPに関するウェブサイト（http://elp.ecml.at/tabid/2591/language/en-GB/Default.aspx）の中の，電子版利用が可能なELPのデータベース一覧から，発行年，発行国，使用言語をまとめたものである。2011年までに欧州評議会が承認したELPは118あり（Little, Goullier&Hughes. 2011），そのうち資料が公開されているのは98である。これらのうちには，同一国から複数のELPが発行されていたり，数カ国に共用のものがあったり，コンソーシアムとして出版社や学会が共同で発行したものも含まれている。そこで，コンソーシアム発行のELPは（　）で示し，発行国の後に付け加える形をとった。

表1：ELPと使用言語

発行年	発行国数	種類	使用言語	
2000-2001		20	母語	19
			英語，ドイツ語	1

2002-2003	10 (3)	27	母語	15
			母語, 英語, フランス語, トルコ語	1
			母語, 英語	1
			母語, フランス語	1
			母語, 英語, フランス語, ドイツ語	1
			母語, 英語, ドイツ語, イタリア語	1
			ドイツ語	3
			ドイツ語, 英語	1
			英語, フランス語, ドイツ語, スペイン語	(1)
			フランス語	(1)
			ドイツ語, 英語	(1)
2004-2005	11	15	母語	8
			母語, 英語	2
			母語, ドイツ語	2
			母語, ゲール語	1
			母語, 英語, フランス語, ドイツ語	2
2006-2007	15	22	母語	12
			母語, 英語	5
			母語, フランス語	1
			母語, ドイツ語	1
			母語, 英語, オランダ語	1
			母語, 英語, ロシア語	2
2008-2009	5	8	母語	5
			母語, 英語, フランス語	1
			オランダ語	1
			情報なし	1
2010-2011	7 (1)	9	母語	5
			母語, 英語	2
			英語, ドイツ語, イタリア語, ギリシャ語, ブルガリア語	(1)
			英語	1

以上の表から次のことが言える。

発行されたELPのうち，約57.14％は母語によるものである。ここから，移民その他で自国以外から移り住んでいる，母語話者以外の言語使用者の居住国での言語学習／指導の状況がうかがえる。

彼らが自国の国民と対等に利益を享受したり，責務を負うためには，まず言語の壁を取り除くことが必要だと考えるのは自然なことであり，したがって第二言語教育にCEFRが利用されているということは大変わかりやすい。

次に，母語に加えて外国語教育のために発行されたELPは全体の4.49パーセントである。そのうち最も多いのは英語であるが，フランス語，ドイツ語教育用のELPも多い。その他の外国語については発行国の地理的条件や経済的つながり等によって選ばれている言語が異なっているように見える。ELPの発行国に関する情報は紙面の関係で記述できなかったので，関心のある方はウェブサイトで検索してほしい。

こうしてみると，行動指向アプローチと言語使用を指導の柱としたCEFRは，まずELPという形で第二言語教育を中心に，外国語教育に組み入れられてきている様子が確認できる。ただし，Shärer(2005, 2006)のために収集した基礎資料のデータと合わせてみても，CEFRはまだヨーロッパ諸国の外国語教育に全面的に利用されているようには思えない。

まとめ

2012年に欧州評議会によって承認された，フィンランドの義務教育のための外国語教育用ELP電子版は，まず母語で作成され，5つの言語に翻訳して合計6種類が作成されている。小学校では英語とフィンランド語（外国からの居住者のため），中学校以上は英語，ドイツ語，フランス語，スウェーデン語，ロシア語，フィンランド語の学習と指導用に作成されており，自己評価表も含めてすべての文言は同一である。このようにCEFRはすべての言語を対象として作成されており，CEFRと各国語の利用については，各国のニーズによって異なることになる。

Q6 A1，B2などのCEFRの　レベルの示すものは？

※ 外国語によるコミュニケーション能力の評価方式の平準化
　　──ディスクリプタ（能力記述子）による「言語共通参照枠の作成」

　CEFRは，戦後欧州の復興という大きなスローガンのもとに，その実現に向けて文字通り欧州人のために作成された。それが今，欧州のみならず世界レベルで注目を浴び始めている。吉島（2007）は，6つの理念（「複言語・複文化主義」「行動主義」「4つのSavoirs」「部分的能力」「European Language Portfolio (ELP)」と「Can-Do Statement」に支えられたCEFRそのものを理解する必要があるとする。しかし，CEFRの中で世間の注目を集めているのは，この「複言語主義」と「複文化主義」を具現化する形で結実した「言語共通参照枠（吉島は「能力レベル表」と記述）」であった（投野，2010）。それはやはり，この共通参照枠の利便性によるものと言っても間違いではあるまい。
　それでは，その具体的な内容を見てみよう。

※「言語共通参照枠」の作成

　欧州評議会では，欧州市民は母語のほかに2言語を学習し，使えるようにするという3言語政策を打ち出した。そして，それらを欧州全域で通用させるための「言語共通参照枠」を策定したのであった。具体的には言語コミュニケーション能力を，人間の一般的感覚に従って，A（初級）「基礎段階の言語使用者」，B（中級）「自立した言語使用者」，C（上級）「熟達した言語使用者」に3つに分け，それらをさらに2つの下位区分に分けた（表1を参照のこと）。すなわち，下からA1, A2, B1, B2, C1, C2と6つのレベルに言語コミュニケーション能力を分類するのである。この6レベルをリーディング，リスニング，スピーキング（インタラクション，プロダクション），ライティングの5技能それぞれに実際に何ができるかというCAN-DOディ

スクリプタで表した。

　このディスクリプタによる「共通参照レベル」が優れた点は，どの言語にも共通なコミュニケーション能力のレベルを示すことができる点にある。
　共通参照レベルの中の全体的な尺度を示すと以下の通りである。

表1：言語共通参照レベル

基礎段階の言語使用者	A1	具体的な欲求を満足させるための，よく使われる日常的表現と基本的な言い回しは理解し，用いることもできる。自分や他人を紹介することができ，どこに住んでいるか，誰と知り合いか，持ち物などの個人的情報について，質問をしたり，答えたりできる。もし，相手がゆっくり，はっきりと話して，助け舟を出してくれるなら簡単なやりとりをすることができる。
	A2	ごく基本的な個人的情報や家庭情報，買い物，近所，仕事など，直接的関係のある領域に関する，よく使われる文や表現が理解できる。簡単で日常的な範囲なら，身近で日常の事柄についての情報交換に応ずることができる。自分の背景や身の回りの状況や，直接的な必要性のある領域の事柄を簡単な言葉で説明できる。
自立した言語使用者	B1	仕事，学校，職場で普段出会うような身近な話題について，標準的な話し方であれば主要点を理解できる。その言葉が話されている地域への旅行をしているときに起こりそうな，たいていの事態に対処することができる。身近で個人的にも関心のある話題について，単純な方法で結びつけられた，脈絡のあるテキストを作ることができる。経験，出来事，夢，希望，野心を説明し，意見や計画の理由，説明を短く述べることができる。
	B2	自分の専門分野の技術的な議論も含めて，抽象的かつ具体的な話題の複雑なテキストの主要な内容を理解できる。お互いに緊張しないで英語の母語話者とやりとりができるくらい流暢かつ自然である。かなり広範な範囲の話題について，明確で詳細なテキストを作ることができ，さまざまな選択肢について長所や短所を示しながら自己の視点を説明できる。
熟達した言語使用者	C1	いろいろな種類の高度な内容のかなり長いテキストを理解することができ，含意を把握できる。言葉を探しているという印象を与えずに，流暢にまた自然に自己表現ができる。社会的，学問的，職業上の目的に応じた，柔軟な，しかも効果的な言葉遣いができる。 複雑な話題について明確で，しっかりした構成の，詳細なテキストを作ることができる。その際テキストを構成する字句や接続表現，結束表現などの用法をマスターしていることがうかがえる。
	C2	聞いたり，読んだりしたほぼすべてのものを容易に理解することができる。いろいろな話し言葉や書き言葉から得た情報をまとめ，根拠も論点も一貫した方法で再構成できる。自然に，流暢かつ正確に自己表現ができ，非常に複雑な状況までも細かい意味の違い，区別を表現できる。

吉島　茂／大橋理枝（他）（訳・編）（2004：25）

※ 各レベルが具体的に示すもの

　小池（2009）は，A1レベル以下は会話のやりとりができないレベルであるとするが，実は日本人にはこのレベルまたはそれ以下（「A0」とも言う）が非常に多いのではないかと指摘する。A2はその上のレベルとなっている。

　B2は日本で言えば，海外留学をせず，国内だけで英語力をつけることができる最高のレベルであるという。日本ではB1程度が1つの目標となるとする。また，日本人のビジネスパーソンはB1，よくてもB2能力で国際業務にあたっているのが実情であり，彼らの多くがこれでは不十分であると調査で回答している（小池（監）寺内（編），2010）。

　さらに，C1は効果的に技能を操作できる程度の熟達度であり，C2はまさにプロ中のプロというところである。外国語としての英語がもはやネイティブ・レベル，あるいはそれ以上にあると言っても大げさではない。

※ CUPのリストとの相関

　CUP（ケンブリッジ大学出版会）が必要とされる言語知識とそのスキルを機能（function）と概念（notion）という観点から作成したT-seriesという資料集がある。これらのリストを見るとそのレベルが把握できる。Thresholdなどの詳細はQ8を参照されたい。

表2：CEFRの6レベルとT-seriesの機能と概念との相関

CEFR	A1	A2	B1	B2	C1	C2
T-series	Breakthrough	Waystage	Threshold	Vantage	なし	なし

※ テストとの相関

　この言語共通参照レベルに当てはまるテストは，Cambridge ESOLが1913年から開発し続けて実施しているCambridge Main Suitの諸テストであり，これらのテストを見ればまたそのレベルが把握できる。

表3：Cambridge Main Suitテスト

CEFR	Cambridge ESOLによるテスト
A0	Young Learners English Test（Starters）
A1	Key English Test, Young Learners English Test（Movers）

A2	Key English Test, Young Learners English Test（Flyers）
B1	Preliminary English Test
B2	First Certificate in English
C1	Certificate in Advanced English
C2	Certificate Proficiency in English

【まとめ】
　CAN-DOの基本となるレベルであるB1やC2とは，国際基準として認められた到達レベルである。個人的な到達目標となることはもちろんだが，教育機関や国家レベルとしての到達目標を日本国内だけでなく国際的なスタンダードとして設定することができるものである。

【もっと知りたい方へ】
　テストの目的や手法が違うのでCEFRと直接結びついてはいないものの，STEPやTOEICなどの各種テストがCEFRとの相関表を出している。小池（2010）はそれらを表にまとめているので参考にされたい。

Q7　Spoken Interaction と Spoken Production の違いや特徴は？

　CEFR の発話の評価や分析の方法は大きく分けて，人との相互コミュニケーションと一方向のコミュニケーションの 2 つに分類できる。「やりとり（対話）」のある言語活動（Spoken Interaction）はある人が別の人（1 人以上の人）と会話をする活動であるのに対し，発表（Spoken Production）はある話題（topic）についてある人が一方的に話す。一方的といっても，完全な一方通行ではなく，聞き手からさまざまなキュー（信号）を読み取りながら，話し手が発話を調整する。2 つの発話様式にはさまざまな特徴や違いがある。例えば，聞き取りの有無，イントネーションの理解，語彙・文法の習得，言いよどみ・ためらいの有無，言語処理速度，対象人数，推測・予測の重要性，論理的展開の有無，非言語的活動の重要性，背景知識の活用，総合力，CEFR A1～C2 レベルで必要とされる能力の差などが挙げられる。人と人とのコミュニケーションは言語以外に依存することが多いといわれる。「やりとり」においては，言語以外の要素が特に大きな役割を果たす。

※「やりとり」と「発表」の違いや特徴
(1) 聞き取りの有無

やりとり	発表
聞き取りの力が必要な場面が多い。	聞き取る力がなくても支障がない場面が多い。

　対話には「話し手」と「聞き手」がいる。「聞き取り」が「やりとり」では半分を占めているので非常に重要である。このため，場面にもよるが，一方的な産出よりも難しい。特にペースが速く，複数の人が参加する「やりとり」は，話の流れについて行くためにリンキング，同化，弱化，脱落，フラップ化，成節子音化等が起きている発話を聞き取らなければならない。

(2) イントネーション

やりとり	発表
イントネーション，音の高さ，長さ，速さなどを聞き分け，場面に応じて使い分ける能力が必要。	イントネーション，音の高さ，長さ，速さなどを場面に応じて使い分ける能力が必要。

　「やりとり」では，イントネーション，その他の音声情報やそこにこめられた感情を聞き取り，正しく理解しなければならない。
　例えば，アメリカ大統領候補であったロムニー氏が，選挙活動期間の演説で発した失言を例に考えてみたい。"I'll never convince them they should take personal responsibility and care for their lives." と所得税を払っていない47％の人を批判しているコメントがある。この発話のイントネーションが理解できないために，間違って解釈している人がいる。文字通りは，「私は，彼ら（貧しい人）が個人的に責任を取り，自分の面倒を自分で見るように説得しない。」と訳せるが，この文のイントネーションが上昇―下降―上昇調なので，「説得しない」と主張しているのではなく，「説得できない」と言っているにすぎない。
　イントネーションが表す文の意味が理解できないと間違った解釈をし，イントネーションを間違って使用すると，誤解につながることがある。「やりとり」では「発表」のようにイントネーションの産出のみでなく，把握においても判断能力が必要な点が難しい。

(3) 語彙や文法

やりとり	発表
語彙や文法などが完全に習得され，すぐに理解・使用できないと，会話について行けないことが多い。	語彙や文法などが完全に習得されていなくても，相手に理解されるように話すことができれば支障がない場合が多い。

　知らない語彙や慣用句は聞き取れないといわれる。語彙や文法が完全に習得されている場合とそうでない場合では，「やりとり」において大きな差が生じる。単語や慣用句・文法の習得が不十分であると，聞き取れず，理解しようとしているうちに会話が進み，ついて行けなくなる。他方，「発表」は通常は発話内容を用意する時間があるので，自分の知っている語彙を使って

発話を組み立て，相手の使用語彙に依存せずに話を進めることができる。

(4) 言いよどみ・ためらいの有無

やりとり	発表
言いよどみ，ためらい，不完全な文，問い返し，言い直し，間投詞が多い。	言いよどみ，ためらい，不完全な文，言い直し，間投詞が比較的少ない。

「やりとり」は言いよどみ，ためらい，不完全な文，問い返し，言い直し，間投詞などが多い。実際に発話されている言語を談話の流れの中で汲み取るので，一本の糸をたどって，全体の模様を把握するようなものである。

「発表」は事前に一連の流れを組み立てることが可能なので，言いよどみやためらい，不完全な文が比較的少ない。

(5) 言語処理速度

やりとり	発表
比較的速いペースで返答しなければならないこともある。	比較的ゆっくり聞き手の反応に合わせるが自分のペースを保てることが多い。

「やりとり」は速いペースで会話が進むこともあるが，「発表」はある程度話す速度や提示のしかたを自分で決めることができる。また，「やりとり」はある程度のペースを保った発話が求められる。CEFRのA1レベルでは「相手がゆっくりと繰り返したり言い直したり」する。また，「言いたいことを言えるように助けてくれる」が，問い返すときも，一，二度は問い返されたり，発話の形式を変えて問い返されるかもしれないが，それ以上通じない場合は，会話が終わったり，話題が変わったりする可能性もある。

CEFRの2.1.3 Language activitiesにもあるように，「やりとり」において，話者は同時に話したり，聞いたりしていることが多い。話が中断されたり，割り込まれたりするので，速い切り替えが必要である。また，相手の話を聞きながら言うことを予測し，答えを用意する必要がある。

(6) 対象人数

やりとり	発表
比較的少数の聞き手を対象とする場面が多い。焦点が狭い。	比較的多数の聞き手を対象とする場面が多い。焦点が広い。

「やりとり」は聞き手が1人，または数人であるのに対し，「発表」は通常多数の聞き手が対象になり，話す内容や状況が薄まる傾向にある。聞き手が多ければ多いほど，個人の個性や志向ではなく，全体の志向に合わせるので，枝葉を切り捨て，聞き手の中間層に合わせることが多い。

もちろん，「やりとり」は聞き手が数人であるからと言って，彼らの個性や志向が同質的とは限らず，多様でありうる。この場合は，焦点が絞りにくい。また，逆に，通常多数の聞き手が対象である「発表」であっても学会発表や研究者仲間での発表の場合は，「話す内容や状況が薄まる」どころか，むしろ焦点が狭くなる。ただし，その他条件が同じであれば「やりとり」よりも「発表」の方が焦点が広い。学会で少人数の専門家が専門分野の細かい話をしている方が，ある専門家が会場で発表するときよりも焦点は狭くなる。仮に研究会や学会での発表で聴衆の特に優れている人に焦点を絞り，その人に反論されないように話していたとしても，ある程度全体にも配慮しなければならないので，その「優れている人」と一対一で話す「やりとり」よりも話が一般的になる。

(7) 推測・予測の重要性

やりとり	発表
相手が言っていることや話の流れを理解・推測し，相手が理解・推測しやすいように調整しながら話す必要がある。	聴衆の状態を把握または推測して調整しながら，聴衆に情報を推測させ，適切に流れを作り出すことが必要。

「やりとり」は相手の発話や行動を推測・予測しながら話したり，聞いたりする。上記で示した「聞き取り」や「イントネーション」，「言いよどみ」や「ためらい」などもすべて同時に処理しなければならないので，非常に難しい。他方，相手に合わせて自分の対応も用意する。

「発表」は聞き手が推測・予測しやすいように話を組み立てることが重要である。わかりやすく流れを作る。聴衆の背景を推測し，それに合わせて話を進める。推測に合わない場合（興味深いと思っていた話題に興味を示さない，理解していると思っていたことがわからない等），状況に合わせて話を調整することが必要である。

(8) 論理的展開の有無

やりとり	発表
次々に代わる話題に臨機応変に対応する。論理的に順序立てて話が進むとは限らない。	順序立てて論理的・理性的に話し、わかりやすくテーマを変えたり発展させたりする。

　「やりとり」は必ずしも思うように論理的・理性的に会話が進まない。論理的な展開をしても、相手の論理と衝突すれば、お互いに折り合わなければならない。「発表」のように、論理を一方的に自分の結論に導くことが難しい。

(9) 非言語的活動の重要性

やりとり	発表
非言語活動（ジェスチャー，表情，視線，服装，髪型，感情）を正しく読み取り，相手に対しても使わなければならない。	非言語活動（ジェスチャー，表情，視線，服装，髪型，感情）をある程度読み取り，適切に使わなければならない。

　「やりとり」では身振りや表情、その他の言語外の情報（非言語＝ノンバーバル・コミュニケーション）を理解し、使い分ける必要がある。視覚的情報、場面の情報、その他の情報を把握し、返事をする際に考慮する。言語情報と非言語情報を同時に処理し、合わせて相手が本当に言いたいことを読み解かなければならない。

　「発表」は聴衆の状態を見分けるために、身振りや表情、その他の言語外の情報を読み取る力が必要である。例えば、視覚的情報（あくびをしていたり、眠そうにしている）や、その他の情報を受け取ったら、話を切り替えたり、スピーチを工夫したりすることなどが必要になる。

(10) 背景知識の活用

やりとり	発表
聞き手の背景，過去の情報，現状等を「やりとり」の中で把握し，適切に対応することが必要である。	聞き手の背景，過去の情報，現状等を適切に推測・判断し，流れを作り出し，聞き手の間接的な反応を感じ取って調整する。

　人は話すときに、一連の流れの中で必要な情報を必要に応じて組み合わせ

る（言葉，場面，ジェスチャー，過去の出来事，表情等）。例えば，話の初めに出てきた情報を繰り返したり，言い換えたりしながら後で使う。場合によっては，一時間前の発言や前日の発言などが話に上がったりすることもある。話の流れという背景知識以外に，専門知識，歴史，文化の知識などもすべて関わってくるので，背景全体を把握し，聞き手との共通認識の枠組みに沿って応答することが望ましい。

　CEFRの2.1.1 The general competences of an individualに書かれているgeneral competencesは個人の「一般的な能力」である。知識，技能，経験に基づいた既存の能力，学習能力などが含まれる。「知識」には科学技術分野の知識，専門領域の知識，日常的な常識，共通の価値観，歴史など言語や文化以外の知識が含まれる。実際に言語を使用する際に，この共通知識に基づいて「やりとり」や「発表」をすると，意思疎通が容易になる。共通知識が少なければ少ないほど，誤解や問題が生じやすい。

　「やりとり」は，この誤解などを解く機会があるが，「発表」は一方的に話すことが多いので，話者が聞き手についてよくわかっていなければ，知らないうちに間違った印象を与えてしまったり，聞き手を遠ざけたりしてしまうこともある。「やりとり」や「発表」を通して得られる新しい知識は，この既存の知識＝背景知識に基づいたものである。また，「既存の能力」としては，自己像，他人をどのようにとらえているか，そしてそれが社会的な「やりとり」や「発表」にどう影響するかが含まれる。さらに，「学習能力」としては，一対一で「やりとり」する際に，積極的に話したり，リスクを冒して話す機会を手に入れたり，わからないときに問い返したりする能力などが含まれる。

　「やりとり」や「発表」は，知識の記憶方法，そしてその知識がすぐに活用できるかどうかにかかっている。例えば，「受容語彙」は，「やりとり」の聞き取りに役立つが，「発信語彙」でなければ，返答する際に利用できない。「学習能力」が高い個人であれば，「やりとり」を通して「受容語彙」が「発信語彙」に変わるが，学習能力が低ければ，理解できても語彙を使用できず，主張を通すことができない。また，語用論的能力，社会言語能力が備わっていなければ，「やりとり」で談話，一貫性，結束性などを保つことができない。皮肉的なことを言われたり，パロディーを使われても気がつかない。

(11) 総合力

やりとり	発表
言語情報，非言語情報を総合的に正しく読み取り・評価し，適切に対応する必要がある。	言語情報，非言語情報を部分的に読み取り・評価し，適切に対応する必要がある。

　「やりとり」は，自論を有利に進めたり，目的を達成するために複数のことに同時に気を配る必要がある。例えば，言語，ジェスチャー，アイ・コンタクト，服装，外見，ボディーランゲージ，感情（好意，嫌悪，喜怒哀楽等），理性，論理，話術（妥協，攻め，惹きつける，ほめる，励ます，叱る等），五感（ボディータッチ，相手との距離等），環境・条件，予測することなどが含まれる。

　他方，「発表」も複数のことに気を配る必要があるが，対象が一対一ではない（聞き手が複数・多数いる）ことが多い。聞き手や会場などを全体的に見渡し，全体の状態（注意深く聞いている，退屈そうにしている，感動している等）を把握し，話の切り替えや展開，または音調などを調整する必要がある。決まったスピーチをそのまま読むだけであっても，話し方を変えることによって会場が湧き上がったり，静まったりする。聴衆の感情や受け止め方を読み取る能力に長けている政治家・教師・講演者は，聴衆から発せられるサインに合わせて話の流れを変え，講演や演説を最大限に生かすことができる。

(12) CEFRのA1～C2レベルで必要とされる能力の差

やりとり	発表
CEFRレベルが高くなればなるほど，難しさが飛躍的に増す。	CEFRレベルが高くなっても，聞き取りが必要ないので，「やりとり」ほどは難しくならない。

　CEFRレベルが低ければ低いほど，「やりとり」と「発表」の差が少ない。初めて言語を習うときに，A1レベルで「やりとり」するのは，多少の言語，背景知識等があれば意思疎通が可能である。また，「相手がゆっくりと繰り返したり言い直し，言いたいことを言えるように助けてくれる」ので，なんとかやっていける。

ところが，C2レベルでは多くの能力（言語，文化，専門知識，予測，相手に対応するスキル等）を身につけていなければならないので，このレベルに達する話者が少ない。母語でもC2レベルで機能できない人が多数いるなか，外国語でネイティブ・レベルの人と対等に「やりとり」できる人が少ないのはこのためである。

　一番高いレベルのC2は，「発表」も非常に高いレベルの能力が必要とされるが，時間をかけて準備する余裕がある。それに対し，「やりとり」は言語のみでなく，相手の文化，習慣，背景知識（専門知識を含める）を理解し，高いレベルで推測・予測などできなければならない。また，これらの能力を同時にすべて駆使し，「発表」で必要とされるアウトプットを瞬時に産出する。ゆっくり考え，用意し，対応するゆとりがないことも多い。言語以外にも，例えば，「やりとり」のC2に「問題があれば，もとに戻り，他の人がほとんど気がつかないほど，なめらかに修復できる。」とあるように，文を理論的に構築し，相手に合わせて臨機応変に対応する力が必要である。

まとめ

　「やりとり」と「発表」は同じ発話でも，大きく異なる。聞き取りの有無，イントネーションの理解，語彙・文法の習得，言いよどみ・ためらいの有無，言語処理速度，対象人数，推測・予測の重要性，論理的展開の有無，非言語的活動の重要性，背景知識の活用，総合力，CEFR A1〜C2レベルで必要とされる能力の差，などにおいて違いが見られる。

　「やりとり」は同時に多数の言語的・非言語的情報を同時に処理しなければならないので，レベルが高くなればなるほど難しい。「発表」は「聞き手を読む」力が必要である。目的に合わせてさまざまなスタイルがあるが，聞き手が発しているキュー(信号)を受け取り，話を調整することが重要である。

Q8 CEFRの元になった Threshold Level とは？

※ ThresholdシリーズとCEFRとの関係

　Thresholdシリーズとは，J.A. van Ek と J.L.M. Trim が1970年代から公開を始めた英語運用能力の詳細な記述である。Threshold Level 初版は1975年に欧州評議会（Council of Europe）によって出版されており，言語例として英語が選ばれている。その後，言語能力レベルごとに Threshold 1990, Waystage 1990, Vantage が現在出版され，これらが Threshold シリーズ（T-series）と呼ばれている。

　Thresholdシリーズには，言語機能，意味的概念，文法項目，語彙項目の詳細なリストが含まれており，それぞれのレベルの学習者が目標とする言語を用いて自立的にコミュニケーションを行えるようになるためには，何を身に付ける必要があるのかが例示されている。CEFR-Jを活用する際にも，それぞれのレベルでどのような言語機能，意味的概念，文法項目，語彙項目を学習目標とすべきかを考える上で Threshold シリーズは大変参考になるものである。

　Thresholdとは，「敷居」を意味し，それぞれのレベルの言語使用者がその言語が使われている社会に入り込もうとする際に敷居がどの程度高いのか，どのような知識や能力があれば，敷居を乗り越えることができるのかを学習者に示すために作られている。敷居の高さは，学習者がその言語を使って何をしようとするのかによって変わるため，目標言語の熟達度によって敷居の中身も変わる。Thresholdシリーズは，熟達度のレベルに合わせて敷居が何によって構成されるのかを明確に示すことをねらい，基礎的な段階の学習者には Breakthrough（2013年現在未刊, English Profile のウェブサイトで初校を閲覧可能）および Waystage を，自立した学習者には Threshold と Vantage を学習すべき事柄の詳細な記述として提供している。

　Council of Europe（2001）は，Threshold シリーズと CEFR との関係を

以下のように示している (Council of Europe, 2001 ; Hawkins & Filipović, 2012)。

表1：Threshold シリーズと CEFR

CEFR		Threshold シリーズ
基礎段階の言語使用者 (basic user)	A1	Breakthrough
	A2	Waystage
自立した言語使用者 (independent user)	B1	Threshold
	B2	Vantage
熟達した言語使用者 (proficient user)	C1	(Effective Operational Proficiency)
	C2	(Mastery)

※ Threshold 1990の概要

CEFR B1レベルの英語使用者の能力記述を試みている Threshold 1990は、以下の項目によって構成されている。

(1) 目標（一般的な記述，詳細な記述）(The Objective)
(2) 言語機能 (Language functions)
(3) 一般概念 (General notions)
(4) 特定概念 (Specific notions)
(5) 対話のパターン (Verbal exchange pattern)
(6) テキストの理解：リーディングとリスニング (Dealing with texts)
(7) ライティング (Writing)
(8) 社会文化的能力 (Sociocultural competence)
(9) 補償ストラテジー (Compensation strategies)
(10) 学び方の学習 (Learning to learn)
(11) スキルの学習程度 (Degree of skill)
(12) 付録：発音とイントネーション，文法事項一覧，語彙索引，トピック索引

このように，自立した言語使用者レベルの学習者が身に付けるべきものが，Threshold 1990に列記されている。まず注目すべきなのは目標である。以下の13の場面を挙げ，目標を CAN-DO の形で示している。

① 入国管理官，警官など公的な人との接触（Contacts with officials）
② 宿泊の手配（Arrangement for accommodation）
③ 食事の手配（Arrangement for meals）
④ 買い物（Shopping: buying consumer goods）
⑤ 公共交通機関の利用（Using public transport）
⑥ 個人的な移動手段（車など）の利用（Using private transport [car]）
⑦ 電話等による情報サービスの利用（Using information services）
⑧ 美術館，劇場など公共機関の利用（Visiting public places）
⑨ 郵便局，銀行などの公共サービスの利用（Using public services）
⑩ 短期居住者のための教育（Educational services for temporary residents）
⑪ 行き先の特定（Finding the way）
⑫ 仕事におけるコミュニケーション（Communicating at work）
⑬ 個人的な歓待（Private hospitality）

　これらの場面において，Threshold レベルの学習者が何をできるようになるべきか箇条書きで列記されている。例えば，「⑫仕事におけるコミュニケーション」では，11項目のCAN-DO記述が挙げられており，以下はその中の主な5つである。
　一時的な居住者として，学習者は：
　規定に従って就労許可を得ることができる／
　仕事の性質，条件などについて尋ねることができる／
　求人情報を読むことができる／
　就職応募書類を書き，面接において個人情報を伝え，質問に答えることができる／
　上司，同僚，部下と適切にコミュニケーションすることができる。

　このように Threshold 1990 と Vantage には自立した言語使用者に何が求められるかを詳細に示した CAN-DO 記述文が載せられており，これらがCEFR の能力記述文の基盤になっていることがわかる。A2レベルの基礎的な言語使用者のための Waystage 1990 には一般的な能力記述のみが記載されており，詳細な能力記述は含まれていない。

※ Thresholdシリーズが示す言語機能・概念

　Thresholdシリーズが作られた1970年代は，概念・機能を中心としたnotional-functional approachが特にヨーロッパで全盛の時代であった。そのような外国語教育の動向を受けて，Thresholdシリーズにおいても言語機能および概念の詳細なリストが提示されている。Threshold 1990は言語機能の大きな範疇として以下の6つを挙げている：

(1) 事実に関する情報を伝え，求める（imparting and seeking factual information）
(2) 意見・判断・態度などを表現し，見つけ出す（expressing and finding our attitudes）
(3) さまざまなことを行わせる（説得する）（getting things done[suasion]）
(4) 社交的活動をする（socializing）
(5) まとまりのある文章を組み立てる（structuring discourse）
(6) コミュニケーションを修復する（communication repair）

　言語機能はさらに細かく分けられ，それぞれがどのような文構造によって表現されるのか，例文付きで示されている。例えば，「他者に何かをするようアドバイスする」という言語機能では以下の文構造と例文が示されている。

・You should + 原形不定詞：You should go to the police.
・You ought to + 原形不定詞：You ought to be more careful.
・Why don't you + 原形不定詞：Why don't you stop working so hard?
・If I were you, I'd + 原形不定詞：If I were you, I'd phone him now.

　概念は，一般概念と特定概念に分けられ，それぞれ詳細な概念が示されている。一般概念は，存在，空間位置，時間，量，質，心理，関係，ダイクシスに関わるものが例示されている。特定概念は，個人的情報，家庭・生活環境，日常生活，余暇，旅行，人間関係，健康，教育，買い物，食事，サービス，場所，言語，天気の14カテゴリーで示されている。

まとめ

　Threshold シリーズが示す言語能力の記述，特に，言語機能および概念は，教材開発，学習目標の設定，学習効果の評価において，その発表以来幅広く利用されてきている。CEFR レベルごとにねらう言語運用能力がどのような機能，概念，文法項目によって構成されているのかを明確かつ詳細に示している点において，大きな意義を持つ資料となっている。文法事項，言語機能の配列の妥当性に関して，実証的な研究が行われており，その分析結果も英語運用能力の記述に大きく貢献することが期待されている（Hawkins & Filipović, 2012）。

もっと知りたい方へ

　Threshold 1990, Vantage, Waystage を入手して，それぞれが，どのように違うのかを比較検討するとレベルの違いを把握することができる。Threshold 1990 は翻訳が出版されており有益である：van Ek, J. A. & Trim, J. L. M. (1991). *Threshold 1990*. Cambridge, UK: Cambridge UP. ［米山朝二・松沢伸二（訳）(1998)『新しい英語教育への指針―中級学習レベル〈指導要領〉』大修館書店］。

　Michael Milanovic & Nick Saville が編集している *English Profile Studies 1 & 2*（Cambridge University Press）には，CEFR と言語項目，言語機能の関連についての詳細な研究結果がまとめられており，Threshold シリーズについての言及も含まれている（Hawkins & Filipović, 2012; Green, 2012）。

Q9　CEFRは評価のため？　指導のため？

　多様な文化と言語を持ち，母国からの移動が多いヨーロッパ市民が，互いの文化的差異を尊重しつつより良いコミュニケーションと相互理解を図れるように，そしてそのためにはヨーロッパで使われている現代語[1]を互いによく知ることが不可欠との認識から，欧州評議会はCEFRを作成した[2]。日本はヨーロッパの国々とは地理的状況，政治的背景，言語教育政策は異なるものの，CEFRから学ぶことは多い。なぜなら，情報通信網の急速な進歩により，ヨーロッパやアジア諸国との地理的距離が縮まり，日本におけるグローバル人材の育成は急務の課題だからだ。そこで本節では，はじめにCEFRの外国語熟達度指標の理念と作成の基準を概観する。つぎにCEFRが「誰を対象」に「何の目的」で開発されたか，目的に応じた"CAN-DO"は「どう提示されるとわかりやすいか」について説明し，日本の外国語教育におけるCAN-DOリスト作成へのヒントを得たい。

※ CEFRから学ぶ外国語教育の目的と理念

　副題の"Learning, teaching, assessment"が示すように，CEFRはヨーロッパ内の「学習者・教授者・評価者」が外国語の熟達度を同一の基準で判断しながら「学び，教え，評価できる」ようにと開発された。次ページに示したCEFR開発の基本理念，特に下線部（筆者）は，日本人が外国語を「学ぶ・教える・評価する」ための"CAN-DO"リスト作成の理念としても念頭に置きたいキーフレーズだ。

[注]　1　現代語とはヨーロッパの国々で人々が日常的に使用している言語で，日本人にとっては外国語にあたる。本稿では便宜上，これ以降「外国語」と呼ぶ。
　　　2　本稿では吉島他（2004）を主な参考資料とし，必要に応じて直接引用や要約した部分のページを記した。

(1) 異なった言語と文化的背景を持つヨーロッパ市民の間のコミュニケーションを質的に改善することを課題とする。
(2) 学習者・教授者・評価者が共通の尺度を持って能力を記述し、評価するには、学習者の要求と需要を満たし、技能と資質面からみて到達可能な学習目標を、明確・明示的に"CAN-DO"で表現する。
(3) 共通参照レベルの設定により、多様な言語・文化背景を持つ人々が直接的接触の機会を多く持てるようになり、結果的に異文化間の相互理解の改善と、協調的な共同作業が容易になる。

※ 多様な目的を満たす CEFR の基準

CEFR の共通参照レベルは、学習者、教授者、評価者がそれぞれ自己評価、指導法開発やタスク作成、評価テストの作成という異なる目的を持ちながらも共通して参照することから、次のような基準を満たすべきとしている（吉島他, p.7）。

表１：CEFR の基準となっている特性

包括性	言語知識・言語機能・言語使用の領域のすべてをできる限りカバーし、外国語初修者からほぼベテランの域にある学習者の「多様なレベル特性」を考慮して熟達度を"CAN-DO"で記述する。
一貫性	書かれている内容に矛盾がなく、目標の決定や内容、教材選択、教授法（学習法）、総括的評価などの調和がとれるようにする。
明確性	書かれている内容が明確で理解しやすく、学習者・教授者・評価者が実際に利用できるように記述する。
柔軟性	学習者の置かれている言語環境などが異なっていればそれに柔軟に対応し、単一・均一なものを押しつけず、絶えず必要な改訂を加えて、個別の状況に応じて使用できるようにする。

※ CEFR が対象とする学習者・教授者・評価者とは

(1) 学習者：「言語学習者」は同時に「言語使用者」（実際に言語を使用する者）でもあるとの強い認識がある。言語使用者は基礎段階（A1, A2）、自立して学習できる段階（B1, B2）、熟達した段階（C1, C2）の６段階に分けられ、言語熟達度によってはさらなる分化も可能とする。（吉島他, pp.32-33）。
(2) 教授者：広く教授に携わる者として、教師だけでなく、授業コース立

案者，教材開発者，教科書著者なども含まれる。
(3) 評価者：客観テスト・資格検定試験などの出題者だけでなく，自律した学習者育成の観点から，学習者も「自己評価」のできる評価者であり，教師も単元テストや期末試験で到達度を継続的に評価する評価者とみなしている。

※ CEFR は学習者・教授者・評価者にとってどのように役立つのか

(1) 学習者：
　①「どの知識」や「どの技能」が「どの程度」あれば次のレベルに進めるのかが具体的にわかるため，「到達可能でやりがいのある目標」が設定でき，学習計画が立てやすくなる。
　②不足している言語知識や技能を補う教材の選定や学習法の見直しができ，学習への動機づけが高まる。
　③他国への就労や語学研修などで，熟達度の尺度に従って自らの外国語能力を申告できるので，レベルに応じた仕事の獲得，レベルに合ったクラスでの学習が可能になる。
(2) 教授者：
　①指導目標が俯瞰できるので，一貫性のある指導法やシラバス・カリキュラム・ガイドラインの作成に役立つ。
　②学習者の継続的な評価をする時に熟達度の質の向上を知る指針になる。
(3) 評価者：
　①指導者は共通の「評価基準」に基づいて熟達度の伸長を評価できるので，指導者間の評価のばらつきを軽減できる。
　②言語能力のテスト開発者は包括的で明確な能力記述文に基づいて一貫性と客観性のある検定試験や資格試験を開発できる。そのためテスト間の相互認定も容易になる。

※ 参照目的に応じた CAN-DO の提示方法

　「CAN-DO の提示方法」とは，参照者の目的に合ったかたちで CAN-DO リストを構成し提示する方法のことで，目的に応じた柔軟な提示法の工夫が必要だ。例えば，専門的な知識のない学習者でも「自己評価」できるには，「各レベルで実際に何ができればよいか」について，「各レベルの学習者の典型的な行動の要点」を「肯定的」・「簡潔」・「総合的」に記述し，一見して全

表2：全体的尺度の提示法（抜粋）

言語使用者	尺度	「聞くこと」「読むこと」に関するCAN-DOの例
熟達段階	C2	聞いたり読んだりしたほぼ全てのものを容易に理解することができる。
	C1	いろいろな種類の高度な内容のかなり長いテクストを理解でき，含意を把握できる。
自立段階	B2	自分の専門分野の技術的な議論も含めて，抽象的かつ具体的な話題の複雑なテクストの主要な内容を理解できる。
	B1	仕事，学校，娯楽で普段出会うような身近な話題について，標準的な話し方であれば主要点を理解できる。
基礎段階	A2	ごく基本的な個人的情報や家族情報，買い物，近所，仕事など，直接的関係がある領域に関する，よく使われる文や表現が理解できる。
	A1	具体的な欲求を満足させるための，よく使われる日常的表現と基本的な言い回しは理解し，用いることもできる。

体像が見えるようにリスト化する必要がある（吉島他，p.25）。「聞くこと」「読むこと」に関するサンプルを表2に示した。

　主な言語技能の熟達度が，ひとつのレベルにつきひとつの枠組みに記されているので，全体的な体系がわかりやすく，教師やカリキュラム計画担当者にとっても立脚点が見えやすい。紙面の関係から「理解（聞くこと，読むこと）」に関するCAN-DOのみを抜粋・要約して例示したが，実際はひとつの枠に「話すこと，書くこと」の能力も端的に記述されている。表3は「自

表3：自己評価に役立つ提示法

尺度（レベル）		理解すること		話すこと		書くこと
		聞くこと	読むこと	やり取り	表現	書くこと
C	C2					
	C1					
B	B2					
	B1					
A	A2					
	A1					

例：聞くこと（A1）：
はっきりとゆっくりと話してもらえれば，自分，家族，すぐ周りの具体的なものに関する聞き慣れた語やごく基本的な表現を聞き取れる。

己評価用の参照枠組み」で，6レベルごとに5つの言語活動の詳細がわかるようにリスト化されている（吉島他, pp.28-29）。主な言語技能の全体像がわかり，今後何を学ぶべきかの目安が立てられる。表4はコミュニケーション活動，特に「話し言葉の質的側面」の「評価用参照枠組み」で，「何ができるか」だけでなく，「いかに上手にできるか」といった能力の「質」にも焦点を当てた提示法である（吉島他, pp.30-31）。

表4：「話し言葉」の質的側面の評価に役立つ提示法

尺度（レベル）		使用領域の幅	正確さ	流暢さ	やり取り	一貫性
C	C2					
	C1					
B	B2					
	B1					
A	A2					
	A1					

幅広い言葉の使いこなしができ，一般的，学術，仕事，娯楽の幅広い話題について，言いたいことを制限せずに，適切な文体ではっきりと自分を表現できる

【まとめ】

　元来，ヨーロッパ共同体の特殊な言語・文化事情から誕生したCEFRは，外国語学習者による自己評価，教授者による指導法改善やカリキュラムデザイン，評価者による資格検定試験の作題などで参照される「外国語熟達度の尺度に関する共通参照枠組」だ。参照者の目的に適した「能力記述文の詳細化」と「参照枠組の提示法の工夫」が重要である。

【もっと知りたい方へ】

　Green, A. (2012). *Language Functions Revisited*. (*English Profile Studies 2*) Cambridge：Cambridge University Press.（熟達度尺度とCAN-DO statementsの適切な対応に関する研究）

Q10 CEFRは外国語教育にどのように活かされているか？

※ CEFRに基づいた言語教育政策の実現

　欧州評議会では，複言語主義の促進，言語の多様性の維持，相互理解の促進，民主的市民の育成の促進，社会的結束の促進を，平和で安定した社会を維持していくための重要事項として掲げている。また，その実現のために複言語・複文化主義を貫き，欧州市民に移民や外国人に対する偏見のない寛容な態度を培うことを重視することを明らかにしている。特に，複言語主義，複文化主義を進めるための言語教育政策実現に向けては，EU加盟国閣僚会議において，1）すべてのEU市民が母語に加え他の2つのEU言語を習得する，2）できるだけ早い時期に言語学習を開始する，3）学習者や教師の移動により，言語・文化学習の機会を増やす，4）新しい教授法を推進し，そのための教員教育を充実する，5）使われる・教えられることが少ない言語（少数言語）の学習を促進する，等の言語教育実施のあり方を承認し，その実現を進めている。

　1991年には，欧州評議会とスイス連邦政府の共催による"Transparency and Coherence in Language Learning in Europe: Objectives, Evaluation, Certification"をテーマとする言語教育に関する会議がルシュリコンで開催された。この会議において，CEFRの必要性とEuropean Language Portfolio（ELP）がシンポジウムで紹介され，学習者の言語運用能力のレベルをA：Basic User，B：Independent User，C：Proficient Userに分け（図1参照），さらにそれぞれを2段階に分けて，言語を用いて何ができるようになっているのかについてCAN-DOで記述した共通参照枠が示された。ならびに自律的な学習者の育成に欠かせない形成的評価のツールとしての役割を果たす，Dossier, Language Passport, Language BiographyからなるELPを利用した指導・評価の紹介に注目が集まった。

　この後，CEFRは，欧州だけではなく，世界の言語教育政策に影響を与え

るようになる。特に日本においては CAN-DO で表された言語能力記述文（ディスクリプタ）が注目され，多くの研究者が日本の教育環境への適用を試みようとしている。

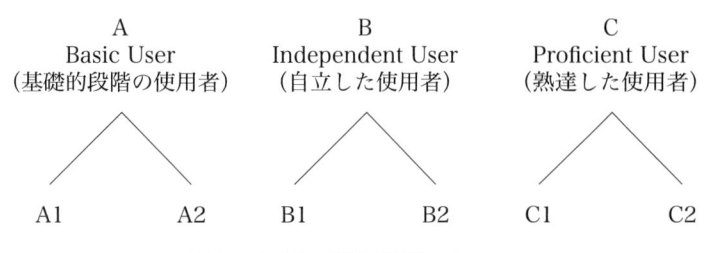

```
        A                      B                      C
    Basic User          Independent User         Proficient User
(基礎的段階の使用者)     (自立した使用者)        (熟達した使用者)
      ∧                      ∧                      ∧
   A1   A2                B1   B2                C1   C2
```

図1：CEFR 言語運用能力レベル

また，ELP を用いた指導に関しては，言語学習方略の育成を含めた自律的な生涯言語学習者の育成を行うという目的に応じて，ELP の理解を深め利用を推進するためのワークショップの実施や，CEFR に関連した評価方法の研究・調査活動が進められてきている。さらに，これまでの各国における取り組みの経過報告が随時なされることで，情報の共有が行われている。また，CEFR に関連づけられて作られる言語運用能力テスト作成にあたってのマニュアルも示されており，すでに，多くのテスト開発機関が既存の言語能力試験の CEFR への関連づけや CEFR に対応するテスト開発に取り組んでいる。

このように，欧州評議会によって提案された CEFR を指針とする言語教育は，欧州各国さらに多地域にも，に影響力を持ち，各国において CEFR に基づいた言語教育（外国語教育を含む）の改善が進められてきている。

※ フィンランドの National Core Curriculum と CEFR

フィンランドの National Core Curriculum（2004）を見ると，すでに，外国語教育の目標や内容は CEFR をかなり意識したものとなっていることがわかる。初等教育から中等教育において，CAN-DO で示される数段階から成る到達目標を設定しているだけではなく，学習方略の育成を目標として含め，また，複数言語の教育についても同様の指導方針を打ち出している点は，複言語・複文化主義による CEFR の理念を汲んだものとなっていると言えよう。

National Core Curriculum Basic Education（2004）の「外国語教育」においては，その目的として，コミュニケーションに必要となる言語運用能力育成のために外国語を活用する機会を提供するとともに，他の文化圏に生活する人たちのことを理解し，尊重できるような指導を行うことを目的として掲げている。また，外国語を学ぶことは，教養科目としてあるのではなく，スキル科目として，コミュニケーション能力の十分な育成を目指すことの大切さを学習者に理解させ，同時に，生涯学習として言語学習に取り組むことを理解させることにも重点を置いている。補遺として掲載された到達目標は，CEFR のディスクリプタを修正して作られたものとなっている。

❋ CEFR における ELP の役割

欧州評議会参加国における ELP の利用を促すために，加盟国 7 カ国による ELP 利用に関する報告書：*The European Language Portfolio in use: nine examples*（David Little 編，2003）が作られている。そこでは，2001年に開催された「全欧州 ELP セミナー」に参加した各国のパイロットプロジェクトの取り組みの成果が示されており，さまざまな現場からの事例や解説が付けられている。この報告書は，ELP のさまざまなデザインや実施方法を広く知らせると同時に，学習者が自己評価を通して自らの学習に取り組むことの意義や ELP を用いた省察活動の方法が紹介されている。また，成人移民の言語学習や学校教育外における言語教育等，多様な教育環境において，ELP が学習者の自律的な学びへのサポートとして有効であることを示すものとなっており，参考となる点が多い。

また，この報告書では，「行動指向アプローチ」による言語教育における「形成的評価」の果たす重要性が明らかにされており，これから日本で CAN-DO による到達目標に照らした言語教育を実施する場合，指導と評価を結びつけるポートフォリオを効果的に利用するための方法が構築されなければならないことがわかる。今後の実践的な研究が望まれるところである。

❋ 自律的学習者育成を促す ELP の利用法：フィンランドの例

フィンランドの高等学校で1998年から2001年，3年間にわたり実施されたプログラム "Portfolio-oriented language learning" の報告がある（päkkiä, 2003）。そこでは，Dossier と自己評価による言語学習の省察の重要性につ

いて述べられている。毎回の授業活動にELPの使用を組み込み，自己評価表を用いた振り返りを通じて学習者自身に学習の目標設定が任され，言語学習のアクション・プランを自らが立て，実施し，評価し，さらに，修正を行うというPDCAサイクルをとることで学習のオーナーシップを学習者自身に渡している点が特徴である。

　ポートフォリオ使用に際しては，まず，学習者に学習方法を知る上において自身の学習に関する成長を知ることが望ましく，意義のあることであることを伝え，自己評価は，自らを生涯言語学習者に導くことにおいて重要な役割を果たすということを理解させるようにしている。

　ポートフォリオを通して起こる学びへの省察は，学習者自身が自らの能力を評価すること，目標を設定すること，そしてCEFRをより理解することに役立ち，また，自身の能力，長所，弱点に気づくことが，学ぶことの目的を明確にすることに役立つと報告している。

　プログラム終了時には，丸1日を使って高等学校3年間の取り組みのまとめの時間を持ち，それまで外国語学習で取り組んできた関連するすべての作品，省察用ノート，自身の外国語能力に取り組んだ証拠となるもの等を整理して綴じることになっている。この作業行程において，学習者に自らの学びを友人に伝える機会を与えることで，ELPが果たす役割が明確になるだけではなく，この体験が，生涯にわたってELPをアップデートしていくための練習にもなっている。

※ 東アジアにおけるCEFRの影響

　中国では，2001年，小学校から高等学校までの英語教育に9段階の到達目標を置くカリキュラムが作成されている。それまでのカリキュラムに示されていた表現とは異なり，主語を学習者にしたCAN-DOを多く含む記述を用いた目的の示し方からも，CEFRの影響がうかがえるところである。同様に台湾でも，「国民中小学九年一貫課程綱要：言語・文学学習領域（英語）」（教育部，2005）を見ると，CAN-DOによる言語能力指標が示されている。韓国（第7次教育課程）では，学習者中心の英語教育を目指しており，小学校段階から，それぞれの課程において身に付けるべき能力を主にCAN-DOによる記述で示している。

　日本においても2011年6月，文部科学省の諮問機関である「外国語の能

力向上に関する検討会」がまとめた「国際共通語としての英語力向上のための5つの提言と具体的施策」では，各学校において学習到達目標をCAN-DOリストで設定・公表し，達成状況を把握するように勧めており，2013年度には，文科省がCAN-DO作成のガイドラインを作成，中学・高校の英語指導にCAN-DOリスト作成とそれを活用した指導と評価を組み込むことを「5つの提言」の実行プランとして推進する予定である。

　CAN-DOリストを形成的評価のツールとなるポートフォリオに効果的に取り入れ，指導に生かすための方法が開発され，その使用に関するワークショップ等が全国で展開されるようにならない限り，期待する広がりや効果は生まれてこないものと思われる。

　このように，CEFRのCAN-DOで示される言語能力記述文（ディスクリプタ）が東アジアの外国語教育政策に与えた影響は大きく，知識としての言語学習から言語運用能力を育成する行動指向アプローチによる外国語教育の方向性へと動き始めていると言えよう。

【まとめ】

　CEFRやELPが世界の言語教育政策に与える影響は大きく，いろいろな国において，その活用が進められてきている。より良い言語教育の実践のためには，CEFRの言語能力記述文（ディスクリプタ）を参考にした到達目標を置くだけでは十分ではなく，同時に自己評価と学びへの振り返りを起こさせるランゲージ・ポートフォリオの効果的な指導・評価への利用こそが大切となる。日本の教育環境に適したランゲージ・ポートフォリオの開発，現場における使用方法の手引きの作成が望まれる。

【もっと知りたい方へ】

金森強（2011）「欧州連合（EU）―欧州市民を育てる言語教育政策」矢野安剛他編『英語教育学体系　第2巻　英語教育政策』(pp.103-119). 大修館書店

Q11 Core Inventoryとは？
——CEFRの英語における利用指針

　教師がシラバスや指導計画を書くとき，あるいは成人学習者が独学で英語を学ぶとき，CEFRはどのように利用できるだろうか。本節は，そのためのサポートとして出版された *Core Inventory for General English*（North, Ortega, and Sheehan, 2010）を紹介する。

※ 各レベルの英語の特徴を「コア」として抽出
——Core Inventory for General English

　CEFRは共通参照枠であり，個別の言語には言及していない。また，言語の能力や言語の質的側面に関して全部で58の尺度を示しているが，これらの尺度表から，各レベルで扱うべき指導内容や学習内容を判断するのは至難である。そこで，英語教師とシラバス作成者にCEFRを感覚的に理解させるため，また指導や計画のプロセスの透明性を高めるため，さらには自律学習を支援するため，Core Inventoryが開発された。英語学習者にとって重要と思われる言語の特徴がA1からC1の各レベルにマッピングされている。機能・文法・談話標識・語彙・話題の観点から各レベルの特徴を示したA3版1枚の表があり，付録にはテキストのタイプ，言語内容，言語内容の具現形について，それぞれマッピングが掲載されている。

表1：テキスト・タイプのマッピングの一例

	A1	A2	B1	B2	C1
事実の叙述	■	■	■		
新聞や雑誌の記事		▨	■	■	▨
事実を伝えるテキスト，記事，報告			■	■	▨
長く複雑なテキスト，報告				■	■
高度に専門的な情報源					■

表2：言語内容のマッピングの一例

	A1	A2	B1	B2	C1
未来（be going to）	■	■			
未来（現在進行形）		■			
未来（will と be going to）		■	■	■	▨
未来進行形			■	■	▨

　Core Inventory は，学習者の実際のパフォーマンスに基づくものではない。CEFR のディスクリプタ，CEFR に準拠した語学学校のシラバス，広く使用されているコースブック，教師へのアンケートを用い，これらのデータの80％以上重複するものを「コア」として抽出し，作成された。前ページの表1，表2はごく一部を紹介したものである。濃色は重複度の高いもの，淡色は重複度が低いが有意であるものを示す。自分の学習経験や指導経験，あるいは使用している教科書や教材に照らしてこれらを見ると，指導や学習への示唆が得られるのではないだろうか。Core Inventory は文字通り「コア」を示すものなので，さらに詳細を知りたければレベルに応じて Waystage (A2)，Threshold (B1)，Vantage (B2) を参照すればよい。

　なお，学習者は教えられたことをすべて習得するとは限らないので，例えば A2レベルの学習者が，A2の言語の特徴をすべて習得していると考えることはできない。この点は特に強調されており，Core Inventory はあくまでも指導と学習への活用が目的で，テスト作成を目的としたものではないと明記されている。

※ CEFR に基づくシナリオ

　CEFR を教室実践に統合していく道筋を示すために，Core Inventory には CEFR に基づくシナリオがレベルごとに用意されている。2ページの見開きになっており，左ページには現実場面におけるタスクが，右ページにはそのタスクの達成につながる指導用タスクや使用する教材などが示されている。左に実際のコミュニケーション，右に教室や家庭での実践を配した構成により，両方を視野に入れて指導計画を立てることができる。英語を使って実際に何ができるのかという目標を念頭において指導計画を立ててほしい，学んだ知識が使える知識に移行するよう，現実のタスクと教室で行うタスク

を密接に関連づけてほしい，という意図が伝わってくる。CEFRの行動指向アプローチが，この見開き2ページに凝縮されているようである。

例として，B1のシナリオを見ると左ページのトップに次の5項目が並んでいる。いずれもCEFR第4章からとったものである。

(1) 領域：職業・個人
(2) 文脈：設定——仕事・家庭
　　　　　場所——家庭・職場
　　　　　人——オンラインで知り合った人
(3) 課題：オンラインで説明や会話を読む・オンラインの議論で意見を述べる・フィードバックを与えたり，フィードバックに応えたりする
(4) 活動：オンラインの議論やディベートに参加する・書くこと
(5) テキスト：掲示板・ブログ投稿

以上が現実のコミュニケーションにおけるシナリオの骨格であり，この下に，対応するディスクリプタ（能力記述子），基準（適切さ，一貫性，範囲，理解，正確さ），言語能力（方略，語用論的，言語的）が示される。右ページには，教室での活動が，次のように記載されている。

①指導の順序
②言語能力：語彙，文法，談話，機能など
③学習コンテクスト：教室（全体，ペア，グループ），家庭，自習など
④活動：話題・要点の把握，文構造の練習，談話標識の練習，オンラインの議論のシミュレーション，オンラインの議論をした経験についての報告など
⑤教材：オンライン掲示板，学習者の興味のある話題に関するブログ，特定の関心事に関する雑誌のテキスト，コースブックなど

※ Core Inventoryの使い方

Core Inventoryは特定の学習者を対象としておらず，またすべてを網羅したものでもない。したがって現場で利用するには，まず学習者集団のニーズ分析をしなければならない。その上で，マクロレベルではカリキュラムを，

ミクロレベルでは学習者に焦点を当てた指導計画を作成する。学習者が何のためにどのような言語を必要としているか，同僚や学習者と検討し，必要なものを補いながら指導を計画・実践をしていくことが望ましい。カット・ペーストして使うものではなく，あくまでも基準点（point of reference）であると強調されている。

またこれも繰り返されていることだが，Core Inventory は英語教育関係者の経験と合意によって作成されたものであり，学習者のパフォーマンスに基づくものではない。したがって，学習者コーパスを用いて CEFR の各レベルに特徴的な基準特性を分析する English Profile（→ Q12参照）が完成すれば，それと併用して新たな見方ができるだろうと著者は述べている。

【まとめ】

CEFR の例示的尺度は，言語学習の結果できるようになることを記述したものであり，結果に至るまでの指導の方法を規定するものではない。けれども CEFR は，学習者を与えられた行動領域で課題を遂行する社会の一員と見なすのであるから，指導にあたりタスク活動を推奨していることは自明である（Little, 2009）。Core Inventory は，行動目標達成のためにタスクを含めた授業展開を考えるガイドと言えよう。このとき重要なのは，指導する教師が行動指向アプローチ（→ Q2参照）を理解していることである。そうでなければ，CEFR 準拠の指導計画立案は難しいし，目指す教育理念を具現化するにあたっても留意すべき点である。

【もっと知りたい方へ】

Core Inventory for General English は，http://englishagenda.britishcouncil.org/sites/ec/files/books-british-council-eaquals-core-inventory.pdf からダウンロードすることができる。

Q12 English Profile Programme とは？

※ Reference Level Descriptions と English Profile Programme

　CEFRはヨーロッパのすべての国や地域の言語教育・学習・評価のために用いられるように作られているのは，周知の通りだ。このため，そのレベル記述は，言語的に中立なものとなっている。言語的に中立であるとは，個別言語に関する文法や語彙などの記述はないということになる。

　こうした特性ゆえに，CEFRは汎用性を持つ枠組みとして，ヨーロッパのみならず，世界中に広まりつつあるわけであるが，個別・具体的な文脈に適用するとなると，やはり個別言語の特性の記述が必要となる。Milanovic (2009: 5) は CEFR の underspecification（記述不足）に注意を喚起しながら，「このことは，所与の言語の指導者やアセスメントの専門家は，その言語の熟達度の発達に伴う言語的特徴を決定する必要がある，ということを意味する」と指摘している。英語教育であれば，どのような英語の文法や語彙がCEFRのレベルごとに使えるようになっていくかを知らなければならないということだ。事実，欧州評議会はCEFRを実際に利用するためには補助資料（CEFR toolkit）が必要で，その資料にはReference Level Descriptions (RLDs) for national and regional languages が含まれるとしている。

　このRLDsは，学習・指導・評価の目標として設定される6つの参照レベルのそれぞれにおける，所与の言語の文法や単語などの記述を意味している。このため，欧州評議会の言語政策部門は2005年に *Draft Guide for the Production of RLD* を作成している。これに基づき，英語のRLDsを作成するために始まったのが，English Profile Programme（当初はEnglish Profile Projectと呼ばれていた。以下，EPPとする。）である。

　EPPは，ケンブリッジESOLおよびケンブリッジ大学出版局，ケンブリッジ大学のRCEAL (Research Centre for English and Applied Linguistics)

およびComputer Laboratory，さらに，ブリティッシュ・カウンシル，English UK，ベッドフォードシャー大学CRELLA（Centre for Research in English Language Learning and Assessment）により進められている。こうしてスタートしたEPPは，現在は世界中で協力者のネットワークが広がっており，日本では，東京外国語大学が最初にEPPに参加しており，世界の中でも最も大きなデータ提供機関の1つとなっている。

※ EPPとは何か

EPPの特徴は，次の2点である。

・学習者コーパスなどのデータに基づく実証的な研究である点
・参照レベルに沿った言語発達を探るために，学習者言語の代表的サンプルの収集に重点を置いた点

このために，上述のネットワークを利用した学習者のライティングやスピーキングのサンプルを収集することになった。また，こうして集められる学習者言語の保存と利用を効果的に行うために新たな電子コーパスの開発が進められている。こうしたEPPの実証的なアプローチに対して，世界の英語教材や指導の実情を調べたものに *Core Inventory for General English*（→Q11参照）がある。EPPが「学習」の結果を見ているとすれば，こちらは「指導」の実態を見ていることになる。

EPPはこの新たな学習者コーパスを現在構築中であるが，その一方で，ケンブリッジESOLが利用できる既存のコーパスを用いて，第二言語としての英語学習者の基準特性（criterial features）を模索している。これらは，10億語の母語話者データから成るケンブリッジ・インターナショナル・コーパスと4300万語から成るケンブリッジ学習者コーパス（CLC）から構成され，このうち2100万語はエラー・コードがつけられている。この学習者コーパスの特徴は，180,000以上の試験の答案から成り，すべてCEFRのレベルに対応している点であろう。学習者は，第一言語は138言語，出身は203カ国にまたがっている。CLCでは学習者の第一言語の情報があるために，どの言語の母語話者がどのような誤りを犯すかを調べたりすることもできる。さらに，CLCは，Robust Accurate Statistical Parser（RASP）という，特定の文法関係やパターンといった統語的な分析を行うための，最先端の構文

解析ツールで構文情報のアノテーションがなされている。

❋ EPP で何がわかったか──文法

それでは、この EPP において、明らかになったことは何であろうか。EPP では、主に文法と語彙について明らかになってきた基準特性がある。まず、文法については、正の (positive) 基準特性と負の (negative) 基準特性があるということがわかった。前者は、レベルが上がるに従って使えるようになる文法的な基準特性であり、後者は、はじめからある程度使っているが、その使用上の誤りが、レベルが上がるに従って減ってくるというような文法的な基準特性である。

正の基準特性の例としては、いわゆる「文型」に関するものや「文法」に関するものがある。この概要は表1に示す通りである。

表1：学習者英語の CEFR レベルごとの基準特性

(http://www.englishprofile.org/images/pdf/theenglishprofilebooklet.pdf を元に作成)

レベル	キーとなる特徴	それぞれのレベルの CLC からの例
A2	・単文 ・that 節を含む文 ・過去分詞による後置修飾 ・単純直接 wh- 疑問文 ・不定詞を使った単文 ・その他の不定詞 ・法助動詞のうちのいくつか	・We came back and went to bed. ・I know that you have a new house too. ・There are beautiful paintings painted by famous Iranian painters. ・What are you going to wear? ・I want to buy a coat. ... something to eat ・We must be there at 7 o'clock in the morning.
B1	・-ing 節 ・whose 関係詞節 ・wh- 間接疑問文 ・what が主語または目的語となる節 ・動詞 + 目的語 + 不定詞 ・easy + 不定詞 ・複雑な助動詞のうちのいくつか ・付加的な叙法用法	・Maria saw him taking a taxi. ・... this famous painter whose pictures I like so much. ・Guess where it is? ・This is what I think. ・I ordered him to gather my men. ・The train station is easy to find. ・would rather, had better ・I have invited all his friends, so we should be 28 people.

B2	・主節の前の -ing 節（分詞構文） ・It + 動詞 + 不定詞句 ・主節の主語としての wh- 節 ・間接話法 ・語彙的に特定の動詞／形容詞 + 不定詞	・Talking about spare time, I think we could go to the Art Museum. ・It would be helpful to work in your group as well. ・What came after was what really changed my summer! ・I told him I loved his songs. ・... proved to be wrong, turned out to be ..., expected to ...
C1	・語彙的に特定の動詞 + 目的語 + 不定詞 ・許可を表す might ・一致に関してほとんど文法的誤りがない ・加算性または語形成	・I believe her to be this country's best representative. ・Might I tell you what we [should / will] discuss?
C2	・いくつかの語彙的に特定の動詞 + 目的語 + 不定詞 ・より正確で長い発話	・They declare some products to be the hits of the season.

　また，Hawkins and Filipovic (2012) には，より詳細な基準特性が挙げられている。表1には，C2の基準特性として，Longer utterances with greater accuracy とあるが，発話の長さは，レベルを通して長くなる傾向がある。Hawkins and Filipovic (2012: 23) によれば, mean length of utterance (MLU) は，A2 (7.9語), B1 (10.8語), B2 (14.2語), C1 (17.3語), C2 (19.0語) である。1つの発話が長くなるということは，1つの発話の中にさまざまな情報を埋め込んでおり，結果的に文構造が複雑になっているということである。

　EPPの「文法」や「文型」の記述や分類は，いわゆる日本の学校文法とは異なる部分が少なくないが，日本の学校文法に「翻訳」して見てみると興味深いことがわかる。「文型」としては，5文型で言えば，SVやSVOの文型の使用はA2レベルの基準特性であるが，SVOCの文型の使用はB2レベルの基準特性となっている。また，wh-直接疑問文はA2であるが，wh-間接疑問文はB1である。「文法」としては，「擬似分裂文」はB2レベルであるが，いわゆる「分詞構文」は，主節に続く場合はB1，主節に先行する場合はB2となっている。日本人英語学習者の多くがAレベルにとどまっているということを考えると，高校で学ぶ「文法」「文型」のみならず，中学で学

ぶ「文法」「文型」であっても，日本人学習者はなかなか使えるようにならないと推察できる。

　負の基準特性の代表的な例としては，「冠詞」の使用がある。「冠詞」は，ある程度最初の段階から使われてはいるが，その使用上の誤りはなかなかなくならない。とりわけ，母語に「冠詞」のない学習者（日本語，韓国語，中国語，ロシア語，トルコ語母語話者など）の場合は，C2レベルになっても完全な習得には至っていないことがわかってきた。

※ EPP で何がわかったか――語彙

　では，語彙はどのように身に付けていくのだろうか。上述の文法の基準特性と同じような観点で，英語の語彙の基準特性も調べられている。この分析結果は，当初は English Profile Wordlists と呼ばれていたが，これは現在 English Vocabulary Profile (EVP) と呼ばれている。CEFR のどのレベルになると，どのような語彙を使い始めるかについて英語の学習者言語を調べているのだ。ただし，EPP に特徴的と思われるのは，その習得順を単に単語ごとに調べるのではなく，それぞれの単語の語義ごとに調べている点である。考えてみれば，語義をどう定義するかは別にして，それぞれの単語にはさまざまな語義があり，ある単語を学習したと言っても，すべての語義を一度に学ぶわけではない。こうした発想は，Hindmarsh (1980) までさかのぼることができる。ちなみに，この書籍は筆者（根岸）が Cambridge 英検の Pre-PET (KET の前身) というテストの問題作成を行っていたときに，テストのスペックとともに渡されたものであった。そこには，単語の語義ごとにレベルが示され，どのレベルの語義までなら出題してよいかということがスペックで決められていた。Hindmarsh は，こうした語義のレベル分けをテキストなどを参考にしながらも，いわば主観的に決めていた。しかしながら，実際の学習者言語を使って語義ごとの難易度を調べてみると，彼の判断がかなりの精度を持っていたことがわかる。

　以下，具体例を見てみる。例えば，know という動詞を調べると，まず次ページの図1のような結果が提示され，同じ know であっても，その使い方により異なったレベルとなっていることがわかる。異なった語義が異なったレベルに割り振られているのはもちろんのこと，句に関しても，レベルが割り振られている。例えば，let sb know は A2, you know は B1, as far as

I know となると B2という具合だ。Before you know it や know best となると，これらはCの領域であることがわかる。

```
Core results:
• know verb HAVE INFORMATION      A1
• know verb ASK FOR INFORMATION   A1
• know verb BE ABLE               A2
• know verb BE CERTAIN            A2
• let sb know                     A2
• you know                        B1
• know verb BE FAMILIAR WITH      B1
• know verb UNDERSTAND A SUBJECT  B1
• get to know sb/sth              B1
• I know                          B1
• as you know                     B1
• as far as I know                B2
• know better (than to do sth)    B2
• I know                          B2
• you never know                  B2
• before you know it              C1
• know sth inside out             C1
• know what you are talking about C1
• know verb GUESS CORRECTLY       C2
• know best                       C2
• know of sth/sb                  B2
```

図1：know の中核検索結果

(http://www.englishprofile.org/images/pdf/theenglishprofilebooklet.pdf)

　次ページの図2を見ると，voice という項目にどのような情報が提供されているかがわかる。最初の用法は名詞の「声」で，B1レベルである。raise your voice だと，to speak loudly and angrily to someone という意味でC1に相当する。用例は，辞書の用例のほかに，学習者が実際に産出した例も載っている。
　さらに，図1，2の結果からも明らかであるが，句動詞などを含む multi-word verb の習得にはかなり時間がかかり，Aのレベルでは，ほとんど習得されていないことがわかっている（Negishi, Tono, & Fujita, 2012）。この原因としては，multi-word verb の形式上の複雑さのほかに，教科書での出現頻度の低さや母語話者コーパスでの出現頻度の低さなどが考えられる。

```
voice /vɔɪs/

▶ NOUN
  SOUNDS
  B1 [C] the sounds that are made when people speak or sing
     Dictionary examples:
     She has a very loud/quiet/soft voice.
     a clear/deep voice
     You could tell from her voice that she wasn't pleased.
     She lowered her voice to a whisper.
     Could you please keep your voices down?

     ⊚ Learner example:
     Her voice is so clear and she has the nicest eyes which I've ever seen.

  lose your voice
  B2 to become unable to speak, often because of an illness
     Dictionary example:
     She had a bad cold and was losing her voice.

     ⊚ Learner example:
     I immediately became agitated and at the precise moment of my speech I lost my voice completely.

  raise your voice
  C1 to speak loudly and angrily to someone
     Dictionary example:
     He never raised his voice at the children.
```

図2：voice の検索結果抜粋
(http://vocabulary.englishprofile.org/dictionary/show/uk/1077361?showLevel=a1_c2)

【まとめ】

　CEFR のレベル記述は，言語的に中立であるために，個別言語に関する文法や語彙などの記述はない。それ故，CEFR を英語に用いる場合は，それぞれのレベルにおいては，学習者はどのような文法や語彙を用いることができるのかがわからなければならない。これについて，実際の学習者言語コーパスをもとに調べるという試みが EPP である。EPP に示されている基準特性を見ると，英語学習者の言語発達の様子がよくわかり，日本の中・高の英語教育で教えられている項目の多くが実際にはなかなか使えるようにならないことがわかる。

【もっと知りたい方へ】

EPP のサイトにはプロジェクトの全容と各種資料が掲載されており，参考になる。
http://www.englishprofile.org/

Q13 ESLCとは？
——CEFRに基づいた言語能力調査

※ **ESLCの調査の実態**

　CEFRに基づいた言語能力の調査としては，ヨーロッパ各国の外国語教育の達成度を見るという目的で2011年に実施された，European survey on language competences (ESLC) というものがある。開発・実施主体は，ヨーロッパ各国の大学など8つの組織で作られたSurveyLangである。

　この調査は，リスボン戦略という戦略に端を発している（Jones and Saville, 2009：52-53）。この戦略では，ヨーロッパは2010年まで，"the most competitive and dynamic knowledge-based economy in the world"を目指していたということがわかる。このknowledge-basedにおけるknowledgeの柱には，言語学習や言語教育がある。また，2002年には，参加国は，言語教育の改善，とりわけ，かなり早い時期から2つ以上の外国語を全員に教えるという行動に合意している。

　ESLCが具体的にどういうものかというと，第1外国語については，調査参加国のlower secondary education（前期中等教育）の最終年次の外国語教育の成果や達成度をCEFRの6段階のレベルで調査しようというものだ（ちなみに，第2外国語はupper secondary educationの2年次）。日本で言えば，中学3年時点での達成度を調べるということになる。調査対象となる言語は，5言語（英語，フランス語，ドイツ語，イタリア語，スペイン語）で，これらのうちそれぞれの国で最も学習されている上位2言語である。参加国は，ベルギー，ブルガリア，クロアチア，エストニア，フランス，ギリシア，マルタ，オランダ，ポーランド，ポルトガル，スロベニア，スペイン，スウェーデン，英国（イングランド）である。

　調査は，1つが上記5言語のテスト，もう1つが文脈に関する質問紙から成り立っている。調査対象は生徒，教師，校長である。生徒質問紙には，16のCEFRのCAN-DO statementsによる言語技能の自己評価が含まれて

いる。つまり，この調査は単なるテストではなく，どういう状況での外国語教育で，どんな結果が見られるかを調べるものである。言語調査というと，単にどの国の言語能力が高くて，どの国が低いということだけを調べるように考えられがちだが，この調査では，その要因を複合的に探ろうとしている。

調査の目的は，「政策立案者，教師，そして学習者の三者に，情報を提供すること」と書かれているが，本来の趣旨は外国語教育政策をどうするかという目的のために実施されたものなので，政策立案者に対する情報提供が主になると考えられる。

言語能力の調査対象となった技能だが，4技能のうち，スピーキングテストが除外され，ほかの3技能が調査対象となった。ただし，次回の調査では，スピーキングも調査対象とすることを検討しているようだ。3技能のうち，リスニングとリーディングのテストはパソコンを使用して行われたが，ライティングは実際に書かせるテストとなっていた。具体的なテストの内容については *First European Survey on Language Competences: Final Report* を参照されたい。

これらのテストはすべて CEFR に関連づけられている。ただし，調べているのは，CEFR の6段階のうちの，A1からB2までの4段階である。また，A1に達していないものは，Pre-A1となっており，これは CEFR-J と同様である。

※ ESLC の調査結果

まず，言語テストの結果は次の通りである。表1の ESLC の結果から，第1外国語も第2外国語もどちらも能力レベルは高くないとされている。第1外国語で自立的使用者（B1+B2）のレベルに到達しているのは合わせて42％で，第2外国語では25％である。さらに，第1外国語でも14％，第2外国語では20％が基礎的使用者（Pre-A1）のレベルにも達していないことがわかる。

表1：第1外国語と第2外国語における各 CEFR レベル到達の生徒の比率
　　（教育制度にまたがる全体平均）

Tested language	Pre-A1	A1	A2	B1	B2
第1外国語	14％	28％	16％	19％	23％
第2外国語	20％	38％	17％	14％	11％

本調査では，ベルギーが参加しており，ベルギーはフランス語コミュニティ，ドイツ語コミュニティ，フラマン語コミュニティから成っている。このために，調査結果はいわゆる「国」別ではなく，「教育制度（educational system）」別とされている。この教育制度別に能力の分布を見ると，マルタ（英語）やスウェーデン（英語）は82％が自立的使用者となっているが，フランス（英語）では14％，イングランド（フランス語）では9％となっている。

さらに，技能ごとに見た場合は，どれか1つの技能でも，20％以上の生徒がA1に達していない教育制度は，第1外国語の場合，6つあることがわかった。

英語の到達度は，Pre-A1が12％，A1が23％，A2が16％，B1が21％，B2が28％となっており，他の言語に比べ到達度は最も高い。ちなみに，他の言語の到達度は，順にイタリア語，ドイツ語，フランス語，スペイン語となっている。

図1は，教育制度ごとの第1外国語（（　）内の語）の各技能を平均した到達レベルを示している。

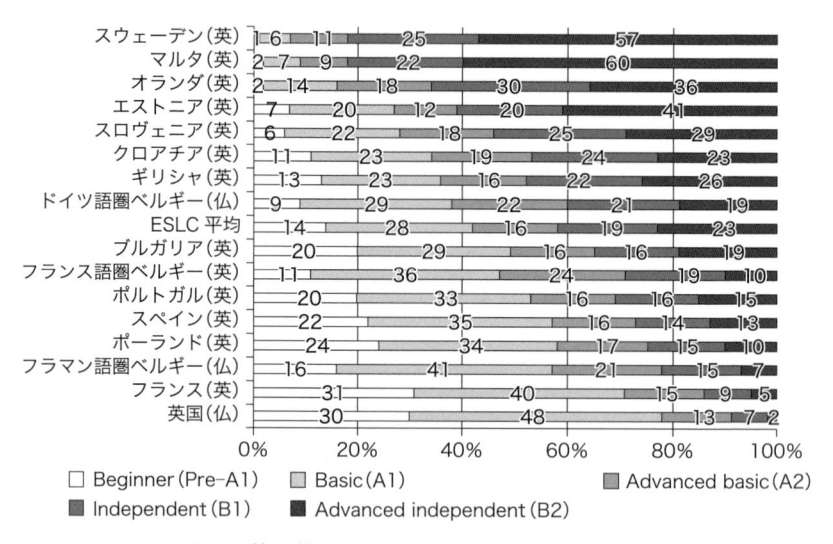

教育制度	Beginner (Pre-A1)	Basic (A1)	Advanced basic (A2)	Independent (B1)	Advanced independent (B2)
スウェーデン（英）	6	11	25		57
マルタ（英）	2	7	9	22	60
オランダ（英）	2	14	18	30	36
エストニア（英）	7	20	12	20	41
スロヴェニア（英）	6	22	18	25	29
クロアチア（英）	11	23	19	24	23
ギリシャ（英）	13	23	16	22	26
ドイツ語圏ベルギー（仏）	9	29	22	21	19
ESLC 平均	14	28	16	19	23
ブルガリア（英）	20	29	16	16	19
フランス語圏ベルギー（英）	11	36	24	19	10
ポルトガル（英）	20	33	16	16	15
スペイン（英）	22	35	16	14	13
ポーランド（英）	24	34	17	15	10
フラマン語圏ベルギー（仏）	16	41	21	15	7
フランス（英）	31	40	15	9	5
英国（仏）	30	48	13	7	2

図1：第1外国語，3技能の全体平均を用いた
教育制度による各レベルの生徒の比率

この図では，自立した使用者のレベル（B1+B2）に達した生徒の比率順に教育制度が並んでいる。

　次に，文脈に関する質問紙から明らかになったことは，次の通りである。言語ごとに見ると，英語は第1外国語として最も広く採用されている言語であり，最も有用であると考えられ，調査対象の生徒にとって，学習が容易な言語と考えられていることがわかった。生徒が英語を有用と考え，伝統的なメディアや新しいメディアを通じて英語に触れたり英語を使ったりする程度が高い国ほど，出来がよい。また，親が外国語の知識を持つということが子どもに肯定的な影響を与えているという点も興味深い。

　本調査では，good practice を見つけ，共有するという目的を持って，参加国の言語政策や指導法の比較を容易にしようとしている。これらの比較から明らかになった点を以下にまとめる。

・一般に早い段階（小学校またはそれ以前）での外国語学習の開始と2つの外国語の学習が報告されている。しかしながら，外国語学習の正確な開始時期，指導時間，提供・学習されている言語の数については，教育制度間でかなりの違いがある。
・早い学習時期は，外国語能力の高さと関連していることがわかった。
・学習者の言語能力とその親の当該言語の知識，また伝統的および新しいメディアを通じて当該言語に触れたり使ったりすることには肯定的な関係が観察された。
・授業において，教師も生徒もその外国語を使っているほど，その能力は高くなる傾向がある。
・その言語を学習することが有用であると考える生徒ほど，高い外国語能力を達成し，その言語の学習が難しいと考える生徒ほど，外国語能力は低くなる。
・初期の教師教育の質を改善したり，すべての教師が継続的な教員研修に参加することを保証することは，学校教育全般の質を保障する重要な要因であることがわかった。

　日本の英語教育への示唆という観点からこれらの結果を見ると，外国語の早い学習開始時期，授業における教師・生徒の目標言語の使用などは，今後の学習指導要領のあり方を考えるにあたって，とりわけ興味深いであろう。

また,「メディアを通じて当該言語に触れたり…すること」については,若干の説明を付与する。これは具体的には,テレビや映画の字幕の提示方法と言語能力の関係があったということである。字幕の提示方法は,「原語を流した上で,原語の字幕をつける場合」や「吹き替えなしで原語のまま流す場合」などが高い言語能力に結びついているが,「視聴者の母語に吹き替えている場合」は低い到達度にとどまっていることがわかった。現実には,ヨーロッパでは,これらのパターン以外にもさまざまなパターンが存在するが,今後の日本でのメディアの提示方法に関して,英語教育という視点からの議論も必要であるということを示唆していると言えるかもしれない。

まとめ

　CEFRに基づいた大規模で信頼性の高い言語能力調査としては,European Survey on Language Competencesというものがある。この調査は,第1外国語は前期中等教育終了時のCEFRの到達度を見る言語テストと文脈に関する質問紙から成り立っている。ここから,欧州の参加国のCEFR到達度とgood practiceを知ることができる。

もっと知りたい方へ

SurveyLangのサイト
http://www.surveylang.org/
First European Survey on Language Competence：Final Report
http://ec.europa.eu/languages/policy/strategic-framework/documents/language-survey-final-report_en.pdf

Q14 CEFR 準拠教材にはどのようなものがあるのか？

　現在，海外のさまざまな出版社が CEFR に準拠した教材を開発しており，その数は増加すると思われる。また，文部科学省が CAN-DO リストを学習指導要領と併用して教育・評価に利用するよう推奨する方向なので，いずれ日本のコンテクストに合ったものも出版されるであろう。だが CEFR のレベルをそのまま導入するのは，日本のような EFL の環境では容易ではない。このため開発されたのが CEFR-J であるが，まだそれに準拠したテキストなどは作成されていない。

　日本の英語教育では，CEFR-J のような体系だった教育目標に沿って指導するには，どのような教材を使えばよいのだろうか。1つの解決方法として，既存の CEFR に準じた教材を使うか，それらをある程度参照していくことが考えられる。この節では，CEFR の概念に沿って指導する際に参考になる教材を紹介する。学習用に開発されたものと，各レベルに準拠したテスト対策用のものをいくつか紹介する。

※ CEFR に準拠している学習用教材

　商業的な目的もあり，多くの出版社が特定の教材について CEFR との関連性を示している。しかし，中には TOEFL や TOEIC に準拠しており，これらのテストと CEFR のレベルを参照にして間接的に関連性を提示しているものがある。また，詳細な情報はなく，例えば設定されたレベルが中級レベルなので，B1 や B2 に沿っているかのように表示しているものまである。

　このような中，ケンブリッジ大学出版局は CEFR の開発とも関係があるため，そのフレームワークと整合性のあるテキストを揃えている。以下の3種類のものが，特にこのコンセプトに沿って編集されていると思われる。例えば，初・中級向けの *Four Corners* は，CEFR と関連させた学習目標が CAN-DO リストとして明示されており，これを使うことで，学習者が自分

の到達目標を確認できる。英語の4技能をコミュニカティブなタスクで学べる内容となっている。4つのレベルに分かれており，レベル1がA1，レベル2がA2，レベル3がB1，レベル4がB1+となっている。B1に該当する学習者が多いため，ここは2段階に分けられていると思われる。

　English Unlimited は，異文化理解を視野に入れ，世界の共通語としての英語の学習に焦点を当てたユニークな教材である。多国籍のスピーカーへのインタビューを多く含み，写真や挿絵，本文もさまざまな国の話題や人種を取り扱っている。目標CEFRレベルの到達に重点を置いており，各章にはCAN-DOリストで目標が示されている。テキストの内容に合わせたe-Portfolioが付属であり，学習者がCAN-DOを用いて進み具合を記録できる。A1，A2，B1，B1+，B2，C1のそれぞれに合わせた6レベルのテキストがある。

　face2face も同様にCEFRのA1，A2，B1，B1+，B2，C1のそれぞれに合わせた6レベルの教材がある。これらは，語彙と文法をコミュニケーションスキルに結びつけて学ぶことができる。学習者は，CEFRに対応するCAN-DOの項目とReading and Writing Portfolioを活用することで，自分の進捗状況を確認できる。

※ CEFRに準拠したテスト用教材
★ケンブリッジ英語検定（Cambridge Exam）

　ケンブリッジ英語検定（Cambridge Exam）にはいくつかの種類のテストがある。この中で一般的な英語能力の資格試験はmain suite exams（メインスイートテスト）と呼ばれる。これには初級のレベルのKey English Test（KET）から，最上級のCertificate of Proficiency in English（CPE）の5段階のテストがある。それぞれのテストがCEFRのレベルと一定の整合性があるとされている。このため，学習者が目標とするCEFRのレベルに到達しているかを判定する際の基準となる。各テストの対策教材や模擬テスト用教材における内容や形式が，指導の際のベンチマークとなる。つまり，出題範囲の語彙や文法を身に付けることで，目標レベルに到達するのに役立つ。また，学期末のテストなどにおいて到達度を測りたい場合は，その出題形式などを参考にすることもできる。特に，スピーキングやライティングといったプロダクションのスキルのテストを作成する際に参考になる。また，

各問題の採点基準が明確になっており，これらを活用して評価を行うことが可能である。この基準を見れば，各レベルにおいて具体的にどのようなスキルがどの程度必要になるのか参考になる。

一例として，CEFRのB1レベルに該当するPreliminary English Test (PET) を見てみる。この試験の対策として，B1レベルの文法には *Cambridge Grammar for PET* という学習教材が用意されている。同様に語彙には *Cambridge Vocabulary for PET* があり，これらを活用することでテスト対策だけでなく，目標レベルの学習に役立つ。また模擬試験用としては，*Preliminary English Test 6* という教材がある。この中のライティング・スキルのテストの中では，Part 2, 3が指導上の参考になる。Part 2では与えられた条件のもと，英文の手紙や電子メールなどを50ワード以下で書くタスクになっている。特に，相手に順序立てて情報を報告する内容が多い。このためにはDiscourse Markerなどを適切に使用し，読者を誘導するCoherence構築のスキルが必要となっている。採点基準にもこれらが明確にされている。また，Part 3は，特定のテーマに沿って自分の意見を100ワード程度の英語で比較的自由に記述するようになっている。これらのワード数を学習の目標にすることができる。つまり，100ワード位の長さの英文を特定の目的に合わせて，柔軟に書く力を身に付けることが1つの目安となる。また各パートの採点基準を参照すれば，必要とされる語彙や文法，または談話の能力の指標となる。

これらの問題形式を参照にして独自のテストを作り，各コースの指導前に実施し，学習者にある程度の目標を示すことができる。同様に，期末試験などでこれらに準じたテストを導入することで達成度が把握できる。採点基準が明確になっているため，学習者へのフィードバックなどにも有効に活用できる。

★シティ＆ギルド International ESOL と Spoken ESOL

シティ＆ギルド（City & Guilds）は1878年に英国で設立され，さまざまな職業教育や，それに必要な資格の認定を行っている。世界中で認められた多様な資格があり，一般的な英語能力試験としてInternational ESOL (English for Speakers of Other Languages) と International Spoken ESOLの2つがある。前者は，リーディング，ライティング，リスニングの

3技能のテストである。後者はスピーキング技能のテストとなっている。内容は Council of Europe の Language Portfolio を参照しており，いずれのテストも 6 レベルで，初級の Preliminary から最上級の Mastery まである。表１のように，それぞれが CEFR の A1 から C2 に準拠している。ケンブリッジ英語検定の main suite exams と違い，A1レベルにも特化したテストがあるので日本の学習者には便利である。これらのテストの内容に関して CEFR の B1，B2，C1レベルとの整合性に関する調査レポートが出されている。

表１：CEFR と City & Guilds のテスト関連表
(City & Guilds ウェブサイトより抜粋)

CEFR Level	CEFR titles	City & Guilds titles
A1	Breakthrough	Preliminary
A2	Waystage	Access
B1	Threshold	Achiever
B2	Vantage	Communicator
C1	Effective operational Proficiency	Expert
C2	Mastery	Mastery

　日本では，シティ＆ギルドはあまりなじみがないが，香港などではさまざまな活動をしている。テスト実施の特徴として，年 6 回行われるが，センターとして登録すれば時期や実施回数などは柔軟に設定できる。また，団体受験を行えばケンブリッジ英検に比べると受験料はかなり安くなる。
　これらのテストには，対策用の学習教材がある。International ESOL は各 6 レベルに準拠した，学習者用と教師用教材および CD がある。指導用のシラバスも掲載されているので，各レベルを指導する際に参考となる。また，International Spoken ESOL のテキストは，Preliminary と Access レベルで 1 部，Achiever と Communicator で 1 部，Expert と Mastery で 1 部の合計 3 冊がある。これらには，それぞれ教師用教材と CD もある。サンプルテストを集めた教材は B1，B2，C1，C2の 4 レベル向けに用意されている。しかし，日本からの注文は City & Guilds の本部や香港オフィスに在庫を問い合わせてから注文するため，少し手間がかかる。

【まとめ】
　現段階では，日本のコンテクストにあった教材がないため，CEFR に準拠したものを活用することが考えられる。中でもケンブリッジ大学出版局のものはいくつか種類があり，手に入りやすいため，目指す指導レベルやスキルに合わせて活用できる。また，学習者のレベルを知り，明確な目標を立てるためには，CEFR に準拠したテストを受験することも有効であろう。だが，このような資格を取らなくても，テスト対策用の教材は，具体的にどのようなスキルが各レベルで必要となるのか知るためにも役に立つと思われる。

【もっと知りたい方へ】

○ケンブリッジ大学出版局のウェブサイトには，CEFR に準拠したテキストの詳細なリストがあり，サンプルページも掲載されている。以下が同社のカタログの URL である。
http://www.cambridge.org/gb/elt/catalogue/?site_locale=en_GB

○ City & Guilds のテストやテキストの情報は以下の URL で知ることができる。
http://www.cityandguildsenglish.com/englishexams

Q15 CEFRを元にした言語テストはどのようなものがあるのか？

※ 言語テストの関連づけの必要性

CEFRの目的の1つには，ヨーロッパの共通の枠組みを作ることで，評価の透明性を高めるということがある。

> 目的・内容・方法の明確な記述のための共通の基盤を提供することで，この枠組みはコース・シラバス・資格の透明性を高め，それにより，現代語の分野における国際的な協力を促進する。　　　　　（CEFR, 2001, p.1）

こうした動きの背景には，ヨーロッパの言語教育の歴史のありようがあるだろう。ヨーロッパでは，かねてより自国の言語の学習者を対象とした言語テストが，それぞれの国において作成・実施されていた。しかしながら，その評価システムは，国ごとに異なったものであるために，それらのテスト結果は，統一したヨーロッパにあっては，お互いに比較不可能なものとなっていた。そこで，CEFRのレベルにそれぞれのテストを関連づけることにより，相互に比較できるようになった。

※ Cambridge ESOL Examinations

まず，CEFRに関連づけられた言語テストとしては，Cambridge ESOL Examinationsが考えられるであろう。そもそも，CEFRは欧州評議会による30年以上にわたる成果であるわけだが，その意味で，CEFRの開発とCambridge ESOL Examinationsの枠組みとはお互いに影響し合って開発されてきたと言える。言い換えれば，外国語としての英語のテストとして，長い歴史を有し，さまざまなテストを開発していたCambridge ESOL ExaminationsのレベルをCEFRがもとにしたとも言える。この件に関して，North（2006）は次のように述べている。

CEFR のレベルはどこからともなく突然降って湧いたようなものではない。そのレベルは，有用なカリキュラムと試験のレベルという意味で，故 Peter Hargreaves（Cambridge ESOL）が「自然なレベル」と表現したものを徐々に，そして，総意として認識した結果現れたのである。これらのレベルを規定するプロセスは，1913年に，非母語話者としてのその言語の実用的な習得として規定した Cambridge Proficiency exam とともに始まったのである。…　　　　　　　　　　　　　　（North, 2006, p.8)

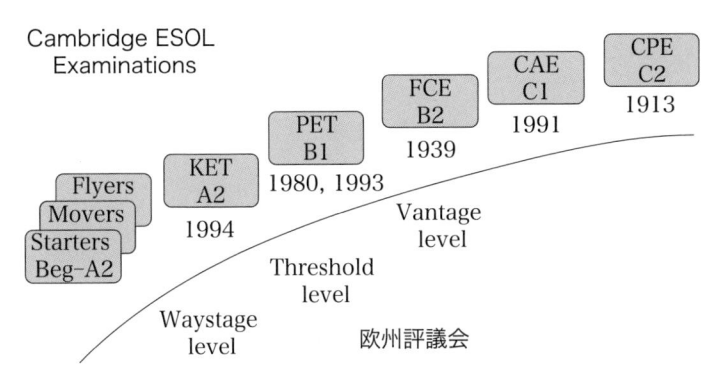

図1：Cambridge ESOL Examinations と CEFR レベル

　図1を見てわかるように，1913年に Cambridge Proficiency in English（CPE）が初めて実施されている。その最初に設定されたレベルが，外国学習者には高過ぎるということで，次に「最初に受ける試験」として，First Certificate in English（FCE）というテストを作ることになった。これが1939年である。それ以降しばらく時間をおいて，1980年に Preliminary English Test（PET）が続くことになる。1980年に導入された PET は，80年代に改訂され，1993年に第2版がリリースされた。その後，1994年に Key English Test（KET）がスタートする。ちなみに，KET の前身の Pre-PET は，現在 Cambridge ESOL の director の Nick Saville 氏が日本支部にいたときに，筆者（根岸）を含めた日本人問題作成者とともに開発したテストである。1991年には，CPE と FCE のギャップを埋めるために，Cambridge Advanced English（CAE）が実施され，これでいわゆる main suite exams（メイン・スイートテスト）と呼ばれる KET, PET, FCE, CAE, CPE というセットがすべて揃ったことになった。

この間，1970年代初頭には，欧州評議会の Modern Languages Project が Waystage と Threshold の2つのレベルの開発を行った。これらのレベルは，下位の熟達度レベルとされ，機能的な言語能力の意味のあるレベルとされた。Cambridge ESOL がこれらの2つのレベルの改訂に金銭的および専門的な補助をした出資機関の1つであったために，これらの改訂されたレベル記述が，KET と PET のテスト・スペックを決定したのである。こうして併行してできた KET, PET, FCE, CAE, CPE が CEFR の5つのレベルに対応するものとして考えられるようになっていったのは，自然な流れだったのかもしれない。

　しかしながら，Cambridge ESOL の主張するような「歴史的な経緯」が，自動的に CEFR との関連づけを保障するとしていることに，批判的な声もなくはない。とりわけ，こうした特権的な立場に立つ Cambridge ESOL に比して，新たに自分たちのテストと CEFR との関連づけをなんらかの形で証明しなければならない他のテスト開発団体は，スタートの時点から，明らかなハンディを負っていることになるからだ。

　こうしたテスト開発機関のために，Manual for Relating Language Examinations to the Common European Framework of Reference for Languages (CEFR) というマニュアルが出版されている。これは，CEFR との関連づけをどのように行うべきかを書いたものである。この関連づけのプロセスには，次の5つの段階があるとされている。

- 習熟段階　　　　　　Familiarisation
- スペック確認　　　　Specification
- 標準化訓練／基準化　Standardisation training / benchmarking
- 基準設定　　　　　　Standard setting
- 妥当性検証　　　　　Validation

　なお，それぞれの詳細については，マニュアルを参照されたい。

　言語テストには，Cambridge ESOL Examinations や日本の英検のように，いわゆる「級」が設定されており，それぞれの級ごとにテスト問題のセットが異なるタイプと，TOEFL や TOEIC のように，すべての受験者が1つの統一された尺度上の「スコア」として，能力が示されるタイプとがある。後者は，受験者の解答に応じて異なった問題項目が出てくるコンピューター適

応型テスト（computer adaptive testing）とすべての受験者が同一のテスト・セットを受ける型がある。いわゆる「級」型の場合は，それぞれの「級」のテストの仕様がCEFRのどのレベルの記述に対応しているかを見ることになる。これに対して，スコア型の場合は，これとは別のアプローチをとることになる。その1つは，それぞれのスコアの受験者が解答している問題の特性から受験者の能力を記述し，それとCEFRレベルの記述との対応関係を見る場合で，もう1つは，いくつかのスコア帯ごとの受験者にCEFRベースのCAN-DO調査票を実施し，そこからそれぞれのスコア帯のCEFRレベルを確定していく場合である。

❉ CEFRに関連づけられた言語テスト

既存のさまざまなテストは，CEFRとの関連づけの結果を明らかにしている。次は，Wikipediaに示されている各言語テストのCEFRレベルの中から代表的な英語のテストを抜粋したものである。
(http://en.wikipedia.org/wiki/Common_European_Framework_of_Reference_for_Languages)。

表1：各言語テストとCEFRレベルの対応

言語テスト名	A1	A2	B1	B2	C1	C2
City & Guilds	Preliminary	Access	Achiever	Communicator	Expert	Mastery
Cambridge exam	KET (45 to 59)	PET (45 to 59) / KET Pass with Merit, Pass	FCE (45 to 59) / PET Pass with Merit, Pass / KET Pass with Distinction	CAE (45 to 59) / FCE grade B or C / PET Pass with Distinction	CPE (45 to 59) / CAE grade B or C / FCE grade A	CPE grade A, B or C / CAE grade A
IELTS	1.0 to 2.5	3.0 to 3.5	4.0 to 4.5–5.0	5.5 to 6.0–6.5	6.5–7.0 to 8.0	8.5 to 9.0
PTE Academic		30	43	59	76	85

PTE General (formerly LTE)	Level A1	Level 1	Level 2	Level 3	Level 4	Level 5
TOEIC	60 – 105 (listening) 60 – 110 (reading)	110 – 270 (listening) 115 – 270 (reading)	275 – 395 (listening) 275 – 380 (reading)	400 – 485 (listening) 385 – 495 (reading)	490 – 495 (listening)	
Versant	26-35	36-46	47-57	58-68	69-78	79-80
TOEFL (IBT)			57 to 86	87 to 109	100+ / 110 to 120	

【まとめ】

さまざまな言語テストの結果を比較可能なものとするためにCEFRが用いられている。Cambridge ESOL Examinationsはその開発の歴史から，CEFRとのレベルの関連が強いが，それ以外のテストについては，その関連づけの手続きを示した「マニュアル」によっている。今日では，さまざまな言語テストのレベルがCEFRによって比較可能な状態となりつつある。

【もっと知りたい方へ】

Cambridge ESOL ウェブサイト

http://www.cambridgeesol.org/index.html

Q16 CEFRはアジアでどのように応用されているか？

　CEFRはヨーロッパにおける言語，歴史，社会的背景から生まれたものであるが，ヨーロッパを越えて他の地域では利用されているのか。ここでは，特にアジア地域について，その様子を紹介したい。

※ NHK 語学講座

　2012年度から，NHK（日本放送協会）がテレビやラジオで放送するさまざまな英語講座をCEFR対応のレベルを用いて示し始めた。対応しているレベルは「基礎英語」のA1から「実践ビジネス英語」のC1まで，それに加えて「プレキソ」と呼ばれる入門段階にはA0という独自のレベルを用いている。このレベル表示によって，学校で英語を勉強している人も，語学を趣味にしている人も，勤務先の仕事で英語が必要な人も，自分にはどの講座が合うのか，「何ができるのか」または「何ができるようになるのか」というアクションによって判断できるようになった。例えば，A1に相当する講座は「日常の簡単な表現を理解して，基本的なやりとりができる」レベルで，具体的に「簡単な自己紹介ができる」，「ゆっくりした会話ならなんとかついて行ける」，「ホテルなどでフォームに個人情報を記入できる」などができるようデザインされていることがわかる。また，B1とラベル付けされた講座は「身近な話題を理解して，意思と理由を簡単に表現できる」レベルで，「日常会話ならだいたい理解できる」，「海外を旅行中に，さまざまな対応ができる」，「簡単だが，首尾一貫した文章を作れる」などができるような目標を持つ学習者用のレベルである。このような「…できる」という形のものは，従来の語学試験の級や数値スコアでは語ることができなかったものである。

　NHKの試みは現段階では英語だけであるが，CEFRがヨーロッパの複言語主義（plurilingualism）の考えから生まれたものであることを考えると，英語ばかりでなく，他の言語（2012年度は9言語：ドイツ語，フランス語，

中国語，スペイン語，ロシア語，ハングル語，イタリア語，ポルトガル語，アラビア語）にも CEFR のレベルを表示することが，本来あるべき姿である。しかしながら，英語以外の言語はほぼすべてが初習者を対象としており，英語ほどさまざまなレベルの講座があるわけではない。そのため，CEFR のレベルを割り当てることは現時点では非現実的なのかもしれない。ただし，2012年度からラジオで中国語とハングル語（朝鮮語）に「レベルアップ講座」というものが設けられたことから，今後，他の言語に及ぶ可能性も出てくることが期待できる。

※ ベトナム——国家レベルで CEFR を導入

　国家の教育政策のレベルで CEFR が導入されることは，日本ではまだ実現されていない。国家レベルで導入した事例として，ベトナムに関する興味深い報告書がある。

　2011年3月に東京で行われた世界言語社会教育センター主催の国際シンポジウム「高等教育における外国語教育の新たな展望―CEFR の応用可能性をめぐって―」にて，ベトナム国家大学の Tran Dinh Binh 氏から「ベトナムでは2001年に国家が CEFR の導入を決めた」との報告を受けたことから，拝田（2012）はベトナムにてフィールド調査を行い，その実態を報告している。拝田の報告書によると，ベトナムは2001年に教育改革があり，当時の言語能力の調査で，第12年生（日本の高校3年生に相当）の英語力が B1 レベル，大学4年生が B2 レベルであったという。期待値よりも低かったため，ベトナムの人材が海外で活動できるよう CEFR を国際基準の国家指標として取り入れることになったということである。ベトナム国家大学，ハノイ外国語大学では英語，フランス語，ドイツ語，日本語，中国語，朝鮮語，ロシア語，アラビア語の8言語で「…できる」の形で対応しているものの，ベトナムの中等教育においては英語の選択率が98%であり，英語一辺倒の傾向がある。また，ベトナムでは大きな課題である少数民族の言語については現時点では対応しておらず，一般に教員は CEFR の理念である複言語主義や複文化主義についての理解は薄いと報告している。

　かつて，フランスという宗主国の影響を受けたベトナムは，ベトナム戦争後はフランス語からロシア語に，そして20世紀末の刷新政策（ドイモイ）からは市場開放の影響で，英語へのシフトが始まった。現在は，英語力の向

上に力を注ぐことは国家の戦略であり，そのためには教員の英語力の向上が喫緊の課題となっている。Parks（2011）によると，教師は英語のレベルはB2を達成する必要があり，2020年までにそのレベルに達するよう政府が通達を出している。B2のレベルへの到達はIELTSのスコア5〜6とされ，実際にこの目標は厳しいと言われている。首都のハノイ市でも，これまで教員のうち18％しかB2のレベルに達成できておらず，他の都市では700人に1人の割合のところもあるという。

※ 台湾——CEFRを公務員や教員の英語力向上に使用

　また，もう1つの例を台湾に挙げてみる。台湾の教育部（日本の文部科学省に相当）がCEFRを指標として取り入れたのは2005年のことである。「挑戦2008」という政策の下，英語学習を推進するために，既存の資格試験などの対応表を発表し，特に公務員や教員に対し，CEFRのレベルに対応する資格試験でのスコアを取るよう促した。既存の資格試験とはTOEFL, TOEIC, CSEPT, IELTSを含み，その中でも台湾独自の英語検定である「全民英検（General English Proficiency Test: GEPT）」とのスコア対応を含めることで，CEFRを身近なものにしている。GEPTは5段階——初級，中級，中高級，高級，優級——があり，それぞれがA2, B1, B2, C1, C2に相当すると発表している（LTTC, 2009）。

　台湾の公務員は取得するCEFRレベルによって昇級や昇格の基準となるポイントが与えられる。例えば，A2取得者には2ポイント，B1取得者には4ポイント，それ以上は勤務先分野によってポイント数が変わる。通常B2以上になると，4ポイントより多いポイントが与えられる。英語力を向上させるといわゆるインセンティブが与えられるのである。

　CEFRを利用した英語力の底上げは，英語教師はもちろん一般教師にも該当する。「挑戦2008」では，30％の小中高校の教員はB1レベル（GEPTの中級）の達成を，英語教員に関しては45％のB2レベル（GEPTの中高級）の取得が目指されていた。しかし，現実には厳しいものがあった。

　ベトナムと台湾というこれらの2つの事例に共通するところは，国家戦略として，ある職業に就く者の英語力を高めるため，CEFRが目標レベルとなり，それに相当する既存の試験とCEFRのレベルを結びつけ，その試験の

スコアを取得した時点でCEFRのレベルに到達した証としている点である。

このように、アジアにおいてもCEFRは民間、国家レベルで一見徐々に広まっているように見える。しかしながら、その実情は英語一辺倒であり、しかも、実利的な目的で使用されていることから、本来CEFRの持つ複言語主義、複文化主義の理念、多言語にまたがる「共通参照」からはほど遠い現実がある。CEFRはヨーロッパのさまざまな異なる母語背景の人々の異文化交流、経済の発展、流動的な人の円滑な移動、それらを通し平和社会の実現を目指したものである。韓国や中国でも日本語教育が盛んであり、日本でも初級レベルを超えた朝鮮語、中国語学習者も増え、仕事でそれらの言語を必要とする人は多くなっている。第50回の大学英語教育学会（JACET）でのシンポジウムにて、「アジア共通言語参照枠 (Common Asian Framework of Reference for Languages: CAFR)」の提案が行われたが (Higuchi, 2011)、「英語」の枠を超え、多言語環境に対応できる共通参照枠としてCAFRを活用するようになったとき、本当の意味でヨーロッパベースのCEFRがアジアで応用されていると言えるのではないか、と考えられる。

まとめ

アジアにおいても徐々にCEFRが語学教育に取り入れられつつある。しかしながら、英語一辺倒である現状は否めない。アジアの人々が互いの言語を身につけ合おうとし、異文化理解の促進を目指したときにこそ、CEFRがアジアで応用されていると言えるであろう。

もっと知りたい方へ

日本語教育の分野で、CEFRを参考に「JF日本語教育スタンダード」が開発された。(http://jfstandard.jp/top/ja/render.do を参照) この能力指標を用いた日本語教育の事例が同サイトで多数報告されている。また、ヨーロッパではThe European Benchmarking Chinese Language (EBCL) project (http://ebcl.eu.com/) が立ち上げられており、中国語の能力指標の開発も進行中である。言語能力の共通枠組み作りから、特定の言語に合わせた枠組み作りへと応用されつつある。

Part 2
CEFR-J を理解する

Q17 CEFR-JとCEFRとの関係は？

※ CEFR-J構築の目的

　外国語教育のための共通参照枠として開発されたCEFRは，欧州評議会の外国語教育政策の中心的柱となっている。言語能力の検証システム構築のためにCEFRを利用することがEU理事会決議として2002年1月に公式に推奨されるに至って，CEFRはEUで急速に広まり，EU圏内の教育面・経済面での人的交流が円滑に行われるための礎となった。それのみならず，各国の言語教育カリキュラム改善のため，また広く言語教育・言語テストに携わる者の準拠すべき資料として高い関心を集めるようになる。

　CEFRそのものの目的は欧州評議会が標榜する複言語主義（→ Q3 参照）や，EUの持つ社会的な文脈によって理解されるべきものであるが，一方で，CEFRそのものの枠組みはThreshold Level（→ Q8 参照）を原典とした，英国中心の機能主義・経験主義の応用言語学の成果が凝縮された，きわめて多面的な能力構造を持つモデルになっており，その中核部分はすべての外国語能力の能力記述に利用可能な汎用性を持った参照枠になっている。

　CEFR-JはこのCEFRに準拠しつつも，日本の教育環境における英語に関する枠組みに特化して開発されたものである。CEFR-Jは2004年に採択された科学研究費基盤研究（A）「第二言語習得研究を基盤とする小，中，高，大の連携をはかる英語教育の先導的基礎研究」（代表：小池生夫）（課題番号：16202010）が出発点で，当初は第二言語習得研究の成果を中心に「到達すべき英語力」に関する知見を集積して，なんらかの統一的指標を作れないか，という問題意識から始まった。

　2004～2007年度の4年間で行った日本の英語教育のさまざまなレベルにおける実態調査（354校の小学校アンケート，150校の中高一貫校，100校のSEL-Hi校，7354名のビジネスパーソン調査）および海外での英語教育政策調査，隣国（地域）の韓国・中国・台湾の学習指導要領，英語教科書の

比較調査などの結果，独自の到達指標を一から構築するのはきわめて膨大な時間と労力を要する作業であり，欧州でのCEFRの受容とその影響力を看過できない現状から，CEFRの日本における適用に関しての研究を行うことがまずは急務である，という結論に達したのである。

※ CEFR-J 構築の基本コンセプト

　CEFRを日本に導入する際にいくつかのクリアしなければならない課題があった。1つはCEFRの言語能力指標としての「解像度」あるいは「分解能」の問題である。CEFRは大きく3レベル（A，B，C）をそれぞれ2つずつに分けて，全6レベルで記述している。能力スケールを考えた場合，初級・中級・上級と分けるのは直感的に理にかなっているが，日本人の英語学習者の実態はNegishi, Takada & Tono（2012）などでも明らかなように，8割がAレベルという，初級者が圧倒的に多い状況である。そのような実態では，Aレベルといっても，個々人が「できること」はかなり異なる側面があり，現状のCEFRのA1，A2レベルでは日本人英語学習者が「できること」の記述としては不十分という認識があった。そこでこれに対応するために，Aレベルの大幅な細分化を検討することにした。

　第2の問題点は，A1レベルの細分化である。A1レベルはglobal scaleでは"can understand and use familiar everyday expressions and very basic phrases aimed at the satisfaction of needs of a concrete type"という記述になっており，すでに日常会話での基礎的な表現やフレーズをある程度は理解したり使ったりできるレベルである。しかし実際の学習プロセスでは，このA1に到達する以前のごく初期の導入段階がある。そこでA1を細分化すると同時に，それよりも以前の段階としてPre-A1のようなものを想定する必要がある，と考えた。

　第3の問題点は，CEFRそのものが内包する問題でもあるが，参照枠が出口の「評価」のためのものか，入口の「指導や学習」のためのものか，ということであった。本家のCEFRでは最初は評価のために用いられることが大半だったが，その後教材のレベル設定がCEFRに基づいて行われ，現在ではカリキュラムやシラバス開発にも積極的に利用を促している。CEFR-Jも基本的には指導にも評価にもどちらにも使える，というスタンスで取り組むことになった。

※ CEFR-J のレベル設定

CEFR-J の具体的なレベル設定は表1のようになっている。

表1：CEFR と CEFR-J のレベル

CEFR		A1	A2	B1	B2	C1	C2
CEFR-J	Pre-A1	A1.1 A1.2 A1.3	A2.1 A2.2	B1.1 B1.2	B2.1 B2.2	C1	C2

　基本方針をもとに，A1に至る前の段階としてPre-A1を設定し，特に最も初期の英語導入段階への対応を試みた。そして，日本人英語学習者が大半を占めるAレベルに関してA1を3段階（A1.1～A1.3），A2を2段階（A2.1，A2.2）の計5段階に枝分かれをさせた。この枝分かれの概念はCEFRの原典でも必要に応じて行ってよい，という解説がある（Council of Europe 2001, pp.31-34）。1994～95年に実施されたSwiss National Science Research Council Surveyの結果では，A2～B1，B1～B2，B2～C1の間に少し距離があり，もう1段階をそれぞれ設けてオリジナルの6段階に3段階を加えた9つのブロックに分かれるというデータがあるが（Council of Europe, 2001: 32），日本の英語教育の現状ではB，Cレベルの枝分かれを詳細にするよりもAレベルのニーズの方が重要と考えた。一方，現状のA2～B2レベルにも対応しきれない部分があると考え，表1のようにA1レベルを手厚く下位レベルを設けると同時に，上記A2～B1，B1～B2，B2～C1の間を埋めるような意図で，A2.2, B1.2, B2.2の3レベルを設けた。かつ，Cレベルに関しては実質，元のCEFRをそのまま用いるという方法をとっている。

※ 細分化したレベルでのディスクリプタ作成

　CEFR-JはCEFRに準拠した形であるので，下位レベルでのCAN-DOディスクリプタ作成は，CEFRの全体的なディスクリプタ記述を十分参考にした上で，次のようなCEFRと同様の手続きを経て行われた（図1，→Q20参照）：
　オリジナルのCEFRでも，教育経験や直観によるチームでのCAN-DOディスクリプタ作成は効果的である，と書いてある一方で，それを質的・量的調査の両面から検証する必要性を強調している（Council of Europe,

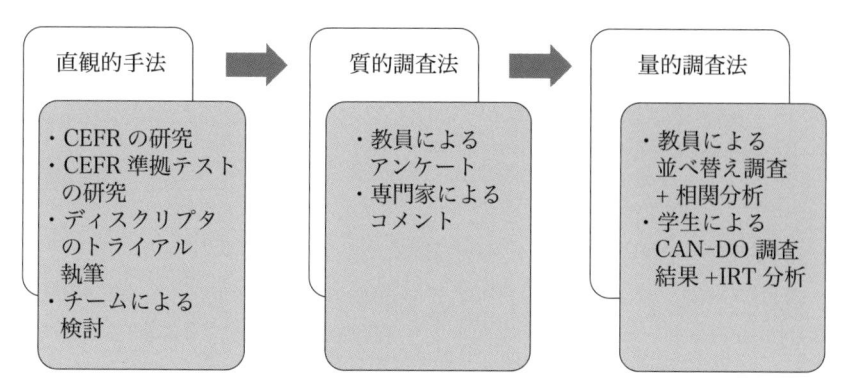

```
直観的手法                    質的調査法                   量的調査法
・CEFRの研究                 ・教員による                 ・教員による
・CEFR準拠テスト              アンケート                   並べ替え調査
  の研究                     ・専門家による                 +相関分析
・ディスクリプタ                コメント                   ・学生による
  のトライアル                                            CAN-DO調査
  執筆                                                   結果+IRT分析
・チームによる
  検討
```

図1：CEFR-Jディスクリプタおよび参照枠の作成プロセス

2001：23）。CEFR-JはCAN-DOディスクリプタの作成を組織的に行っただけでなく，専門家による質的な分析，中高の教員による「並べ替え調査」（→Q21参照），中高大の英語学習者による大規模な「学生自己評価アンケート」（→Q22参照）を経て，ディスクリプタの順序や表現・文言の数度にわたる改訂を行っている（→Q23参照）。

※ CEFR-JとCEFRの使用上の関係

　日本の英語教育に特化して具体化されたCEFR-Jであるが，その理念はCEFRをベースにしている。CAN-DOリストの設計は行動指向アプローチ（→Q2参照）に基づいており，学校内の英語学習活動を視野に入れつつ，最終的に言葉を使って何ができるようになるのが望ましいかを提示している。

　CEFRも枝分かれに関しては，A，B，Cの各レベルで可能であり，かついつでも柔軟に元のCEFRのレベルにさかのぼれることを強みとしている（Council of Europe, 2001, pp.31-34）。CEFR-Jの利用者も，A1.1～A1.3のレベルの全体像についてはCEFRのA1（Breakthrough）の記述内容を十分に参照して理解を深めていただきたい。さらに，CEFR-Jを利用したA1レベルの指導には，本家のCEFRにあるさまざまなシラバスやタスクの例を参考にされたい（本書のPart 3にはこの活用方法がくわしく解説されている）。

> **まとめ**
>
> CEFR-Jは，CEFRに準拠して基礎レベルをより詳細に枝分かれさせた日本人英語学習者向けの参照枠である。CAN-DOディスクリプタ作成のプロセスや検証方法もCEFRのアプローチに準拠している。

> **もっと知りたい方へ**

CEFR（2001）の3章「共通参照レベル（common reference levels）」の解説部分にCEFRのレベル分けの基本的考え方が解説されている。同章の3.5では枝分かれの柔軟性に関しての記述があり，CEFR-Jの作成方法はこれに基づいている。

Q18 CAN-DO リストの表す能力とは？

※ CEFR の考え方と CAN-DO リスト

　本節では CEFR の考え方を概説しながら，CAN-DO リストが表す能力を考えていく。CEFR は言語使用に関して行動指向アプローチ（→ Q2参照）を標榜している（Council of Europe, 2001, p.9）。Little（2009）の解説をもとに少しかみ砕いてこの行動指向アプローチをまとめると以下のようになる：

- われわれはことばを用いてコミュニケーション行為（communicative act）を行う。その行為は第三者とコミュニケーションを行うという意味で外的（external）・社会的（social）な場合と，自分自身とコミュニケーションを行う内的（internal）・私的（private）な場合とに分かれる。
- コミュニケーション行為は言語活動（language activity）からなり，それは受容（reception），産出（production），やりとり（interaction），仲介（mediation）という4種類からなる。
- 言語活動に従事するために，ことばのコミュニケーション能力を利用する。
- 言語活動は必ずある文脈で行われ，その文脈は一定の条件（condition）と制約（constraint）を課す。
- 予測できない文脈に対応するべく，われわれのコミュニケーション能力には社会言語学的および語用論的能力も含まれている。
- 言語活動はタスクの実行（performance of tasks）を伴う。タスクは毎日の日課や自動化された内容ではないので，われわれはある程度そのタスクに取り組む際のストラテジーを要求される。そのストラテジーを駆使して話し言葉・書き言葉のテクストの理解と産出を行う。　　（Little, 2009, p.225）

　このコミュニケーション行為をベースに，上記の行動指向アプローチをことばを使って「～できる」という形式で具体的な記述文（ディスクリプタ）

の束で表したものが CAN-DO リストである。
　さらにこれを具体的な CAN-DO リストとして表現するために，CEFR ではわれわれの言語生活を 4 つの領域で分類している：

1．個人（personal）　　　　　　内的・私的
2．公的（public）　　　　　　　外的・社会的
3．職業（occupational）　　　　外的・社会的
4．教育場面（educational）　　　外的・社会的

　それぞれの言語生活には場所（locations），機関（institutions），かかわっている人々（persons），物品（objects），イベント（events），操作や仕事（operations），取り扱われる文書（texts）が存在する。まず上記 4 種類の言語生活を考え，次に状況（situations）を設定して，制約・条件を考えていく。そのとき，第 1 の制約・条件は言語学習レベルである。CEFR では大きく 3 レベルとして考える（→ Q6 参照）。

1．Basic Users（基礎的学習者）　　　：A レベル
2．Independent Users（自立した学習者）：B レベル
3．Proficient Users（熟達した学習者）　：C レベル

　それぞれのレベルをさらに 2 分割して，A1，A2，B1，B2，C1，C2 の 6 レベルを規定している。この 6 レベルそれぞれに第 1 の目安となる global scale が設定されている（Council of Europe, 2001, p.24, Table 1 Common Reference Levels: global scale 参照）。各スケールのより詳細な設定は共通参照レベル Common Reference Levels: self-assessment grid（Council of Europe 2001, pp.26-27）で行われる。CEFR-J が目指した日本人学習者向けの指標はこのリスト化された CAN-DO 記述であった。self-assessment grid では，Listening, Reading, Spoken Interaction, Spoken Production, Writing のスキル別に A1 から C2 までの CAN-DO ディスクリプタが掲載されている。CEFR-J ではこれに加えて，より入門段階の Pre-A1 を導入した。

※ よい CAN-DO リストの条件

　よい CAN-DO リストの条件として North（2000, p.343ff）で挙げられている点は以下である：

①肯定性（Positiveness）
　低いレベルの記述だと評価者側の観点からは「〜できない」という記述の方が作りやすいのだが，単にレベルが適正な者をスクリーニングするということではなく学習目標として機能するためには，「〜できる」という肯定的な表現で記述されている方が望ましい。

②明白性（Definiteness）
　ディスクリプタからさまざまな解釈が可能になる曖昧な表現などをできるだけ排除し，レベル調整を「少し」「多く」などの数量詞だけで行うような記述がなく，個々に独立した明白さを持っていることが望ましい。

③明瞭性（Clarity）
　ディスクリプタは透明性を保ち，専門用語を多用した冗漫なものを避けるべきである。特に専門用語を用いた場合は，それを取り除くとまったく骨抜きになってしまうようなディスクリプタは望ましくない。特に3つ以上の節が連結したものは複雑すぎる可能性がある。

④簡潔性（Brevity）
　米国やオーストラリアによく見られる全体的評価（holistic scoring）の記述文は，あるレベルの学習者の能力を長文で網羅的に記述する。しかし通例，個々の学習者はあるレベルに属するとしても個人差があり，長文の記述文に組み込まれたすべての特徴が出現しているわけではないことが多い。さらに実際の評価では長文のディスクリプタは好まれず，たいてい20語以下（節では2つ程度）の文が望ましい。

⑤独立性（Independence）
　短い記述文は，基準となる行為を的確に表してYES / NOが答えやすいものであることが多い。よって他の記述文と相対的に理解されるよりも独立性が高くなる。そのような記述文の方が多面的な評価に利用可能となる。

※ Spoken Interaction のディスクリプタを例に
　CEFR-JのSpoken Interactionを例にとって，CAN-DOディスクリプタの実例を見てみる。リスト自体は巻末の全体表または付属CD-ROMを参照されたい。Pre-A1はCEFRに記載されていないわれわれのグループで独自に開発した記述で，日常生活の簡単な挨拶や指差しで意思を伝達できる能力を表している。

Pre-A1	極めて限定的な日常の挨拶と意思の伝達
A1	学校生活での会話の導入
A2	学校以外の社会生活での会話が導入され
B1	さらに広い社会生活での会話
B2	抽象的な議論のできる能力
C1	抽象度のほかに流暢性
C2	幅広い慣用表現と議論のできる力，自分の英語力をモニターし，取り繕う能力

　CEFRでは，このように，実際の場面を想定し適切に英語で対処できるかどうか（言語の機能）を，包括的にとらえている。

【まとめ】
　CEFRやCEFR-JでのCAN-DOディスクリプタは，言語の熟達度を現実的な尺度で認識できるように作られている。

【もっと知りたい方へ】
　英検やCACECでもCAN-DOディスクリプタを提案している（参考文献参照）。Council of Europe (2001), North (2000) を読むとCAN-DOディスクリプタ作成の詳細が理解できる。

Q19 CAN-DO リストのディスクリプタの含むべき要素は？

　CEFR-J の CAN-DO リストは基本的に CEFR の設計思想を汲んでいる（→ Q17参照）。そこでまず，CEFR の CAN-DO リストの理論的背景を概観した上で，ディスクリプタが含むべき3つの要素について述べ，CEFR-J のディスクリプタを3要素に分解した例を挙げる。最後に，CAN-DO リスト作成の注意点を述べる。

※ CEFR の CAN-DO リストのディスクリプタが含む要素

　CEFR の CAN-DO リストは，言語教育の2つの伝統の影響を受けている (Green, 2010)。1つは言語運用の動向（proficiency movement）である。これは，1950年代，アメリカの Foreign Service Institute（外交官を養成する国務省の機関）がどの国家機関でも使えるように，外国語技能測定のための共通尺度を開発したことに端を発している。のちに，アメリカ外国語教育協会（American Council on the Teaching of Foreign Languages, ACTFL）と共同で言語運用能力尺度を開発し，言語運用の動向と称されるものの起こりとなった。もとは言語運用能力を判断するための共通尺度であるが，やがて応用範囲が広がり，指導計画や教材の作成，教室での学習者評価などに使われるようになり，外国語教育関係者は「初級の上」（Novice High）や「中級の中」（Intermediate Mid）などが示すレベルを明確に理解できるようになった。

　もう1つの伝統は，行動目標（behavioral objectives）の考え方である。これは，学習の速度は学習者によって異なるので，教師は明確に設定された目標に照らして個々の学習者の進歩を形成的に評価し，個別に対応しようという，学習者中心の考えに基づく。評価の結果を学習者にフィードバックし，目標に達しなかった学習者をさらに指導する。この考え方は，van Ek (1976) の Threshold Level にも大きな影響を与えている。形成的評価をす

るためには，学習者があるタスクを申し分なくできるか否かを教師が判断できなければならない。したがって，学習の結果できるようになる観察可能な行動を目標とすることが重要になる。

こうした歴史的背景をもつCEFRのCAN-DOリストは，観察可能で評価可能な言語活動を記述するために，原則として次の3要素を含むディスクリプタから成り立つ。

① どのようなタスクができるか
② どのような言語の質でできるか
③ どのような条件下でできるか

この3要素が具体的に示すものは，受容技能，発表技能のディスクリプタにおいて，それぞれ次のようになる（根岸，2010）。

受容技能　（1）task　　　　（2）text　　　（3）condition
発表技能　（1）performance　（2）quality　（3）condition

投野科研は2009年9月，3日間にわたるTony Green教授のワークショップを通して，これらの観点からCEFR-JのCAN-DOリスト草稿を全面的に見直した。それがCEFR-Jのベータ版の原型になっている。

※ **CEFR-JのCAN-DOリスト**

こうした経過をたどって完成したCEFR-JのCAN-DOリストのディスクリプタに，3要素がどのように組み込まれているか，5つの技能それぞれについて見てみよう。「中級レベル」（Threshold Level）のB1を例にする。

表1：ディスクリプタの3要素

B1.1「聞くこと」

ディスクリプタ	task	text	condition
自分の周りで話されている少し長めの議論でも，はっきりとなじみのある発音であれば，その要点を理解することができる。	議論の要点を理解することができる	自分の周りで話されている少し長めの議論	はっきりとなじみのある発音であれば

B1.1「読むこと」

ディスクリプタ	task	text	condition
ゲームのやり方，申込書の記入のしかた，ものの組み立て方など，簡潔に書かれた手順を理解することができる。	手順を理解することができる	ゲームのやり方，申込書の記入のしかた，ものの組み立て方など	簡潔に書かれた

B1.1「やりとり」

ディスクリプタ	performance	quality	condition
個人的に関心のある具体的なトピックについて，簡単な英語を多様に用いて，社交的な会話を続けることができる。	社交的な会話を続けることができる	簡単な英語を多様に用いて	個人的に関心のある具体的なトピック

B1.1「発表」

ディスクリプタ	performance	quality	condition
自分の考えを事前に準備して，メモの助けがあれば，聞き手を混乱させないように，馴染みのあるトピックや自分に関心のある事柄について語ることができる。	事柄について語ることができる	聞き手を混乱させないように	・自分の考えを事前に準備して，メモの助けがあれば ・馴染みのあるトピックや自分に関心のある事柄

B1.1「書くこと」

ディスクリプタ	performance	quality	condition
自分に直接関わりのある環境（学校，職場，地域など）での出来事を，身近な状況で使われる語彙・文法を用いて，ある程度まとまりのあるかたちで，描写することができる。	出来事を描写することができる	・身近な状況で使われる語彙・文法を用いて ・ある程度まとまりのあるかたちで	・自分に直接関わりのある環境（学校，職場，地域など）での出来事

　なお，ディスクリプタは，必ずこの3要素を含まなくてはならないというわけではない。CEFR-Jは学習，評価，教材作成など，広範な分野での利用を意図しているので，汎用性・代表性の高いディスクリプタにするため，言語の質や条件に言及している。けれどもこうした外部指標ではなく，特定の

教育課程，特定の教育環境，特定の学習者のための内部指標を作成するには，CEFR-J をもとに，それぞれの事情に合わせた CAN-DO リストを作成することになるだろう。その場合は，必ずしも 3 要素を含むとは限らない。

　欧州評議会加盟国は CEFR に基づき，各国の教育事情，言語文化事情，学習者の年齢等に合わせた CAN-DO リストを開発し，ELP (European Language Portfolio) を作成している（→ Q10参照）。これらのディスクリプタは，CEFR ディスクリプタ・バンクとして欧州評議会のウェブサイトに公表されている。公表された総計2800のディスクリプタを約650項目に整理統合し，日本語訳を付けたもの（投野，2012）も利用できる（→ Q25参照，付属 CD-ROM 収録）。

　最後に，CAN-DO リストの利用や作成にあたっては，CEFR または CEFR-J などに依拠しつつ，利用目的や対象者を明確にし，それぞれコンテクストに合わせることが重要であることを強調したい。

まとめ

　CEFR-J の CAN-DO リストのディスクリプタは，観察可能で評価可能な言語活動について，① どのようなタスクが，② どのような言語の質でできるか，③ どのような条件下で，という 3 要素を含むことを原則としている。これにしたがい，各ディスクリプタは，受容技能の場合，(1) task, (2) text, (3) condition, 発表技能の場合，(1) performance, (2) quality, (3) condition にそれぞれ分解することができる。各学校で CAN-DO リストを作成・利用する場合は，特に利用目的を明確にすることが重要である。

もっと知りたい方へ

欧州評議会加盟各国が作成した ELP に含まれるディスクリプタは，CEFR のディスクリプタと対応させた形でウェブサイト (http://www.coe.int/t/dg4/education/elp/elp-reg/Source/Key_reference/SAdescriptors_EN.pdf) で公表されている。ELP は，成人学習者だけでなく学校教育で言語を学ぶ学習者を対象としたものもあり，外国語環境での教育に示唆を与えてくれる。

Q20 CAN-DO リストは一般的にどのような妥当性検証を行うのか？

※ 言語能力記述のスケーリング

どのような知識・技能の評価もそうであるが，あることができるという記述が相対的にどの位置にあるか，はスケールで表現することが可能である。スケールには TOEFL や TOEIC のような連続尺度で表すものと，CEFR のレベルのような順序尺度で表すものがある。問題は CEFR などのレベルに「できること」を表記する CAN-DO ディスクリプタをどのように割り当てるか，その前後の適切な順序をどう決定するか，という点である。CEFR の原本（Council of Europe, 2001）では Appendix A. に scale development methodologies と題して，ディスクリプタをスケールに割り当てる方法が複数紹介されている。その方法は大別すると直観的手法，質的調査法，量的調査法の 3 つに分かれる（→ Q17参照）。以下に各手法を説明する。

※ 直観的手法（intuitive method）

直観的手法には次の 3 つがある：

① エキスパート（expert）

言語能力記述に詳しい個人がスケールの作成を行う。その際には既存のスケール・カリキュラムの解説，利用対象グループへのニーズ分析などの関連資料を自分で集めながら書くことが多い。その後，そのスケールを用いた予備調査を行い改善する。

② 委員会（committee）

まず，エキスパートとして小規模なチームで開発を行い，それをより大きなコンサルタントのグループ（＝委員会）が監督を行う。草稿はコンサルタントからコメントを受けたりもする。コンサルタントは自分の経験および標本のパフォーマンスを見ながら作業を行うので，主観的になる傾向がある。

③ 経験主義（experiential）
　②の委員会による方法を主として用いるが，一定期間，機関内部で了解が得られる段階までスケールを試行してみる。核になるメンバーはスケールに関して共通理解を持つようになり，組織的に試用を行うことで文言などの修正に関してもフィードバックをきちんとできるようにする。そのスケールの定義に関係づけて学習者のパフォーマンスを評価したり，逆にパフォーマンスを見ながら定義の善し悪しを話し合いなどを行う。

※ **質的調査法（qualitative method）**
　質的な調査法は，通例少人数のグループでインフォーマントを交えて行われ，データに統計的な解釈を加えずに質的な分析のみでスケールを構築する。Council of Europe (2001) で紹介されている方法は，④〜⑨の6つである：
④ スケール設計上の重要概念の形成（key concepts: formulation）
　スケールの試作版ができたら，スケールをばらばらにして利用者のインフォーマントに渡し，正しい順序に並べ替えをさせる。その後，その順序に並べた理由などを聞き出し，次いで正解の並べ方との差違を確認しながら，どのような点が順序決定の決め手となったか，逆にどのような点が順序を決めにくくさせたか，を話し合う。これにより，スケールの上下関係を判断する時の要因となる重要概念の項目を特定し，それらの概念と試作版のスケールとの整合性などを確認する。Eurocentres certification scale はこの方法で策定された。
⑤ 重要概念とパフォーマンスの照合（key concepts: performances）
　ディスクリプタと実際の典型的パフォーマンスを照合させてみて，書かれていることと実際の言語使用の例が一致しているかを確認する。Cambridge テストでは教員にスケールの文言と実際のテストの級を比較させるタスクを課して，スケールへの理解を深めさせた。IELTS では各レベルの模範となるサンプル・スクリプトを選定して，それがどういう特徴を有しているかを分析した上でディスクリプタに特徴を盛り込む，という作業を行っている。
⑥ 主要特性（primary trait）
　複数のインフォーマントに，実際の作文などのパフォーマンスを最初は個人個人で順位付けしてもらい，その後，順位を集団で話し合って統一してもらう。統一順位が出たら，どのような原理原則でそのランクが決まったかを

記述してそれを特性（trait）として抽出する。パフォーマンスの順位付けの仕方はすべて順位に並べる以外に，だいたい同じ作文の山（pile）をいくつか作っていくなどの方法もある。

⑦ YES / NO によるレベル決定過程の作成（binary decision）

作文をほぼ同じレベルの山に分け，その異なる山を分ける特徴は何かを話し合う。そこで抽出された特性を，今度は YES / NO で答えられるような判定文に書き換えて，二値（YES / NO）で答えられる決定木のようなツリー構造を作る。これによって，決定プロセスを客観的に示すことができる。

⑧ ペア比較による判断（comparative judgements）

異なるパフォーマンスをペアにして相互比較し，どちらが優れているかに関しての議論を分析する。評価者が用いているメタ言語を集積してディスクリプタに集約していく。

⑨ 並べ替えタスク（sorting tasks）

ディスクリプタの草稿が出来上がった段階で，インフォーマントに並べ替え作業をしてもらい，同時にインフォーマントによるディスクリプタへのコメント，修正，破棄などを依頼することもある。こうすることにより，ディスクリプタの性能を上げていくと同時に，有効なディスクリプタを蓄えていく。

これらの質的調査法の特徴は，スケールの基準になる特性をインフォーマントからの意見聴取や話し合いなどの質的な分析を通して取り出そうとする点にある。⑨のような並べ替えタスクでは，ある程度ディスクリプタを書いてからそれを改訂するために行うという目的がある。これらのプロセスをより統計的手法を駆使して処理したものが次の量的調査法である。

※ **量的調査法（quantitative method）**

量的調査法で Council of Europe（2001）に紹介されているものは以下の 3 種類である。ただし，説明文は少し解説がわかりにくいため，以下では大幅に補足説明を加えてある。

⑩ 判別分析（discriminant analysis）

判別分析は多変量解析の一種で，個体がどのグループに属するかが明確である学習データから判別モデルを構築し，そのモデルを用いて所属不明の個体（テスト・データ）がどのグループに帰属するかを判別する方法である。スケールの検証にこれを応用するには，まず説明変数になる特性変数を選定

しなくてはならない。そのために，前述の質的調査で紹介したような方法を用いて，パフォーマンス・サンプルをもとにした話し合いからレベルを分ける基準となった特徴を複数抽出する。かつそれらがサンプル中（または討議の談話中）にどのくらい現れるかを計量しておく。つまり説明変数は通例連続量データである（名義尺度の場合にはダミー変数を用いる）。最後に，目的変数を該当レベル（該当レベルに属するか否かであれば，2群判別分析，3レベル以上の判別分析であれば多群判別分析）とした判別関数を作る。判別分析では目的変数が連続量ではなく，カテゴリー変数になる点が特徴である。そしてこの判別関数内の各変数についている判別係数を見ることで，判別に寄与する変数の貢献度を知ることができる。これらの判別に有効に貢献する項目をディスクリプタの作成時に積極的に盛り込んでいくわけである。

⑪ 多次元尺度法（multidimensional scaling）

　個体の持つさまざまな変数特性をもとに個体間の距離を統計的に求め，個体間の親近性データを2次元あるいは3次元に配置する方法で，これによりデータの構造を考察することができる。学習者（個体）のパフォーマンス（例えば作文）に関してさまざまな言語特徴データ（テキスト長，語彙の豊富さ，文長，統語の複雑さ，など）があるとする。その評価データを統合して学習者間の距離を求め2次元にプロットする。距離的に近くにグルーピングされた個体の持つ特徴を評価データの項目によって理解することで，グループを分ける主要特性を抽出する。同時に，それらがスケール上どのレベルに属するかを照合することで，ディスクリプタに含めるべき項目を精選する。

⑫ 項目反応理論（IRT）または潜在特性分析

　項目反応理論（または項目応答理論，Item Response Theory, IRT）は，多変量解析モデルのうち潜在変数モデル（latent variables model, LVM）の1種である。学力または能力という潜在変数を θ という連続尺度のスケールで表そうとする。項目反応理論で言語テスト分野において最もよく用いられるのはラッシュモデルである。一般にどのようなテストでも大量に被験者を集めると，能力分布は正規分布をすると仮定できる。その際に，能力の高い人は低いレベルの問題は当然解ける，その逆は真でない。正規分布のある確率に該当する人が何人いるかという累積分布関数を，計算しやすいように近似したものをロジスティック関数という。一方で，実測値としてはテストの項目の通過率（パスしたか否かの割合）を全体の成績別グループごとに産

出したものが項目特性曲線（Item Charascteristic Curve, ICC）である。このICCをもとに，実測値に理論モデルのロジスティック曲線を当てはめることが項目反応理論のエッセンスである。曲線の当てはめの際にロジスティック曲線の位置や形状（カーブの緩急），曲線の開始位置などによって1〜3母数ロジスティックモデルが用いられる。

また項目反応理論の強みは，古典的なテストと違い，項目困難度はサンプルや特定のテスト・アンケートに左右されない点で，異なるテストやアンケートでもいわゆるアンカー項目（一部他のテストと共有した項目）を用いることで，共通のスケール上に異なるテストやアンケートの結果を落とし込むことが可能な点である。

言語能力尺度への応用としては，Council of Europe（2001: 211）で以下のような手法が紹介されている：

(a) 前述の質的調査法④〜⑨で得られた質的データにラッシュモデルを適用して，項目困難度としてスケールに位置づける。
(b) 能力ディスクリプタを操作定義（operationalize）して特定のテストの問題項目として複数実装し，そのテスト結果をラッシュモデルで項目困難度を算出，当該ディスクリプタの相対的困難度スケールとして定義する。
(c) ディスクリプタをアンケートの質問項目とし，教師にある学習者を「この学習者はこれができるか否か？」を評価させる。その結果を項目反応理論で数値化し，ディスクリプタの相対的困難度を決定する。

CEFRおよび関連するSwiss project, DIALANG, ALTEなどのCAN-DOリストはすべてこの（c）の方法を用いてCEFRレベルに関連づけられている。

※ CEFR-Jの方法

CEFR-Jの構築プロセスでは，本家のCEFRの作成方法の良い点をできるだけ参考にしている。次ページの図1は構築プロセスと上記①〜⑫の手法の関連である。基本的に初期のディスクリプタの執筆は，小中高レベルの経験が豊富な研究メンバーがチームを組んで作成および内部での検討を繰り返した。その後，アルファー版になってから海外のCEFR研究の専門家によるフィードバックを受けつつ，ベータ版への改訂の際に⑨の並べ替えタスクを小中高の教員200名を対象にして行った。さらにVersion 1の正式リリース

を前に，5468名の中高大の英語学習者に対してベータ版を用いて「CAN-DO調査」を行って，その結果をIRTで分析し，項目困難度が当初のランクと一致しない部分の文言の修正やランクの修正を行った（→ Q23参照）。

　手法的に最後のIRTでCEFRと異なるのは，教員による学習者評価ではなく，学習者自身での評価である点，またアンカー項目としてCEFRのディスクリプタとまったく同一のものは用いていない点である。後者に関しては，調査前段階のアルファー版，ベータ版の改訂時に，親版のCEFRのディスクリプタの文言をレベルごとに精選してCEFR-Jに盛り込んでいるので，まったく同一のディスクリプタのアンカー項目を含まなくても対応可能という判断に基づく。

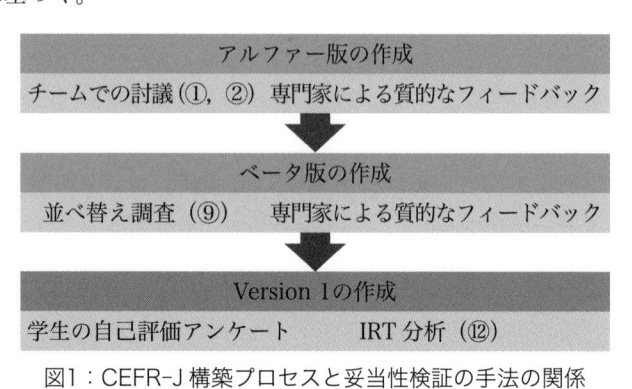

```
┌─────────────────────────────────────┐
│         アルファー版の作成            │
│ チームでの討議（①，②）  専門家による質的なフィードバック │
└─────────────────────────────────────┘
                    ↓
┌─────────────────────────────────────┐
│         ベータ版の作成               │
│ 並べ替え調査（⑨）  専門家による質的なフィードバック │
└─────────────────────────────────────┘
                    ↓
┌─────────────────────────────────────┐
│         Version 1の作成              │
│ 学生の自己評価アンケート    IRT 分析（⑫） │
└─────────────────────────────────────┘
```

図1：CEFR-J 構築プロセスと妥当性検証の手法の関係

【まとめ】
　CAN-DO リストの妥当性検証には，直観的・質的調査・量的調査による方法がある。最も基本的な作成プロセスとしては，直観的なアプローチが参考になる。その後の質的調査で，妥当性を高め，大規模なプロジェクトであれば量的調査も行うことで妥当性を高めることができる。

【もっと知りたい方へ】
　言語能力のスケーリングに関しては，Council of Europe（2001: 212ff）に注釈付の参考文献リストが挙げられている。国内では植野・荘島（2010）が最新の学習評価の潮流を扱った書で，特に項目反応理論の解説（3章）およびニューラルテスト理論（4章）は，CAN-DO ベースの非連続スケール構築に参考になる。

Q21 CAN-DO リストの妥当性を検証する「並べ替え調査」とは？

※ CEFR-J アルファー版の検証

　本節では CAN-DO リスト妥当性を検証する「並べ替え調査」とはどのような調査なのかを，投野科研のディスクリプタ班が実際に行った並べ替え調査を例にとり，説明していく。CEFR-J Version 1 の基礎となったものが CEFR-J アルファー版である。これは，投野科研が CEFR のレベルを基本として最初に作った CAN-DO リストである。この CAN-DO リストが実際のレベルを表しているかどうかを検証するにあたり，CEFR の CAN-DO リストを検証するときにも使われた「並べ替え調査」を実施した。小学校，中学校，高校で英語を教えている教員に CAN-DO リストの並べ替え調査をしてもらい，妥当性を検証する実験を行ったのである。以下が調査の概要である。

(1) 調査方法
①調査参加者
　愛知県，岐阜県，山梨県，宮城県などの高校教員116名，中学校教員40名，小学校教員50名
②データ収集方法
　並べ替えの調査および教員への質問紙調査
③データ収集
　並べ替えの実験では，Listening（聞くこと），Spoken Production（発表），Spoken Interaction（やりとり），Reading（読むこと），および Writing（書くこと）の5つのスキル別に CAN-DO リストを書いた紙を用意し，その紙を1つ1つのディスクリプタごとに切り抜いた。各ディスクリプタには，任意の番号をふった。教員がスキルごとにレベル別にディスクリプタを並べた後，そのディスクリプタにふられた番号を質問紙に記録してもらうように準備をした。また，質問紙にディスクリプタの中で，意味がわかりにく

かったディスクリプタの番号とその理由，また，わかりにくかった表現についてコメントしてもらった（表1参照）。

表1：質問紙

CEFR-J 作成に関わる調査

I．ご自身についてご記入ください。

ご氏名：_____　　勤務先（学校名）：_____

教職経験年数（当てはまるものに✔をお書きください）：

( ) 5 年未満　　( ) 5 年以上 10 年未満　　( ) 10 年以上 15 年未満

( ) 15 年以上 20 年未満　　( ) 20 年以上

II．並べ替えをしたカードの裏に記載されている番号を記入してください。

	やりとり	発表	聞くこと	書くこと	読むこと
C2					
C1					
B2.2					
B2.1					
B1.2					
B1.1					
A2.2					
A2.1					
A1.3					
A1.2					
A1.1					
Pre-A1					

III．カードに書かれた記述の中に理解しにくい表現・語句がもしあれば，カードの番号と理解しにくい表現・語句を以下に記入してください。

スキル	カード番号	わかりにくい表現・語句

(2) データ収集調査段階

　CEFR，CEFR-J アルファー版の概略を教員たちに説明した後，この調査は CEFR-J アルファー版の妥当性を検証してもらうためのものであることも説明した。また，CEFR-J アルファー版は，Listening, Spoken Production, Spoken Interaction, Reading および Writing の5つのスキルに分かれており，レベルは，低い方から Pre-A1，A1.1，A1.2，A1.3，A2.1，A2.2，B1.1，B1.2，B2.1，B2.2，C1，そして C2の12のレベルに分かれていることを説明した。

　教員各自に，スキルごとにばらばらにしたディスクリプタとあらかじめ作成しておいた質問紙（表1）を配布した。その後，ディスクリプタをスキルごとに，難易度順に並べ替えてもらい，そのディスクリプタに書かれた番号を質問紙に記録し，また，コメントも書いてもらった。

　調査を行った後，ディスクリプタの並べ替えの正解率をわかりやすくするために次ページの表2を作成した。また，スキル別の正解率をピボットテーブル（p.115の図1参照）に表した。

(3) 結果

　それぞれのスキルのレベルごとに，教員の70%以上が正解ではないディスクリプタを選んだところに注目した。例えば，次ページの表2は，高校の英語教員が Listening のそれぞれでレベルで正しいディスクリプタを何パーセント選んだかを示している。表の中で，「正解」とある列の数値は正しいディスクリプタを選んだ教員の数を示している。「隣接レベル」とある列の数値は，ディスクリプタを正しいレベルに置いてはいないが，そのすぐ上のレベル，もしくは，すぐ下のレベルに置いた教員の数を示している。表2からわかるように，リスニングでは，A1.3から B1.1の正解率が非常に低い。また表3は，高校の英語教員がスポークン・インタラクションでどの程度正しいディスクリプタを選んだかを示している。全般的に正解率は低く，A1.1，A1.2，A2.1，A2.2，B1.2，B2.1，B2.2レベルで正解率は30%以下である。特に，A1.1レベルでは，隣接レベルと合わせても正解率は42.2%しかなかった。

　正解率が悪かったディスクリプタについては，質問紙に教員が書いたディスクリプタについてのコメントを調べ，ディスクリプタの表現がどのような理由でわかりにくかったのかについて調査した。

表2：並べ替え調査の結果（リスニング，高校，n＝43）

レベル	正解	隣接レベル	合計	Average 正解（%）	Average 合計（%）
N	43			40.9%	71.5%
Pre-A1	36	5	41	83.7%	95.3%
A1.1	27	4	31	62.8%	72.1%
A1.2	15	5	20	34.9%	46.5%
A1.3	7	20	27	16.3%	62.8%
A2.1	8	14	22	18.6%	51.2%
A2.2	11	14	25	25.6%	58.1%
B1.1	10	13	23	23.3%	53.5%
B1.2	25	11	36	58.1%	83.7%
B2.1	24	10	34	55.8%	79.1%
B2.2	17	15	32	39.5%	74.4%
C1	15	27	42	34.9%	97.7%
C2	16	20	36	37.2%	83.7%

表3：並べ替え調査の結果（スポークン・インタラクション，高校，n＝45）

レベル	正解	隣接レベル	合計	正解（%）	合計（%）
N	45				
Pre-A1	24	6	30	53.3%	66.7%
A1.1	10	9	19	22.2%	42.2%
A1.2	12	13	25	26.7%	55.6%
A1.3	14	13	27	31.1%	60.0%
A2.1	10	13	23	22.2%	51.1%
A2.2	13	15	28	28.9%	62.2%
B1.1	22	9	31	48.9%	68.9%
B1.2	13	19	32	28.9%	71.1%
B2.1	9	29	38	20.0%	84.4%
B2.2	12	19	31	26.7%	68.9%
C1	15	19	34	33.3%	75.6%
C2	28	11	39	62.2%	86.7%

(4) 考察

並べ替え調査の結果ならびに，教員からのコメントをもとに，問題があると思われるディスクリプタの文言を変更したり，ディスクリプタのレベルを入れ替えたりした。ここでは，例を挙げて，この調査がどのように CEFR-J Version 1 のディスクリプタを精緻化するのに，役立ったかについて説明する。

CEFR-J アルファー版のリスニングの A1.3 のディスクリプタは，「繰り返しや言い換えを交えてゆっくりはっきりと話されれば，あまりなじみのない行事や習慣等に関する説明の概要を理解することができる」というものであった。A1.3 の正しいディスクリプタに課せられた任意の番号は30番であるが，教員による並べ替え調査の結果，図1を見ると，高校教員43名のうち，正しいディスクリプタを選んだ人数は7名にすぎなかった。このディスクリプタを A2.1 とした教員は7名，A2.2 とした教員も7名，B1.1 とした教員は9名にも上った。結果，このディスクリプタは，A1.3 よりレベルが高く考えられたことがわかり，CEFR-J Version1 では，B1.1 のディスクリプタとなった。

同じく，リスニングの A2.2 のディスクリプタは，「ゆっくりはっきりと話されれば，（買い物や外食などで）簡単な用を足すのに必要な指示や説明を理解することができる」であり，課せられた番号は45番であった。教員による並べ替え調査の結果（図1参照），教員43名のうち，正しいディスクリプタを選んだ人数は11名にすぎなかった。このディスクリプタを A2.1 とした教員は7名，A1.3 とした教員は6名いた。このことから，このディスクリプタの表現が少し簡単に思われたことがわかる。この結果，このディスクリプタは，CEFR-J Version 1 では，「スポーツ・料理などの一連の行動をゆっくりと指示されれば，指示どおりに行動することができる」と少し表現を変え，難易度を上げた。

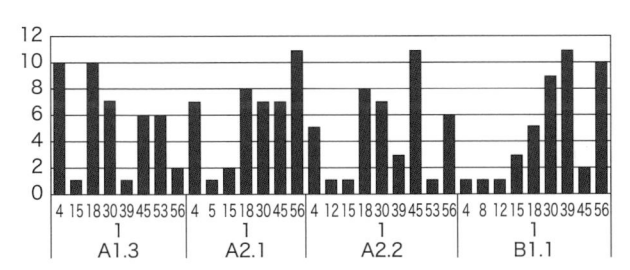

図1：高校教員によるリスニングの CAN-DO リストの並べ替え調査結果

また，アルファー版リスニングC1のディスクリプタは，「構成が明瞭でなく，関係性が暗示されているだけの，明示的でない発話や，長い話でも理解できる。特別に努力しないでもテレビ番組や映画を理解できる」というものであった。このディスクリプタの正解率は34.9%であり，隣り合ったディスクリプタを含んだ正解率は97.7%であった（p.114表2参照）。正解率が30%以下のディスクリプタの場合は，基本的に文言の修正をするか，レベルの入れ替えをするという最初の基準から言えば，対象外のディスクリプタであった。「構成が…」で始まる文は，使われている言葉が抽象的で，よくわかりにくい表現となっている。それにも関わらず，正解率が30%以上あったのは，難解な表現で書かれているディスクリプタであるので，当然レベルが上の方のディスクリプタではないかと教員が推測したのだと思われる。それを裏付けるように，教員からのC1のディスクリプタに対するコメントには，「構成が明瞭でなく関係性が暗示されているとはどういう意味か」とか「明示的ではない発話とはどういう意味か」などというコメントがあった。したがって，このコメントは，CEFR-J Version 1では，「スポーツ・料理などの一連の行動をゆっくりと指示されれば，指示どおりに行動することができる」とわかりやすい表現のディスクリプタになった。
　このように，CEFR-J アルファー版のディスクリプタは，教員の並べ替え調査の結果，ならびに教員のディスクリプタへのコメントを分析した結果，より正確度を増したCEFR-J Version 1のディスクリプタへと書き換えられた。

> **まとめ**
>
> 　CAN-DO リスト妥当性を検証する「並べ替え調査」とは，作成したCAN-DO リストをスキルごとに分け，被検者にレベル順に並べ替えてもらい，そのディスクリプタの設定されたレベルと被検者が並べたレベルがどれくらい一致しているかを見る調査である。

Q22 CAN-DO リストの妥当性を検証する「学生自己評価アンケート」とは？

※ CAN-DO ディスクリプタの妥当性検証法

　CAN–DO リストの妥当性を検証するには，European Modern Language Centre（EMCL）のウェブサイトでさまざまな方法が提案されている。もっとも一般的なものは多相ラッシュモデル（Multi-faceted Rasch Analysis）による分析である。学生の自己評価アンケートのほかに複数の教員が各学生の能力を評定している場合は，多相ラッシュモデルで分析でき，FACETS（Linacre, 2009）というコンピュータプログラムを利用する。評定者の判定の厳格度が考慮に入れられ，便利であるが，CEFR-J 作成時のデータでは各学生の能力自己判定に対して1人の教員が判定したので，FACETS は利用できなかった。多相ではなく，いわば1相のラッシュモデルを活用することにすると，項目応答（反応）理論（IRT）の計算式が利用できる。この方法をとった先行研究としては，熊本大学の GP のコンピーテンシー Map の作成や早稲田大学の英語チュートリアルの教材配列妥当性の検証（いずれも 2007年），また，慶應大学の英語教育改革で知られる日本教育測定研究所などがある。

　IRT は次の式が一般的である。

2PL logistic model

$$p_j(\theta) = \frac{1}{1+\exp(-Da_j(\theta - b_j))}$$

a_j = Item Discrimination; b_j = Item Difficulty

　IRT では学生の能力のほかに，項目の識別力，難易度，当て推量度が測定できる。学生の能力と難易度のみを推定する場合は1-母数ロジスティックモデルを採用するが，最低300人の実験参加者が必要になる。実験参加者は中学校，高校，大学でそれぞれ，1000人以上の参加が見込まれたので，能

力値，項目の識別力，難易度を推定することでCAN–DOディスクリプタの妥当性を検証することにした。

※ 実際のアンケート調査と分析手順

大規模なデータ収集を可能にするため，大学生からはオンラインでデータを収集し，中学生と高校生には印刷文を配布した。回答は4点尺度を用いた。

(例) アンケートの例

> なじみのある定型表現を使って，時間・日にち・場所について尋ねたり，答えたりすることができる。
>
> 1．よくできる　2．できる　3．できない　4．全くできない

1685人の中学生がPre–A1からA2.2までのCAN–DO項目に回答し，2538人の高校生と1245人の大学生はPre–A1からC2までのすべての項目に回答した。4点尺度の回答を0，1データに変換し，Bilog–MGで能力値，項目困難度，項目識別度を計算した。この3つの値を利用し，上記の式を用いて，項目特性曲線 (Item Characteristic Curve：ICC) を描いた (図1)。

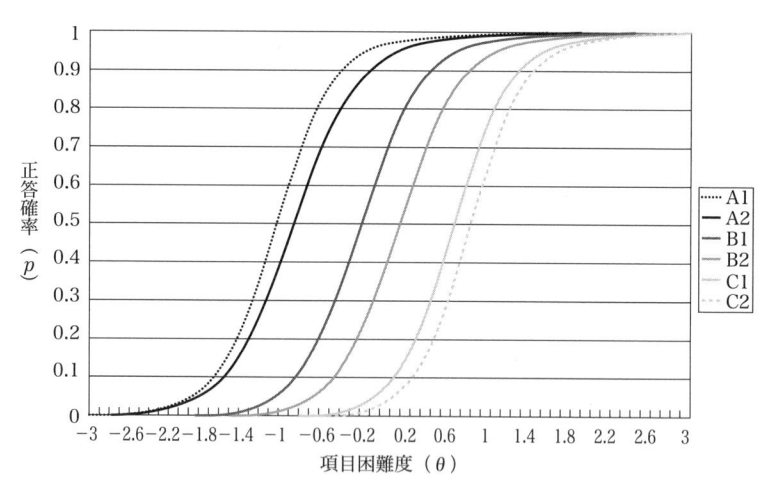

図1：項目特性曲線の例

図1は早稲田大学の英語チュートリアルのスピーキング項目の教員評定のICCであるが，曲線の傾きが項目識別度を示し，X軸はlogit値でY軸は確率を示している。Logit値は−4から+4までにおさまり，負の値から正の値へと項目困難度が高くなっている。A1からC2まで項目がほぼ並行で交わっていないことは，スピーキング項目群に困難度の整合性があることを示している。この例のようにICCによって，CEFR-Jのような能力尺度が学生の能力判定に適切かどうかを示すことができる。ここではベータ版に基づいた検証結果を紙数の関係でリスニングとライティングについて解説する。

※ リスニングの CAN-DO ディスクリプタの識別度と困難度

　表1は，A1.1が3-3, 3-4のようにそれぞれ2項目あるが，これはそれぞれCEFR-Jの当該スキル・レベルの2つのディスクリプタを示す。各2つの平均値がその下に表示されている。注意すべきポイントとして，困難度がPre-A1からC2へと，負から正へ順序よく難しくなっているかどうかを調べ

表1：リスニングの CAN-DO ディスクリプタの識別度と困難度

CEFR-J	項目	識別度	困難度	CEFR-J	項目	識別度	困難度
Pre-A1	3-1	1.438	−1.985	A2.2	3-11	1.804	−0.686
Pre-A1	3-2	0.951	−1.871	A2.2	3-12	1.593	−0.334
PreA-1平均		1.194	−1.928	A2.2平均		1.698	−0.510
A1.1	3-3	1.670	−1.779	B1.1	3-13	1.798	−0.680
A1.1	3-4	1.530	−1.993	B1.1	3-14	1.883	0.528
A1.1平均		1.600	−1.886	B1.1平均		1.840	−0.076
A1.2	3-5	1.755	−1.437	B1.2	3-15	1.507	0.313
A1.2	3-6	1.963	−0.851	B1.2	3-16	1.604	0.287
A1.2平均		1.859	−1.144	B1.2平均		1.555	0.300
A1.3	3-7	1.924	−0.098	B2.1	3-17	1.331	1.250
A1.3	3-8	1.506	−0.673	B2.1	3-18	1.290	1.096
A1.3平均		1.715	−0.386	B2.1平均		1.311	1.173
A2.1	3-9	1.384	−0.576	B2.2	3-19	1.341	1.995
A2.1	3-10	1.723	−0.942	B2.2	3-20	1.254	2.020
A2.1平均		1.553	−0.759	B2.2平均		1.297	2.008

る必要がある。たとえば，Pre-A1→A1.1→A1.2→A1.3は，それぞれ－1.928→－1.886→－1.144→－0.386と順調に困難度が上昇している。しかし，A2.1 平均（－0.759）は A1.3（－0.386）より易しいと判断されてしまっている。また，平均はよくても個別の項目に難易度の不安定な項目もある。たとえば A1.3（3-7，－0.098）は B1.1（－0.680）より難しいと判断され，A1.1（3-4，－1.993）は Pre-A1（3-2，－1.871）より易しいと判断されている。このような項目については再検討する余地がある。リスニングのディスクリプタの困難度を示した ICC 曲線は図 2 のようになっている。

　図 2 では，Y 軸は確率を表し，X 軸は logit 値で，学生たちの平均的な能力値を示している。ICC 曲線の場合は，曲線がお互いに重ならずに均等に並ぶのが望ましいが，識別度が異なる曲線は片方が立ち上がりが急で，もう片方が緩いので交差する可能性がある。図 2 で曲線が交差しているのは，A1.1 と Pre-A1 である。交差はしていないが，表 1 で示された困難度の関係から，A1.3，A2.1 と A2.2 の一部が逆転していることが分かる。

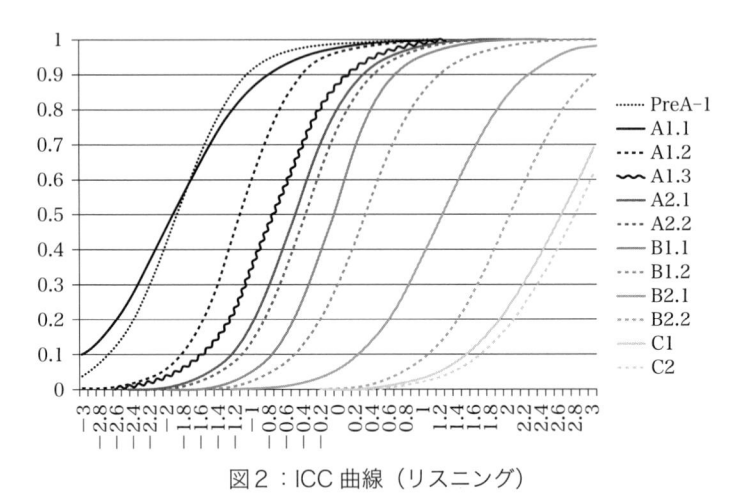

図 2：ICC 曲線（リスニング）

※ ライティングの CAN-DO ディスクリプタの識別度と困難度

　次ページの表 2 はライティングについての識別度と困難度を示している。次ページの図 3 はライティングについての ICC 曲線を示している。

表2：ライティングの CAN-DO ディスクリプタの識別度と困難度

項目		識別度	困難度	項目		識別度	困難度
Pre-A1	7-1	1.048	-3.055	A2.2	7-11	2.617	-0.209
Pre-A1	7-2	1.180	-2.615	A2.2	7-12	2.596	-0.016
PreA-1平均		1.114	-2.835	A2.2平均		2.606	-0.112
A1.1	7-3	1.429	-1.632	B1.1	7-13	2.813	0.186
A1.1	7-4	1.574	-1.876	B1.1	7-14	2.656	0.455
A1.1平均		1.502	-1.754	B1.1平均		2.735	0.321
A1.2	7-5	1.813	-1.576	B1.2	7-15	2.163	0.898
A1.2	7-6	2.104	-1.016	B1.2	7-16	2.289	0.963
A1.2平均		1.958	-1.296	B1.2平均		2.226	0.931
A1.3	7-7	1.791	-1.207	B2.1	7-17	1.718	1.495
A1.3	7-8	2.008	-1.094	B2.1	7-18	1.795	1.813
A1.3平均		1.900	-1.150	B2.1平均		1.757	1.654
A2.1	7-9	2.248	-0.488	B2.2	7-19	1.644	2.091
A2.1	7-10	2.277	-0.450	B2.2	7-20	1.613	2.237
A2.1平均		2.263	-0.469	B2.2平均		1.628	2.164

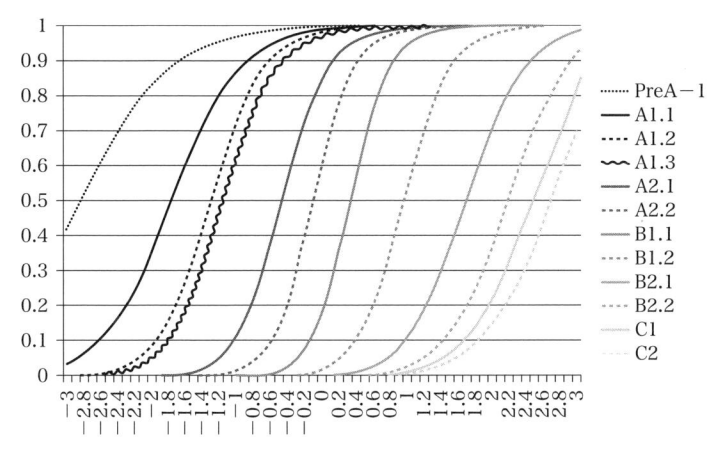

図3：ICC 曲線（ライティング）

前ページの表2と図3から，ライティングのCAN–DO項目は学習者の判定と項目作成者の判断と整合性が保たれている。その他の項目に関しては，付録のCD-ROMにアンケート調査の原本や項目応答理論の分析結果の一部を収録してあるので参照されたい。

> **まとめ**
> 　学習者の自己評価アンケートをIRTの2-母数ロジスティックモデルを用いて項目困難度，項目識別度を推定し，ICC曲線を見ていくことで，CAN–DO項目作成者の判断と学習者の自己診断の一致や不一致を考察していくことができた。

もっと知りたい方へ

　項目応答理論に関してはLord（1980），大友（1996），豊田（2002, 2004）などが詳しい。最近の学習評価の動向は植野・荘島（2010）が参考になる。CEFRへの項目応答理論の応用はNorth & Schneider（1998）を参照。

Q23 CAN-DO リストはどのように作られ，検証されたのか？

※ CEFR-J の CAN-DO リストはどのように作られたのか？

以下に示す図が，アルファー版からベータ版を経て，Version 1 に至る CEFR-J の CAN-DO リストの作成過程の概要である。

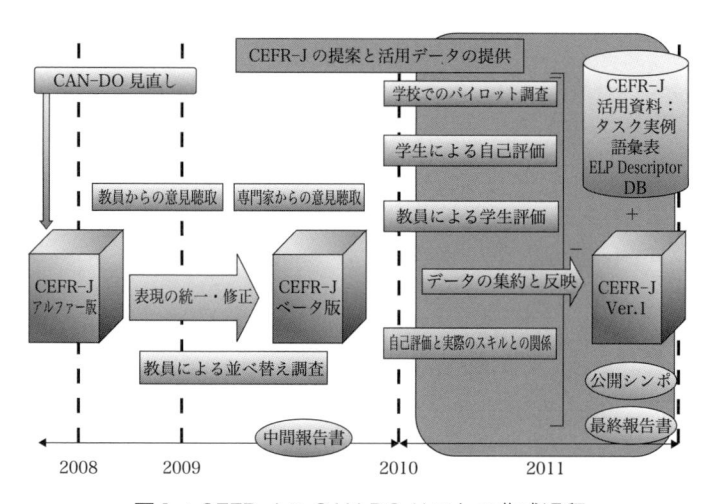

図1：CEFR-J の CAN-DO リストの作成過程

CEFR-J の開発に先立ち，まず日本人英語学習者の CEFR レベルを知る必要があった。現実には，これを直接調べたデータは存在しないということがわかったために，いくつかの関連資料を収集し，そこから推定することを行った。その結果，日本人学習者の英語力はおおよそ8割程度がAレベル，2割程度がBレベルで，Cレベルはほとんどいないということがわかった。

また，CEFR の CAN-DO ディスクリプタが，日本人英語学習者に対しても適用できるかについても調べられた。CEFR の CAN-DO ディスクリプタをもとにした質問紙調査の結果によれば，日本人学習者に適用はほぼ可能な

ものの，若干の修正が必要であることがわかった。
　これらの結果から，日本の英語教育に CEFR を適用する場合には，下のレベルの枝分かれと CAN-DO ディスクリプタの修正を行うこととした。CEFR-J のレベルは，Pre-A1，A1.1，A1.2，A1.3，A2.1，A2.2，B1.1，B1.2，B2.1，B2.2，C1，C2 の12レベルとした。
　この決定に基づき，CEFR の CAN-DO ディスクリプタや European Language Portfolio (ELP) の CAN-DO ディスクリプタ，および，GTEC for STUDENTS や英検などの CAN-DO ディスクリプタ，SEL-Hi 校の CAN-DO ディスクリプタ等を収集，整理し，CEFR-J のアルファー版を作成した。
　アルファー版を日本の英語教師や海外の CEFR の専門家に示し，コメントをもらった。とりわけ，英国 Bedfordshire 大学の Tony Green 博士からのコメントは具体的で，示唆に富んでいた。Green 博士からもらったコメントの中では，CAN-DO ディスクリプタ書き直しの観点がもっとも有益であった。この観点に沿って，CAN-DO ディスクリプタの分解，整理が行われた。それらの観点は，発表技能 (Spoken Interaction, Spoken Production, Writing) 用としては，① task (performance)，② content (condition)，③ quality (criteria)，受容技能 (Listening, Reading) としては，① task，② condition，③ text である。受容技能においては，学習者が産出する言語の質に差があるわけではないので，quality (criteria) は text とすることにした。「聞くこと」B2.2 のディスクリプタの分解の実例を以下に示す。なお，受容技能のタスクは主に「理解の程度」を表す。こうして一覧表を作成し，その中の欠けている観点をまず追加した。
　「非母語話者への配慮としての言語的な調整がなされていなくても，母語話者同士の多様な会話の流れ（テレビ，映画など）についていくことができる。」

text	condition	task
母語話者同士の多様な会話の流れ（テレビ，映画など）	非母語話者への配慮としての言語的な調整がなされていなくても，	会話の流れについていくことができる。

　次に，技能ごとに，CEFR および ELP のファイルを検索し，関連する CAN-DO ディスクリプタをチェックした。なお，この作業にあたっては，

CEFRについてはPDF版を用いて検索作業を行い，ELPはすべてのCAN-DOディスクリプタをエクセルファイルに技能ごとに集約したものを用いた。ただし，ELPは認証された（accredited）もので，その多くは私たちがこれから行うような妥当性の検証がなされた（validated）ものでは必ずしもないという認識のもとで行った。この作業の中で不整合のあったCAN-DOディスクリプタの文言を修正し，その後に各ディスクリプタの上下のレベルのディスクリプタを見ることで，レベルの確認や文言の修正を行った。

※ CEFR-JのCAN-DOリストはどのように検証されたのか？

次に，さまざまな観点から，このベータ版の検証を行った。それらは，「教員による並べ替え調査」（→Q21参照）「学校でのパイロット調査」「学生による自己評価」（→Q22参照）「教員による学生評価」「自己評価と実際のスキルとの関係」（→Q33, 35, 37, 39参照）などである。これらの検証結果を総合的に判断して，最終的な修正を行い，CEFR-J Version 1として公開された。ここでは，この検証プロセスの中でもっとも中心となった「学生による自己評価」による検証を報告する。

(1) CAN-DOディスクリプタに基づく学生自己評価アンケート

まず，CAN-DOディスクリプタに基づいて作成された質問紙票を作成し，5,468名の日本人英語学習者（中学生1,685名・高校生2,538名・大学生1,245名）に自己評価の判断をさせた。CEFRのCAN-DOディスクリプタの尺度作成を行ったNorth（2000）は，「教員による学生評価」データを分析対象としているが，日本では，英語教員が，5技能にわたって学生のすべてのCAN-DOディスクリプタの実行可能性を予測することが困難であったために，本プロジェクトでは，学生の自己評価データに基づくこととした。

(2) 項目応答理論による項目分析

質問紙票に対する解答データをテストデータへの応答として扱い，項目応答理論を用いて，それぞれの項目困難度を算出した（次ページ表1・図2参照）。これらの項目困難度をCEFR-Jの各レベルごとにプロットし（127ページ図3参照），項目困難度があらかじめ想定していたレベル順に並ぶかどうかを確認した。

(3) 分析結果

全体的結果としては，多くの項目は計画通りに並んだものの，それぞれの技能にいくつかの「異常な」項目があった。とりわけ，新しく枝分かれした，下の方のレベルの項目は，もとの順番通りに並ばないものがあった。この例としては，「聞くこと」のA1.3からB1.1の8項目や「発表」のA1.2からA2.2までの8項目などを挙げることができる。

表1：CEFR-JのCAN-DO項目の識別力と項目困難度の表の一例

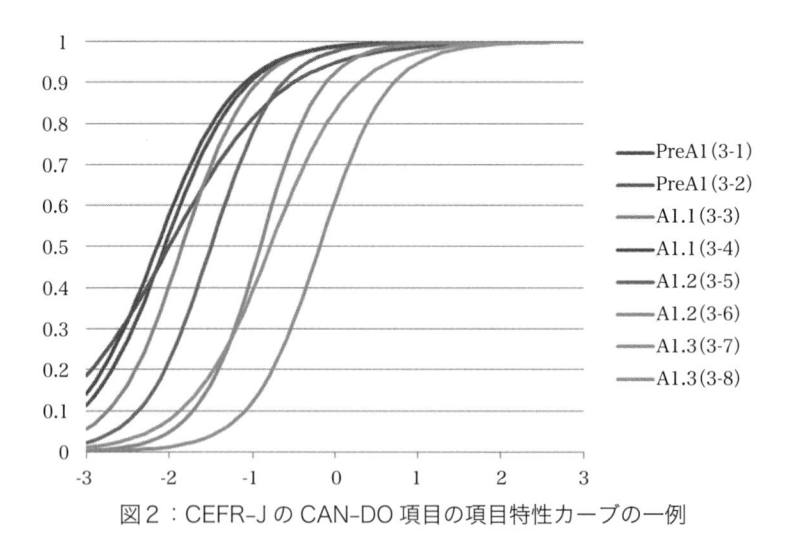

レベル	項目番号	回答率	正答率	標準偏差	識別力	困難度
Pre-A1	3-1	0.998	0.859	0.348	1.529	−1.879
Pre-A2	3-2	0.994	0.786	0.411	1.135	−1.509
A1.1	3-3	0.990	0.865	0.342	2.199	−1.720
A1.1	3-4	0.990	0.880	0.325	1.738	−1.991
A1.2	3-5	0.982	0.859	0.349	2.247	−1.661
A1.2	3-6	0.985	0.783	0.413	2.224	−1.132
A1.3	3-7	0.978	0.588	0.492	2.299	−0.181
A1.3	3-8	0.981	0.701	0.458	1.746	−0.750

図2：CEFR-JのCAN-DO項目の項目特性カーブの一例

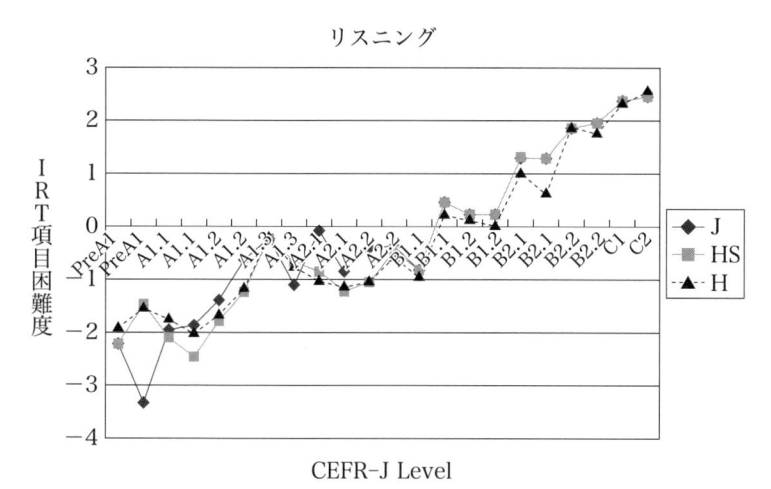

図3：CEFR-JのCAN-DO項目の項目困難度グラフの一例（リスニング）

（4）問題と解決方法

以下では，分析結果から明らかになった問題点とその解決方法を示す。

○困難度判断とのずれ

問題1：ある部分の項目に関する学習者の困難度判断は，予想とは必ずしも一致しなかった。

解決法1：項目困難度の通りにディスクリプタを並べ替えた。

○ディスクリプタの記述形式

問題2：レベルの異なるディスクリプタに「条件」の繰り返しがあり，質問紙票の元となった日本語版ではこの条件部分がディスクリプタの先頭に来ていたために，それらのディスクリプタがみな同じレベルにあるという印象を学習者に与えてしまった。

解決法2：日本語版では，日本語のディスクリプタが不自然にならない限り，条件の部分をディスクリプタの真ん中に移動した。

○経験の有無

問題3：学習者が経験したことのないCAN-DOディスクリプタは，想定より難しいと判断された。

解決法3：以下のように，日本人学習者にとってなじみのない要素を排除した。

例）読むこと：A1.2［難易度高めに判定］
- ▶ベータ版：「旅の思い出などが書かれた非常に短い簡単な手紙や葉書，メールなどの，身近な人からの非常に短い簡単な近況報告を理解することが出きる。」
- ▶ Version 1：「身近な人からの携帯メールなどによる，旅の思い出などが書かれた非常に短い簡単な近況報告を理解することができる。」

○用語の扱い

問題4：専門的な「CEFR用語」から成るCAN-DOディスクリプタは難しいと判断された。

解決法4：専門的な「CEFR用語」の使用を避けた。

例）やりとり：Pre A1［難易度高めに判定］
- ▶ベータ版：「基礎的な語句を使って，差し迫った必要性のある領域で，自分の願望や要求を伝えることができる。必要とあれば，自分の欲しいものを指さして，自分の意志を伝えることができる。」
- ▶ Version 1：「基礎的な語句を使って，「助けて！」や「〜が欲しい」などの自分の要求を伝えることができる。また，必要があれば，欲しいものを指さししながら自分の意志を伝えることが出来る。」

○想定するタスクの難易度

問題5：CAN-DOディスクリプタは，広範囲のタスクを含む可能性があり，学習者が想像するタスクはそれらのディスクリプタの書き手が想定していたタスクより，難しかったり，易しかったりした。

解決法5：例を入れることで，解釈の幅を狭めた。ただし，英語の実例の挿入は，下のレベルのディスクリプタでのみ可能だった。

（例）
- ▶ベータ版：first や then, next といった簡単なつなぎ言葉を使って，道案内をすることができる。
- ▶ Version 1：順序を表す表現である first, then, next などのつなぎ言

葉や「右に曲がって」や「まっすぐ行って」などの基本的な表現を使って，単純な道案内をすることができる。

○タスク遂行条件
　問題6：いくつかのディスクリプタは，タスクの遂行条件のために，学習
　　　　 者は想定より易しいと判断したり，難しいと判断したりした。
　解決法6：必要に応じて，条件を追加したり，削除したりした。

【まとめ】
　まず，日本人英語学習者のCEFRレベルによる英語力の分布を推定し，仮にレベル分けを行った。既存のCAN-DOディスクリプタをもとに，レベルごとのディスクリプタを作成した。それらを一覧表にして，文言の調整を行った後で，日本の中・高・大の英語学習者にこれをもとに作成したCAN-DOアンケートを実施した。このアンケート結果を項目応答理論を用いて分析し，項目困難度を算出してディスクリプタを検証し，必要な修正を加えた。

【もっと知りたい方へ】
根岸雅史．2011.「CEFR-J開発の経緯」ARCLE Review No. 5. pp.38-52.

Q24 CEFR-J Wordlist とは？

✳ CEFR を活用するための既存の語彙資料

　CEFR-J の母体となった CEFR には，活用するために参考になる語彙表がいくつかある。その代表的なものが English Profile のプロジェクトの一環で，ケンブリッジ大学出版局，ケンブリッジ ESOL が中心となって構築された English Vocabulary Profile（EVP）である。これは CEFR レベルが付与された語彙表で，B2レベルまでで4700語，C2レベルまでで約7000語ある（Capel, 2012）。EVP のユニークな特徴は，CEFR レベルが単に見出し語だけでなく，それ以下の１つ１つの意味・用法に関して付与されている点である。例えば，address には以下のような情報が付いている：

表１：English Vocabulary Profile における CEFR レベル表示

見出し語	品詞	意味	CEFR レベル
address	Verb	DEAL WITH	C1
		SPEAK	C2
		BUILDING DETAILS	
	Noun	BUILDING DETAILS	A1
		ELECTRONIC	

　これによると address は「住所」「コンピュータのアドレス」の意味では A1であるが，address を「（問題などに）取り組む」「演説する」というような意味で使うとそれぞれ C1，C2レベルということになる。さらにウェブサイトではこれに加えて，実際に CEFR の該当レベルの学習者が書いた作文例が掲載されている。これらの意味分類と難易度の表示は大まかには *Cambridge Advanced Learner's Dictionary* という学習英英辞典の記述が

取り入れられているが，それに加えて Cambridge International Corpus（14億語）の頻度分析，Cambridge Learner Corpus（4500万語）の学習者の産出語彙のチェック，C レベルに関しては Coxhead の Academic Word List などの語彙表とのマッチングなどを経て作成された。

EVP 以外には，少し古いが，Hindmarsh（1980）が作成した Cambridge English Lexicon が EVP の作成に最も重点的に参照された語彙表として知られている。さらに T-series（→ Q8参照）のリストの中にも機能や概念ごとに表現や語彙の整理がされているので，どのようなレベルでどんな語彙が必要かに関する全般的なイメージはこれらの資料を見ることではっきりする。

✳ CEFR-J Wordlist の作成過程

CEFR-J Wordlist（付属 CD-ROM 収録）は CEFR-J 活用のために考案された語彙表で，その作成過程も上記の EVP などとは異なるユニークな方法をとっている。2004〜2007年度 科学研究費 基盤研究（A）（代表：小池生夫，課題番号：16202010）において，中国，韓国，台湾の英語教育政策の調査の一環で英語学習指導要領と英語教科書の比較研究を行った（詳細は小池（2007）参照）。その際に構築した教科書コーパスを CEFR レベル別のテキストに分類し，A1〜B2レベル別サブコーパスを作成，その語彙分析の結果をもとに，2008〜2011年度 科研 基盤研究（A）（代表：投野由紀夫，課題番号：20242011）において，CEFR-J に付属する資料として開発されたものである。

語彙表の作成工程としては，まず第1段階として，中国・韓国・台湾の英語教科書コーパスのすべての単語に品詞と見出し語情報を付与し，それぞれの教科書のテキストの CEFR レベルを学習指導要領に照らして分類，CEFR レベル別サブコーパスを構成した。第2段階として，3カ国・地域のサブコーパス間に共通して出現する単語のみを抽出，基礎レベルに出てくる単語を確定して，上位レベルではこれらの単語以外で初出のものを特定し，各 CEFR レベルに段階的に出現する共通単語群を絞り込んだ。このような方法によった英語教科書コーパスの語彙分析結果は次ページの表2のようになった：

表2：教科書コーパス分析の結果と CEFR-J Wordlist のランク別語彙数

	Pre-A1 / A1	A2	B1	B2	Total
教科書コーパス分析結果	976	1057	1884	1722	5639
CEFR-J Wordlist	1000	1000	2000	2000	6000

　表の上段が実際の教科書コーパス分析結果であるが，CEFR-J Wordlist として独自の語彙表とするために，各レベルを区切りのいい1000語単位で整理することとし，B2レベルまでで6000語を提案することとした。その後，EVP との整合性をチェックし，その差分を取り込むことにしたため，項目数（注：品詞が異なるものは別項目にしているため）は増加し，A1（1165項目），A2（1416項目），B1（2453項目），B2（2789項目）の計7823項目となった。この語彙レベルは EVP の見出し語に比べると2500語ほど多い。A2レベルまでで2000語習得というのは，ネイティブ・スピーカーの言語使用を見ても会話で90％，書き言葉で80％をカバーする語彙力なので，A2レベルで約1000語程度が発表語彙として，残り1000語が受容語彙として使えていれば十分である。

※ **機能・概念カテゴリー情報を付与**

　EVP は意味用法に CEFR レベルがついているのが最大の特徴であったが，CEFR-J Wordlist の特徴は，Threshold Level などの機能・概念情報を取り込んでいる点にある。T-series には，各機能や概念ごとに例としてフレーズや単語が一覧になっている。これらはあまり網羅的なものではなく，B1レベルの Threshold Level の中で扱われているのは1500項目ほどの語彙・表現に過ぎない。しかし，これらの単語の多くが一般的概念（general notions），具体的概念（specific notions）というカテゴリー情報を持っており，CEFR の行動指向アプローチの具現化のためには必須な要素のため，特定の CAN-DO ディスクリプタに関連づけられる語彙・表現を取り出すのに大変役立つ。

　そこで CEFR-J Wordlist ではこの T-series の機能・概念カテゴリーをできるだけ語彙リスト中の名詞にリンクさせることを試みた。当然，すべての単語がその情報を持つわけではないが，少なくとも T-series でどのような

単語がどの概念に定義されていたかがわかることで，指導や教材作成の際の参考になる。表3は機能・概念カテゴリーの例である（A0はPre-A1の意味）：

表3：CEFR-J Wordlistの情報

見出し語	CEFR	品詞	概念1	概念2
activity	A0	n	Leisure activities	
actor	A0	n	Work and Jobs	Film
age	A0	n	Personal information	
airplane	A0	n	Ways of travelling	
airport	A0	n	Travel and services vocab	Things in the town, shops and shopping

語彙表では，CEFRレベル，品詞，概念カテゴリーでのフィルターが可能なようにできている。そのイメージの例を図1に示す。特定のCAN-DOディスクリプタとその表現がマッチングできるだけでなく，「スポーツや食べ物」といった例示にしたがって，CEFR-J WordlistからHobbies and pastimesという概念カテゴリーで検索すると，スポーツや趣味などに関連する名詞を大量に検索することができる。さらにそれをA1レベルなどに絞り込んで，自分のタスクに適した単語を選択すればよい。こうすることで，CAN-DOディスクリプタの活用度は大幅にアップする。

スポーツや食べ物の好き嫌いなどのとてもなじみのあるトピックに関して，はっきり話されれば，限られたレパートリーを使って，簡単な意見交換をすることができる。
(A1.2 Spoken Interaction)

＋

I like ...
I don't like ...
Do you like ...?

art	A0	n	Hobbies and pastimes
baseball	A0	n	Hobbies and pastimes
basketball	A0	n	Hobbies and pastimes
cartoon	A0	n	Hobbies and pastimes
concert	A0	n	Hobbies and pastimes
dance	A0	n	Hobbies and pastimes
....			

図1：CAN-DOディスクリプタと表現をサポートするCEFR-J Wordlist

※ EVP との相補的な関係

　CEFR-J Wordlist は活用語彙表の１つであるので，EVP などと一緒に有効利用してもらえばよい。EVP は１つ１つの単語の意味用法の詳細なラベリングが特徴であるが，全般的な傾向として CEFR-J Wordlist よりも同一単語の語彙レベルが高めに設定してある。同じ語でも CEFR-J Wordlist は受容語彙として，EVP はより発表語彙としてレベル判定をしている傾向が強い。両者の長所・短所を見極めて活用してほしい。

【まとめ】
　CEFR-J Wordlist は CAN-DO リストを具体化して，語彙選択を CEFR レベル別，機能・概念別に行う時に威力を発揮する。タスク開発に利用されたい。

【もっと知りたい方へ】
　EVP の開発経緯は Capel（2012）を参照。EVP の句動詞リストに関する妥当性検証の研究として Negishi, Tono & Fujita.（2012）がある。

Q25 CEFR-J Can do Descriptor Database とは？

　CEFR の応用として European Language Portfolio（ELP）は重要な資料となる。その実践例として開発された CAN-DO ディスクリプタを総合的に収集整理したものが，CEFR-J Can do Descriptor Database である

※ ELP の精神
　European Language Portfolio のより詳細な解説は Q10などに譲るが，各国での CEFR の具体化のために，Council of Europe が推奨しているのは，ELP の具体的な導入と活用である。ELP の掲げる精神として，Debyser (2001) は以下のような点を挙げている：

・学習者は ELP の所有者である。
・学習者は学習，評価，自己評価のプロセスに積極的に関与する。
・学校内・学校外のすべての学習が重要である。
・言語的・文化的な観点で達成したことや経験が記録されるべきである。
・ELP は教育的機能および学習進捗の報告機能（reporting function）がある。
・生涯を通じての多様性をもった言語学習が促進されるべきである。

※ ELP と CEFR の CAN-DO ディスクリプタの関係
　ELP は3つの部分（Language Passport; Language Biography; Dossier）からなるが，CEFR の言語学習到達度レベルが関係してくるのは，主として2カ所である（Little, 2009）：CEFR の self-assessment grid（Council of Europe, 2001, pp.26-27）を language passport の中で自分の学習のまとめとして利用する場合と，language biography の中で自分の学習目標や学習プロセスのモニター，結果の評価などに用いる "I can" checklist の形式で用いる場合である。"I can" checklist は学習者の年齢や対象に合わせて

CAN-DO ディスクリプタを書き直したものである。CEFR の CAN-DO ディスクリプタのように検証を経たものではないが、CEFR のディスクリプタと整合性をもった形でその文言を具体的にしたり、年齢層に応じて易しく書き直したりしている点で、ディスクリプタ作成の参考になる。

※ ELP ディスクリプタのデータベース化

　CEFR-J は CEFR でいう self-assessment grid の形式で12レベル × 5技能のディスクリプタを作成し、検証を経て確定した表である。われわれは活用度を上げるための資料として、付属の wordlist（→ Q24参照、付属 CD-ROM 収録）と共に ELP からの CAN-DO ディスクリプタの例を大量に提示することを考えた。こうすることで、各レベルで何ができるか、というイメージをより具体的に理解する助けになると期待される。

　まず Council of Europe のサイトから ELP のディスクリプタを可能な限り網羅的に収集した。特に Lenz & Schneider（2004）を参考にした。これをデータベース上でレベル、技能などで検索できるように整理した英語バージョンを2010年に完成した。対象としたディスクリプタは総計2800個。10数カ国のディスクリプタが集まっているため、重複している項目なども多く、レベルが同一でかつ一方が他方を含むような場合を中心に、ディスクリプタの統合ができると思われたものに関しては合成する作業を行った。作業プロセスを図1に示す：

```
                    European
                    Language
                    Portfolio
                        │
                2800 個の
                ディスクリプタ
                  を合成
                → 647 個に集約
        ┌───────┬──────┼──────┬───────┐
     Spoken    Spoken  Listening Reading  Writing
   Production Interaction  124    146      171
      69        137
```

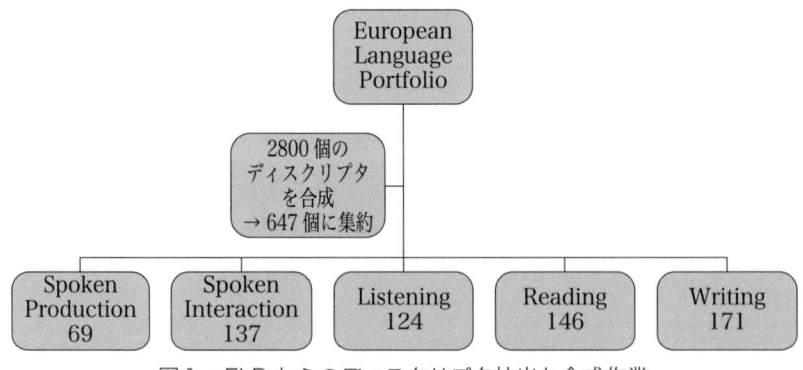

図1：ELP からのディスクリプタ抽出と合成作業

❊ ディスクリプタの日本語化作業

次に，合成した647のディスクリプタをすべて日本語化した。日本語化の作業は東京外国語大学投野研究室で行った。このデータベースの目的は，あくまでもできるだけ大量のディスクリプタを各レベルで具体的に示すことであり，各国での実践例の紹介が主目的であるため，翻訳の際のディスクリプタの文言は完全な表記や用語の統一をとっていない。多少のゆれや不統一はご了承いただきたい。

表1：CEFR-J Can do Descriptor Database のサンプル（A1レベル：やりとり）

レベル	オリジナルのディスクリプタ	日本語（一般）	日本語（小学生以下用）
A1	I can say who I am, ask someone's name and introduce someone.	自分が誰であるか言うことができ，相手の名前を尋ねたり，相手のことを紹介したりすることができる。	自分の名前を言ったり，相手の名前を聞いたり，相手の紹介ができる。
A1	I can ask and answer simple questions, initiate and respond to simple statements in areas of immediate need or on very familiar topics.	簡単な質問をしたり，簡単な質問に答えることができる。また必要性の高いことや身近な話題について発言したり，反応したりすることができる。	簡単な質問をしたり，簡単な質問に答えることができる。また身近なことについて話したり，質問に答えることができる。

647のディスクリプタのうち，Aレベルのものについては，小学校レベルでの利用が現実的に考えられるため，Aレベルに特化して，一般的なディスクリプタと小学校児童が理解できるように平易な翻訳を付した（表1参照）。なお，これらのディスクリプタ一覧は，本書の付属CD-ROMに収録しているので，ご活用いただければ幸いである。

❊ CEFR-J Can do Descriptor Database の活用

データベースを活用する方法にはさまざまな可能性がある。CEFR-Jの全体的な趣旨としては，self-assessment grid（全体のレベル評価枠）としてはCEFR-J本体を参照してもらうことが前提だが，ディスクリプタを細かい下位レベルでもっと見たいという場合もあるだろう。ここではディスクリプタのデータベースからの利用と改変という2通りの活用方法を紹介する。

(1) データベースから必要なディスクリプタを利用する

たとえば，CEFR-J Can do Descriptor Database では Spoken Interaction の項目は，①やりとり全般，②ネイティブの相手の発話の理解，③会話，④友人とのインフォーマルな話し合い，⑤フォーマルな討議や会議，⑥目的達成のための共同作業，⑦商品・サービスを得るためのやりとり，⑧情報交換，⑨面接する・される，⑩電話のやりとり，といった10の分野に分かれている。これらを利用して教科書などのタスクと近い CAN-DO を選択すればよい。たとえば，「商品・サービスを得るためのやりとり」の箇所から，「店，郵便局，駅で簡単なやりとりができ，食べ物や飲み物を注文することができる。」（A2レベル）という CAN-DO を選ぶとする。それに対応した教授細目を作成する時に，常に考慮しておくべき内容例を表示すると表2のようになる。

表2：CAN-DO を実際の教授タスクに具体化する例

機能	構文	場面	文化＆行動
(Target) Polite request	具体的表現 Could you ...? Would you ...? Could I ...?	場面設定 a specific shop a post office a station	When and where to use polite form
Understanding of laws and customs	Imperatives & Polite expressions	Rules & Regulations at public places	(Text focus) Laws and customs in a foreign country

上段の言語に関する授業目的を，「注文する」という機能＋「丁寧な言い方」を習得することとした場合は，太矢印（➡）の方向に自然に構成していけばよい。下段はこのやりとりに付随する教科書のテキスト内容で「その国の法律と風俗習慣」を学習することが授業目的である場合，同様の構成化を図っていけばよいことを示している。「英語使用」を重視し，目的をきちんと設定しておくことが大切である。

(2) CEFR-J のディスクリプタを他のものも参考に改変する

CEFR-J は CEFR 準拠という趣旨なので，こちらのデータベースをもとに利用者が自分たちのニーズに合わせた改変（adaptation）が適宜可能と考えている。ELP のウェブサイトに掲載されている Lenz & Schneider (2004, p.10) によれば，以下のような改変の可能性がある：

- より具体的な利用の文脈に合うようにディスクリプタを改変する（例：カリキュラムと整合させる，など）
- 仕事・学習など特定の使用領域に合わせてディスクリプタを改変する
- 特定のユーザーに対して理解しやすいようにディスクリプタを改変する（例：児童など）
- より細かい下位レベルにディスクリプタを精密化する
- 目的に応じて同一ディスクリプタの言い換えをする（例：自己評価，目標の定義）

　CEFR-Jのディスクリプタをより目的に特化したものに改変したい場合には，すでに似たようなディスクリプタが他にないかどうかをCEFR-J Can do Descriptor Databaseでチェックしておくのがよい。かなり多くのディスクリプタを網羅してあるので，さまざまな目的に応じて必要なものが見つかる可能性が高い。

　ディスクリプタの改変のためには，通例以下のような操作が可能である：

- 2つ（以上）のディスクリプタを合成する
- 2つ以上のタスクや観点を含んだディスクリプタの場合は，別々の独立したディスクリプタに分離する
- 具体的な使用場面（例：「私の職場で…」）を示すことで，ディスクリプタを具体化する
- 例示を加えることで具体的にする
（例：「…できる（例：レストランなどで）」／「…できる（例：辞書で単語を引く）」）
- 表現をシンプルにする（児童や学校教育を受けていない人向け，など）
- ディスクリプタやチェックリストを並べ替える

　注意が必要なのは，これらの処理をしてディスクリプタを大幅に改変した場合，CEFR-Jのように検証済みのディスクリプタとの相関はなくなってしまう可能性があり，新たな難易度の目盛付け（calibration）が必要になる。この方法に関しては，Q20で詳しく解説している。Council of EuropeのELP Validation Committeeは新しく作ったディスクリプタとCEFRとの関係を透明にするように要求しているが，実際は大規模な統計処理を行うよう

な方法は実用的ではない。Lenz & Schneider (2004) は最低でも既存の CEFR レベルに割り当ててあるディスクリプタとそうでないものを混ぜた並べ替え調査（→ Q21参照）を行って，文言の調整をしてからチェックリストに組み込むことを勧めている。

まとめ

CEFR-J Can do Descriptor Database は600以上の ELP で利用されているディスクリプタをまとめたものである。

もっと知りたい方へ

ELP に関しては，Council of Europe の ELP 専用サイトを参照されたい：http://www.coe.int/t/dg4/education/elp/

ディスクリプタ・バンクという発想は，Peter Lenz & Gunther Schneider (2004) に依っている。彼らの論考は ELP 活用の際には非常に重要な理論的な枠組みを与えてくれる。

Part 3
CEFR-J を活用する

Q26 Pre-A1 レベルの CAN-DO の特徴とその指導法とは？

※ Pre-A1レベルの特徴

　Pre-A1レベルは，A1レベルの前段階として，CEFR-J が独自に設置したものである。日本の入門期の英語教育を考慮した場合，CEFR の A1 レベルより低いレベルが必要との判断で設置された。

　2011年度より導入された小学校外国語活動では，「コミュニケーション能力の素地」を育成することを目標としている（表1）。これは，日常的に使用される基本的な言語表現を理解し，使用することができることのさらに前の段階である。また，小学校外国語活動は，中学校の外国語科（英語）教育への円滑な接続が求められており（文科省，2008, p.5），中学校で「4技能のコミュニケーション能力の基礎」を学ぶ前段階であることがわかる。一方，CEFR においても，「基礎（A1）」以前の段階が存在していることが以下のように明記されている。

　「学習者が基礎段階に達する前には，彼らが限られた幅の言語を効果的に用い，当該学習者の需要に欠かせない作業課題をこなす段階」「A1レベルで定義されているものの前提と考えられる。…初めて外国語を学習する人にとっては有意義な目標設定になりうる。」　　　　　　（吉島・大橋，2004, p.27）

表1：小学校外国語活動と中学校の外国語科の目標

小学校	中学校
外国語を通じて，言語や文化について体験的に理解を深め，積極的にコミュニケーションを図ろうとする態度の育成を図り，外国語の音声や基本的な表現に慣れ親しませながら，コミュニケーション能力の素地を養う。	外国語を通じて，言語や文化に対する理解を深め，積極的にコミュニケーションを図ろうとする態度の育成を図り，聞くこと，話すこと，読むこと，書くことなどのコミュニケーション能力の基礎を養う。

Pre-A1レベルでは，初めて外国語にふれる学習者のために，「簡単な語彙や表現を用いて言語に慣れ親しむ活動」や「言葉だけでなく，ジェスチャーやTPR（Total Physical Response）を使用したコミュニケーション活動」等がリストに挙げられている。

※ Pre-A1レベルにおける5技能の解説と指導例

　Pre-A1レベルでは，その特徴から小学校外国語活動で行う内容が適している。外国語活動の教材として文部科学省が作成した*Hi, friends!*は，「聞く活動（Let's Listen）」，「繰り返し聞いたり言ったりして，表現に慣れ親しむ活動（Let's sing / chant）」，「ゲーム等の中で聞いたり話したりする活動（Let's play）」，「慣れ親しんだ表現を使ってコミュニケーションする活動（Activity）」を中心としている。また，小学校外国語活動を想定した多くの他教材も同様な活動内容であり，ここでは，Pre-A1レベルの5技能の各々の解説とその教材を活用した指導法について述べる。なお，著作権の関係上*Hi, friends!*ではなく，*Hello, kids!*のような同様の内容である他教材を提示し，活動を紹介する。

※「聞くこと」における解説と指導例

　Pre-A1レベルでは，初めて英語にふれる学習者のために，指導者が"Teacher talk"を使用して，日常生活に馴染みのある簡単な語彙をゆっくりと丁寧に話す時に，学習者がそれを聞いて理解することができることを想定している。また，アルファベットの音声を聞いて，学習者がその文字を認識できることも合わせて想定している。

【指導例】
　入門期の学習者にとっては，TPRを活用した指導法が効果的である。
(1) 学習者の日常生活や遊びを通して，語彙を聞き取ることができる活動
　「タッチゲーム」「キーワードゲーム」「ハンバーガーとドッグゲーム」，「おはじきゲーム」「サイモンセッズゲーム」「かるた取りゲーム」「認識した語の時に，手を叩くゲーム」等。
○タッチゲーム：指導者の発話を聞き，その語彙が示す絵やものにタッチする。その応用として，「聞いた語彙の絵カードを挙げる活動」がある。

○タッチゲームの応用：
①学習者は自分の好きな果物の絵カードを持つ。②指導者は"Fruits Chants"を使って，チャンツのリズムに合わせて発話する。

Oranges, apples, cherries, bananas.
Pears, peaches, pears, peaches, pears, peaches, pineapple.
(*Hello, Kids! Book 1, p.24*)

図1：タッチゲームの応用

③学習者は，自分の持っている絵カードの果物の名前が聞こえたら，図1のように絵カードを上に挙げる。

○キーワードゲーム：①キーワードを決める。②2人組になり，その間に消しゴムを1つ置く。③指導者が発音した語彙を学習者は繰り返して発音する。④指導者がキーワードを発話した時には，学習者は繰り返さないで消しゴムをとる。早く消しゴムをとった方が勝ちとなる。

○おはじきゲーム：①ワークシートの中のいくつかの絵の上におはじきを置く。②指導者が発音した語彙の絵に学習者がおはじきを置いていれば，それを取ることができる。③おはじきを多く取ったら勝ちとなる。

(2) アルファベットを聞いて，その文字を認識する活動

○アルファベットカルタ：「A」から「Z」までの文字カードを並べ，指導者が発音したカードをとる。

○「アルファベットの文字をさがそう！」：学習者が日常生活で目にする看板等の写真や絵を使用して，そのうちの指導者が発音する文字（「M」「JR」「P」「K」「ATM」等）を学習者が聞いてその文字を指し示す。

※ **「読むこと」における解説と指導例**

　Pre-A1レベルでは，絵本の読み聞かせ等を通して，学習者が語彙や表現に音声で十分に慣れ親しんだ後，それらについて，文字を絵本から見つけ，文字を認識して読むことができるようにすることを想定している。また，学習者はブロック体で書かれたアルファベットの大文字と小文字を認識することができることも想定している。

【指導例】
(1) 口頭活動で既に慣れ親しんだ絵本の中の単語を見つける活動
○絵本の活用：①指導者は，歌に合わせて絵本（ここでは Today is Monday）を学習者に見せる。② "Monday, string beans." "Tuesday, spaghetti. Monday, string beans." "Wednesday, ZOOOP. Tuesday, spaghetti. Monday, string beans." と，絵と文字を指し示しながら歌う。この歌は，1週間の曜日と食べ物が繰り返して出てくる。③学習者が音声で慣れ親しんだ後に，指導者が語彙（Monday, spaghetti 等）を発話し，学習者が絵本から語彙を探す活動を行う。④最後に，学習者が友だちや学年が下の児童たちに「絵本の読み聞かせ」を行う活動を行う。

(2) ブロック体で書かれた大文字・小文字を認識する活動
○アルファベットチャンツ：①図2の教材を見ながら，アルファベットチャンツを行う。②そして，大きく書かれた文字（G, P, S, V, W, X, Y, Z）で手を叩く。同様に「赤色の文字」で手を叩く，「黄色い文字」で足をならす等を行う。③また，大文字と小文字を混在させておき，小文字（または大文字）で「手を叩く」活動を行う（*Sunshine Kids Book 1*, pp.8-9）。

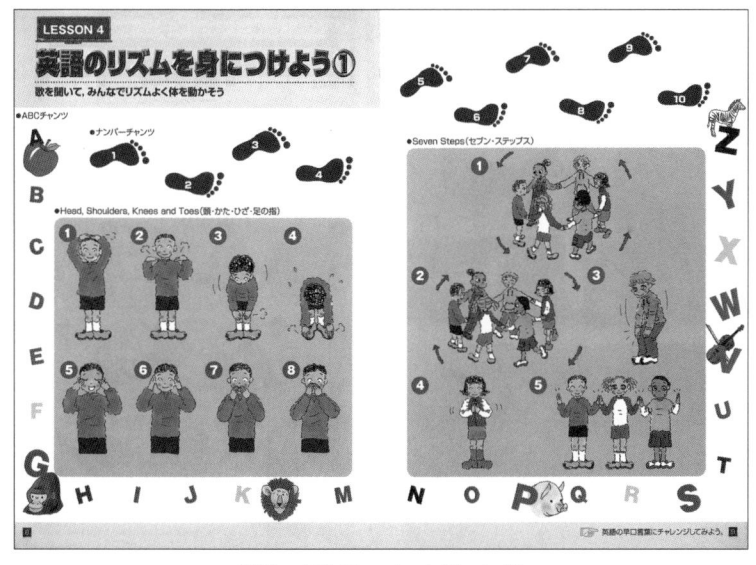

図2：アルファベットチャンツ

※「やりとり」における解説と指導例

　Pre-A1レベルは，学習者が，簡単な定型表現や"chunk（チャンク：意味の塊）"や基礎的な語句を使用して，自分の思いや欲求を相手に伝えたりすることや，言語の補助としてジェスチャーを使って，相手とコミュニケーションを図ることができることを想定している。

【指導例】

(1)「ジェスチャーをつけて，伝えよう！」
：ジェスチャーをつけて，"O.K.""Good luck."等簡単な言葉で友だちに自分の気持ちを伝える活動。　　　　　　　(*Hello, Kids! Book 2*, pp.28-29)

図3：ジェスチャー

(2)「友だちの好みを聞いてランチをつくろう！」
：好きな食べ物についてやりとりをしながら，友だちのランチを作る活動。

A：What do you want ?　　　B：I want a banana!
A：What do you want?　　　 B：I want a hamburger steak.
A：Here is your lunch.　　　B：Thank you.
A：You are welcome.　　　　(*Sunshine Kids Book 1*, pp.58-59)

(3) 一般的な定型の日常のあいさつや季節のあいさつをしたり，そうしたあいさつに応答したりする活動。
○あいさつ：授業の始まりに，"How are you?""I'm fine, thank you. And you?"等，指導者や友だちと日常のあいさつを交わす。また，日常生活の場で，指導者が日付や天気，時間等について尋ね，学習者が答える。

※「発表」における解説と指導例

　Pre-A1レベルは，学習者が簡単な語彙や基本的な表現を用いて，自己紹介（名前や年齢など）ができることや，前もって話すことを準備した上で，基礎的な語句，定型表現を用いて，友だちの前でShow & Tell（絵や実物を提示してそれについて話す）ができることを想定している。

【指導例】

(1) 簡単な語や基礎的な句を用いて，自分についてのごく限られた情報（名前，年齢など）を伝える活動
○自己紹介スピーチ：図4の簡単なメモを見ながら，自己紹介する。
(*Sunshine Kids Book 2*, pp.38–41)

(2) 前もって話すことを用意した上で，基礎的な語句，定型表現を用いて，人前で実物などを見せながらその物を説明する活動
○「自分の宝物を紹介しよう！」：写真や実物を見せて，その宝物について友だちに話す活動。
○「私の行きたい国を紹介しよう！」：行ってみたい国，その理由等を描いた絵を見せて，友だちに話す活動。

図4：自己紹介スピーチ

※「書くこと」における解説と指導例

Pre-A1レベルは，アルファベットの大文字と小文字，簡単な語彙をブロック体で書くことができることを想定している。また，学習者が単語の綴りを1文字ずつ聞いてその文字を書くことや，文字を見て書き写すことができることも想定している。

【指導例】

(1) アルファベットの大文字・小文字をブロック体で書く活動
○アルファベットソング：歌いながら，身体で表現したり空中に指で文字を書く。
○アルファベットジェスチャー："Sunday, Monday, Tuesday"を歌いながら，曜日の最初の文字を身体で表現したり空中に指で文字を書く。
"Sunday, Monday, Tuesday"
Sunday, Monday, Tuesday, Wednesday,

図5：アルファベットジェスチャー

Thursday,
Thursday, Friday, Saturday, Sunday comes again.
(Hello, Kids! Book 1, p.20)

(2) 「What's this? カルタ取り」: アルファベットカードを使用して「C」「A」「T」とカードを取ったところで, 文字を書き写す。

(3) 「英語でカードを書いてみよう！」: Birthday Card やお礼状 (Thank you!), 年賀状 (A Happy New Year!) 等を, 見本を見て書く。
(Sunshine Kids Book 2, pp.12-13)

【まとめ】

　CEFR-J は, 小学校における英語教育（外国語活動）を考慮し, また, A1に円滑に繋げるための前段階として Pre-A1を設置した。このレベルでは, 学習者が初めて英語にふれることから, 「英語に慣れ親しむこと」に重点を置いている。すなわち, Pre-A1では, コミュニケーション能力の素地を育成するために, 日常生活で簡単な語彙や基本的な語句, 定型表現を使って活動ができることが特徴である。

【もっと知りたい方へ】

Curtain, H. & Dahlberg C. A. (2010) *Languages and Children* (*Fourth Edition*). Boston: Pearson.

アレン玉井光江 (2010) 『小学校英語の教育法』東京：大修館書店.

高橋美由紀・柳善和（編著）(2011) 『新しい小学校英語科教育法』東京：協同出版.

Q27 A1レベルのCAN-DOの特徴とその指導法とは？

※ A1レベルの特徴

　Pre-A1レベルの内容を発展的に継続しているCEFR-JのA1レベルは，元のCEFRでは基礎的な言語使用ができる最も低いレベルとして設置されている。

　A1レベルの特徴は，Pre-A1レベルの語彙や表現に慣れ親しむことや，簡単な定型表現を使用すること等を発展させて以下のようなものが挙げられる。
(1) 日常生活で使用する身近な表現や，簡単な語彙や基礎的な表現を理解し，使用することができること
(2) 学習者自身や家族のことについて，人物紹介や住所，所有物等の個人的な情報に関して簡単な言葉で話すことや，やりとりができること
(3) 学習者が初級レベルであることを相手が認識して，ゆっくり，はっきりと話してくれれば，また，答え方がわからない時等に手助けをしてくれれば，単純な会話ができること

　なお，フィンランドでは，大まかなレベル設定では学習の進歩・達成度が子どもたちの目には見えず，それが学習動機の低下をもたらすから，という教育上の配慮でA1を3つに細分化している（吉島，2007，p.16）。CEFR-Jにおいても，同様にA1.1，A1.2，A1.3．と3つに細分化されている。

※ A1レベルにおける5技能の解説と指導例

　A1レベルは，その特徴から英語教育を開始する中学校入門期の学習者に適している。このレベルでの指導法は，第1に，小学校外国語活動で慣れ親しんだ語彙や表現を発展させ，定型表現を基本として用いて，自己表現につなげる活動を行うことである。第2に，学習者が初級レベルであることを認識し，指導者は「ゆっくり，はっきり」と話すこと，さらに，必要であれば手助けをして学習者の発話を促すことを行うことである。そして，簡単な語

彙や基礎的な表現を用いて4技能を指導することである。具体的には，(1) 学習者自身や家族のことについて，人物紹介や住所，所有物等の個人的な内容に関して簡単な言葉で話す活動，(2) 日常生活の身近な話題や学習者の興味のある話題に関して，具体的なものを使用して，単純な会話をする活動，(3) ゆっくり，はっきりと話した内容を，聞いて理解する活動，(4) 辞書を使用して，基本的な情報（名前，住所，家族等）やメッセージカードを短い文で書く活動等が挙げられる。

また，Pre-A1レベルを，小学校外国語活動を考慮して設定したことから，A1レベルは，小学校から中学校への接続部分から中学校英語教育の初期段階を想定している。以下は，中学校外国語科（英語）の目標である。この目標に，例えば，「ゆっくり，はっきり話せば…」「手助けがあれば…」と条件を付けて，「(1) ゆっくり，はっきり話された初歩的な英語を聞いて話し手の意向などを理解できる」，「(2) 手助けがあれば，初歩的な英語を用いて，自分の考えなどを話すことができる」等とすれば，A1レベルであると想定できる。

〈中学校学習指導要領「外国語」の目標（文科省，2008, p.8）〉
(1) 初歩的な英語を聞いて話し手の意向などを理解できるようにする。
(2) 初歩的な英語を用いて自分の考えなどを話すことができるようにする。
(3) 英語を読むことに慣れ親しみ，初歩的な英語を読んで書き手の意向などを理解できるようにする。
(4) 英語で書くことに慣れ親しみ，初歩的な英語を用いて自分の考えなどを書くことができるようにする。

なお，紙面の関係上，各技能の具体的な例については，A1.1, A1.2, A1.3のすべてではなく，選択して挙げた。

※「聞くこと」における解説と指導例

A1レベルでは，学習者が初級レベルであることから，話し手が「ゆっくり」「はっきり」という条件があれば，日常生活や興味関心のあるトピックについて，簡単な語彙や情報を理解できることを想定している。したがって，指導者は，"Teacher talk"を使用して，指示を出したり，情報を与えたりする。

【指導例】
(1) 留守番電話のメッセージを聞こう

留守番電話のメッセージを聞いて，図1のシートを使用して，「誰からのメッセージであるか，何のパーティーか，開催日時，他の出席者，その他聞き取れたこと」を記す。なお，留守番電話という設定であるので，学習者が聞き取れなかった箇所について，何度も聞くことができる。(*Sunshine Kids Book 2*, p.31)

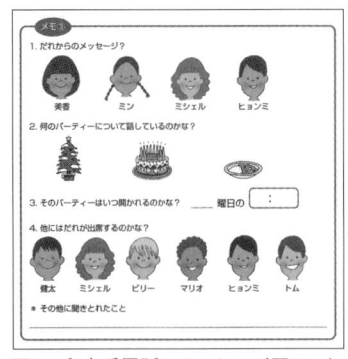

図1：留守番電話のメッセージ用シート

(2) 天気マークを書き入れよう

放送で流れる天気の情報を聞き，主要都市が書かれた日本地図と，2週間分のカレンダーが書かれたワークシートに，カレンダー（日付・曜日）や地図上の各都市（札幌，東京，鹿児島等）に，天気マーク（sunny / cloudy / rainy / snowy / windy）を書き入れる。

(3) 買い物ごっこの対話文を理解し，表現してみよう

買い物で店員が使用する表現（"May I help you?" "What size are you looking for?" "How about this red one?" "Would you like anything else?"等）を聞き，対話文を理解する。そして，絵やジェスチャーを用いながら表現して応答する。

※「読むこと」における解説と指導例

A1レベルでは，日常生活で使用されている簡単な語彙や表現，非常に短い文章を理解することができることを想定している。したがって，A1レベルでは，学習者の経験を発展させた活動や物語を基礎にして，読みの指導をするLEA（Language Experience Approach）の理論を使用した指導法が効果的である。すなわち，学習者が音声で慣れ親しんでいたり，また，日常生活で使用されたり等，彼らの経験による既知の文字や文であるならば，読むことができるという考え方により（Curtain & Dahlberg, 2010, pp.137-138），簡単な語彙を絵や写真，実物等の視覚教材を使用して指導する。また，絵本やメッセージを，音声で慣れ親しませた後に，指導者が手助けをしながら読みの指導をすることも効果的である。

【指導例】
(1) 看板や標識等を読もう
　　図2のような視覚教材を使用して，看板や標識の意味を推測しながら，書かれている文字を読む。
(2) テキストに書かれているモデルを読もう
　　「私の一日」の語彙や表現を使用して，「1日のくらし」の絵が描かれている下に文字で表現されているテキストを読む。

図2：看板や標識等を読む

・小学校外国語活動で，音声で慣れ親しんだ表現を選び，その行動を表している絵を確認する。
・学習者はモデルリーディングを聴いて英語を確認し，読めるところから読む。
・文中の時間を空欄にし，「1日のくらし」の絵を絵カードとして8つに切り離す。そして，「私の1日」として，実際の自分の生活パターンの時間に変えて，"I get up at six thirty." "I get to school at eight." 等と，文の順番を並べ替えながら読む。(*NEW HORIZON English Course 1*, p.78)

※「やりとり」における解説と指導例

　A1レベルは，基本的な語彙や学習者に馴染みのある定型表現を使用して，日常のやりとり，彼らの個人的なトピックや興味関心の高いことについて簡単な意見交換等ができること，また，人を誘ったり，誘いを受けたり，断ったりすることができることを想定している。そして，学習者が初級レベルであることを相手が認識し，「はっきり話されれば」，「相手の手助けがあれば」という条件付きで，簡単な表現を使用して質疑応答ができることを想定している。この時に，Functional Chunks を使用することで，学習者が相手とスムーズなやりとりができ，達成感も得られる。Curtain & Dahlberg (2010, p.52) は，「機能的なチャンクを用いることで，学習の最も初期段階でさえも人と人とのコミュニケーションに対してより活発に参加することができる」と言及している。

【指導例】
(1) 日直の仕事
　今日の日付，曜日，天気等について尋ねたり，答えたりする。
(2)「友だちのフルーツバスケットを当てよう！」
・図３のようないろいろなフルーツが入ったバスケットを用意し，その中から自分のバスケットを１つ選ぶ。
・以下の表現を使って，相手のフルーツバスケットを当てる。
　　A：Do you like apples?
　　B：Yes, I do. / No, I don't.
　　A：What fruits do you like?
　　B：I like apples, melons and kiwi fruits.

図３：フルーツバスケットの例

(3) インタビューゲーム
・図４のワークシートを使用する。
・好きなスポーツについて，友だちにインタビューをする。
・ジャンケンをして，勝った人が負けた人に，"Do you like …?"と好きなスポーツを予想して尋ねる。"Yes"の場合は，そのスポーツの欄に，尋ねた友達の名前を書く。"No"の場合は，"What sports do you like?"と尋ね，相手の好きなスポーツの欄に名前を書く。
・ワークシートにあるスポーツの欄に名前が全て書けた人が勝ちとする。（図４は愛知教育大学附属名古屋小学校４年生の授業で使用したワークシート）

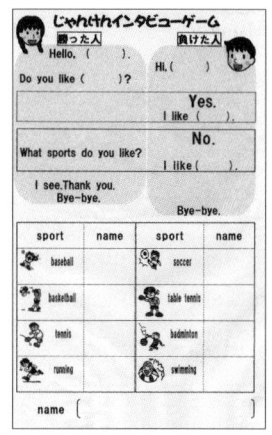

図４：インタビューゲームのワークシート

(4) お店屋さんごっこ
　　衣服や食べ物等について，店員と客の役割を決めて，お店屋さんごっこの活動を行う。
(5) 外国人の友だちと電話で話してみよう
　　"Hello. This is ＿＿ speaking. May I speak to …?"等の定型表現を使用して，電話をかける。または，海外からの電話を受ける等。

※「発表」における解説と指導例
　A1レベルは，基礎的な語句や定型表現を使用して，簡単な情報や限られた個人情報（家族・趣味等）を伝えることができることを想定している。また，あらかじめ準備しておいた上で，簡単な語や基礎的な句を限られた構文を使用して，身近なトピックや日常生活について発表したり，意見を述べたりすることができることを想定している。

【指導例】
(1) 自己紹介をしよう
　　友だちのスピーチを聞いて，あらかじめ自分のスピーチで言いたいことを（日本語か英語で）書いておき，英語でスピーチする。
　　(*Sunshine kids Book 2*, pp.38-41)
(2) 将来の夢について語ろう
・以下のようなスピーチ原稿を作成し，練習した後に，クラス全員の前で発表する。
　Step 1　Greetings
　Step 2　Self-introduction
　Step 3　Topic & Statement
　Step 4　Summing up
　Step 5　Greetings

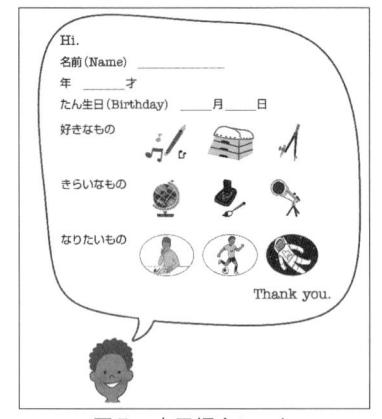

図5：自己紹介シート

```
Hello, everyone.　My name is _____.
Today I would like to talk about my dream.
I want to be a (an) _____ because I _____.
I would like to _____.
Thank you very much for listening.
```

※「書くこと」における解説と指導例

A1レベルでは，自分について名前や住所等の基本的な情報を書くことや，簡単な表現を用いて，メッセージカードや身近な事柄についての短いメモなどを書けることを想定している。さらに，自分の経験や趣味，好き嫌い等について，辞書を用いて，短い文章を書くことができることも想定している。

【指導例】

(1) パソコンで自己紹介を書こう
　　お手本を見ながら，パソコンに自分の情報を打つ。
・パソコンを使用して，左図のようなフォーマットに従って，自分の名前や学年，学校名 等，基本的な情報を書く。空所には写真や絵を入れる。
(2) ホームページを作成しよう
・自分の住んでいる町を紹介するホームページを作成するために，有名な場所等の情報収集を行う。
・タイトル，場所，簡単な説明を書く。
(Sunshine kids Book 2, p.37)
(3) 教科書の見本のカードを参考にして，メッセージカードを書く。
(4) 日記や絵葉書を書く。

図6：パソコンのモデル表現例

【まとめ】

A1レベルでは，英語に慣れ親しむ段階を発展させ，基礎的な語彙や表現を使用して，日常生活の話題，学習者自身や家族の個人的な情報，興味関心の高い事項について，「聞くこと・読むこと・スピーチ・やりとり・書くこと」ができる。そして，初級レベルの学習者であることを認識して，「ゆっくり，はっきりと話してくれれば」理解することができ，また，「手助けをしてくれれば」，簡単な会話ができることが特徴として挙げられる。

Q28 A2レベルの CAN-DO の特徴とその指導法とは？

※ A2レベルの CAN-DO の特徴はなにか

　CEFR-J の A2（レベル）は，基礎段階の言語使用者のレベルを意味している。本来は，A2の近接レベル，すなわちA1.3とB1とA2を比較することでA2の特徴をより鮮明にすることができるが，ここでは紙面の関係でA2のCAN-DO ディスクリプタ（能力記述子）のみを用いて，レベルの特徴を明らかにしたい。ディスクリプタは例外を除き，1）学習者がどのような状況や条件下で，2）なにをするか，3）その行為をどのくらい達成できたかどうか，が盛り込んである。そこで，本節では，各ディスクリプタの内容が一目でわかるように，1）を「条件」，2）を「トピック」，3）を「できること」に分けて記述し，スキルごとにレベルの特徴を明らかにして，最後にA2レベルが学校英語教育にどのように結びつくか考えてみたい。

1）聞くこと

A2.1		
条件	ゆっくりと放送される	はっきりと馴染みのある発音で話されたり指示される
トピック	公共の乗り物や駅や航空のアナウンス	学校の宿題，旅行の日程などの明確で具体的な事実
できること	簡単なことを理解できる	要点を理解できる
A2.2		
条件	ゆっくりはっきりと指示される	ゆっくりはっきりと話される
トピック	スポーツ・料理などの一連の行動	視覚補助のある作業（料理・工作など）
できること	指示通りに行動することができる	指示を聞いて理解できる

○ A2レベルの「聞くこと」の特徴

A2は，まとまった内容を聞いて理解し，また，もし求められれば聞いたことをもとに行動に移せるだろう程度の能力を有している段階である。ただし，このレベルでは，ゆっくり，はっきりと調整された英語なら聞けるということであり，内容についても身の回りの生活や自身が関わることに限られる。

2）読むこと

A2.1		
条件	簡単な語を用いて書かれている	簡単な語を用いて書かれている
トピック	人物描写，場所の説明，日常生活，文化紹介	短い物語，伝記
できること	説明文を理解することができる	（内容を）理解できる
A2.2		
条件	簡単な英語で表現されている	（記述なし）
トピック	旅行ガイドブック，レシピなどの実用的・具体的で内容が予測できるもの	生活，趣味，スポーツなど日常的なトピック
できること	必要な情報を探すことができる	文章の要点を理解したり，必要な情報を取り出すことができる

○ A2レベルの「読むこと」の特徴

A2は，物語文，伝記，説明文，手順の説明など，異なるジャンルのテクストを読んで理解できる段階である。また，拾い読みという読解ストラテジーも用いることができるようになっている段階でもある。テクストの性格上，筋がきや手順を示す連続した文を読むことになるが，そこで使われている英語は簡単である。

3）話すこと：やりとり

A2.1		
条件	first, then, next などのつなぎ言葉を使う／「右に曲がる」などの基本的な表現を使う	補助となる絵やものを使う

トピック	道案内	(情報の伝達と意見交換)
できること	単純な道案内ができる	基本的な情報を伝えることができる

A2.2		
条件	簡単な英語を使う	(記述なし)
トピック	意見や気持ちのやりとり 賛成，反対などの意見を伝える 物や人の比較	郵便局・駅・店などの日常的な状況
できること	意見や気持ちのやり取りをしたり，賛成，反対の意見を伝えたり，モノや人を比べたりすることができる	さまざまな語や表現を用いてやり取りができる

○ A2レベルの「やりとり」の特徴

　A2では，道案内，意見交換，感情のやりとり，賛成反対の意見交換等，日常的な双方向的コミュニケーションの中で，やりとりができる段階である。すでに学んだことを駆使すれば意見交換なども可能な段階と考えることができる。やりとりに用いる英語は，事前に予測できる場面ではさまざまな表現を，予測不可能な場面では簡単な英語という条件がついている。よって予測できる場面では文レベルで，予期していない状況に置かれれば，定型表現を使える程度であると判断できる。

4）話すこと：発表

A2.1		
条件	一連の簡単な語句や文を使う	写真，絵，地図などの視覚的補助を利用する一連の簡単な語句や文を使う
トピック	自分の趣味や特技に触れながらの自己紹介	学校や地域などの身近なトピック
できること	自己紹介ができる	短い話ができる

A2.2		
条件	写真，絵，地図などの視覚的補助を利用する一連の簡単な語句や文を使う	一連の簡単な語句や文を使う

トピック	自分のこと，学校のこと，地域のことなど，毎日の生活に直接関係のあるトピック	意見や行動計画
できること	短いスピーチができる	理由を挙げて短く述べることができる

○ A2レベルの「発表」の特徴

A2は，日常的で自分に関わることではあるが，論理的に説明したり順序立て，必要であれば視覚的補助手段を用いながら語ったり，発表できる段階である。「一連の簡単な語句」とは，すでに学んで知っている表現のことであり，ぽつぽつと語を繋ぐ程度ではないことがわかる。この段階では，易しい語句や文はかなり使える程度まで定着していると考えてよいだろう。

5）書くこと

A2.1		
条件	簡単な英語を使う	and, butなどの接続詞で文をつなげる／基礎的・具体的な語彙，簡単な句や文を使う
トピック	招待状，私的な手紙，メモ，メッセージ	日記や写真，事物の説明文
できること	日常的な内容を書く	まとまりのある文章を書くことができる
A2.2		
条件	個人的経験や自分に直接必要のある領域の事柄であれば	基礎的な日常生活語彙や表現を使う
トピック	身の回りの出来事，趣味，場所，仕事	生活や文化の紹介などの説明や物語
できること	簡単な描写ができる	感想や意見などを短く書くことができる

○ A2レベルの「書くこと」の特徴

A2は，写真，出来事，趣味，場所，仕事，学校，職場，地域等，ほとんどは自分に関係のある事実を，ある程度の量をもって書くことができる段階である。英語は，A2の初期段階ではandやbutで英文を繋げる程度でさらにスキルが向上しても簡単な語彙や文が書ける程度であるとわかる。

※ 日本の英語教育との対応

　以上のディスクリプタから A2 レベルが日本の英語教育のどの段階に当てはまるか考えてみよう。CEFR-J は，A1 と A2 を基礎段階の言語使用者のレベルと位置づけているが，これまで見てきた A2 のディスクリプタの内容から中学 2 ～ 3 年程度に相当するレベルと考えてよさそうだ。学習指導要領では，中学校では「コミュニケーション能力の基礎」を養うことを目標として，基礎段階の「聞くこと」「話すこと」「読むこと」「書くこと」の言語活動のねらいを示している。また，言語の使用場面や使用目的も例示して，CEFR-J が示す「やり取り」についても明示しており，中学校の 3 年間で日常的な場面での基礎的な英語を学習できるように計画してある。どの検定教科書をみても，扱っているトピックのかなり多くが CEFR-J で挙げられているトピックと重なっている。

　また，言語材料について学習指導要領が規定する1200語と文構造や文法は，CEFR-J が示す能力や条件を十分反映するものであり，A2 レベルを中学 2 ～ 3 年程度と直感的に判断しても安全である。投野（2011, pp.411-466）は，旧課程における中学校の検定教科書の語彙をコーパス分析して，中学 2 ～ 3 年が A2 レベル前半に相当であったことを示しており，学習指導要領が規定とする1200語のうち学習語彙の大半は A2 では発表語彙として指導してよさそうだ。CEFR-J の CAN-DO に含まれている「条件」の中の「一連の語句」や「簡単な英語」「文」などがなにを指すか具体的な記述はない。しかし，A2 レベルが中学校 2 ～ 3 年生の英語レベルとほぼ同じと考えれば，一連の語句や簡単な英語も検定教科書で学ぶ程度と想定してよいだろう。そこで，CEFR-J に基づく授業をするということは，授業に「言語使用者」を育成するという視点を持ち，それを指導に生かすことだ。

※ A2 レベルの指導のあり方

　A2 レベルの指導のあり方を考えるには，CEFR の目的と CEFR の普及のために欧州評議会が用いている方法について簡単な説明が必要だろう。欧州評議会は，複言語，複文化から成るヨーロッパ社会の流動的な人の移動の中で，円滑な人間関係や社会貢献の土台を築くにはコミュニケーション能力の高い自立した国民の育成が不可欠だとして，外国語教育の改善を目指して CEFR を構築した。したがって CEFR には，外国語の教授法を知識中心の伝

統的な方法からコミュニカティブな言語使用中心の教授法に転換させる狙いがある。このことは，Heyworth（2004）が，CEFRと言語教育の価値に関する記述の中で，「コミュニカティブ・アプローチは学習者の協働，内省と自立した学習習慣の育成を狙いとしており，ヨーロッパ社会の政治的課題（人の移動に伴う政治的な課題への取り組み）のために必要な言語教育の方法論である」と述べていることからもわかる。

　欧州評議会はCEFRの実用化をELPに託し，そのモデルを開発して認証制度を設けてELPの普及を目指している（Kuhn & Cavana, 2012）。ELPによる外国語指導の理念はCEFRと同様に広範かつ複雑であるが，ELPを活用した授業の構成要素はわかり易い。それは，CAN–DOによる明確な目標設定，学習者中心の授業活動を柱とした指導案作成と授業実践，教室をコミュニティに見立てた教師と生徒，生徒間の関係の上にたつ授業形態と授業実践，学習の自己責任と自己管理，達成度の内省的自己評価・相互評価・教師による評価から成っている。

　ELPの活用（高田，2012）は日本ではまだ研究の途上にあるが，ELPの構成要素の中でも，A2レベルであれば，あるいはA2レベルだからこそ，すぐにでも取り入れることができると考えられるのは，CAN–DOを用いた「言語使用者」育成のための授業実践である。筆者は，A2レベルの英語力を養うことができる中学校2～3年の教科書で扱われる英語が高校生でも使えないという現実を変えるには，教師が強い意志をもって「英語使用者」を育てる授業を展開することが必要だと考えている。現在でもそのための多くの努力がなされているが，その質や速度を上げるためにぜひ活用してほしいことを以下に提案することで，本節のまとめとしたい。

○提案1：「言語使用者」を育てる指導案を作成しよう

　現行の学習指導要領下で編集された検定教科書には，A2レベルのディスクリプタに合致する十分過ぎるほどのトピックが揃っており，特に言語の使用場面や使用目的を扱うセクションは，CEFR-JのCAN–DOと対照表が作成できる程である。ここに提案する指導案作成とは，授業の狙いを「英語使用」に定めて各課にCAN–DOに示された活動を取り込むためのリストを作成しようという意味である。中学の2年間でA2レベルの20のディスクリプタと合致するものを拾い出す作業は，検定教科書の活動（例えば，日記の作

成，スピーチ，手紙，調査）をベースにすれば，作業に時間はかかっても複雑ではない。例えばある課でスピーチを授業の目的とした活動の例を下に示してみる。

【授業活動】スピーチ
条件：ゆっくり，はっきり話される，絵やイラストの利用，原稿の準備
　　　（CEFR-J にはこの種の記述はないが CEFR には規定されている。ただし教室の現実を反映するように必要な条件を書き加えてもよいと筆者は考える）
トピック：学校のことを ALT（外国の人）に紹介する
できること：短いスピーチができる
　　　　　　　　　（*New Crown*, Lesson 4, Get の「学校紹介」を参考にした）
　以上に加えて，どの程度の長さのスピーチにさせるか，必要な語句や文法とその提示法，どのような手順で原稿を作らせるか，作品をどう評価するか／させるか，聞き手にどのように参加させるか，などの具体的な指導については，「言語使用」の観点から，生徒がすでにできていること，設定した目標に沿って特に必要なことなどを見極めて指導過程の計画段階で準備すればよい。

○提案2：授業の中に「言語使用」の活動を取り込もう
　現行の中学校用検定教科書は生徒が参加して行う練習活動が多く，活発な授業が展開されていると想像できる。一方，新出の言語材料の扱いは依然として教師にとって悩ましい問題であろう。中学校の授業では，次々に出される新出言語材料の定着を狙いとして，授業の中でルールの定着をはかるための練習活動が強調され易い。しかし，文法の扱いを少し変えるだけで「言語使用」の活動を増やすことができる。
　例えば，*New Crown 2* Lesson 4の Get で，Kumi が Brown 先生に学校菜園を紹介する文は，like の目的語としての動名詞の学習のために用意されたものである。このスピーチにとって「like＋-ing」を使いたいこと，これを意味との関わりの中で連語として扱うようにすれば，説明に時間を要さない。また，この教科書本文をサンプルとして外国人への学校紹介のスピーチ作成と発表を活動に組むことで，生徒には身近で興味深い活動になるだろう。

授業中の「言語使用」の活動を増やすには，機械的な練習活動を家庭学習に委ねることも必要だ。教科書で提示された活動を全て機械的に使うのではなく，「言語使用」という視点から精選して用いる授業を展開したい。

○提案３：「言語使用」の視点で使える文法力を伸ばしていこう

　文法指導のあり方は，順序に従って学ばせる方法から，言語使用における必要性に応じて学ばせることへと変えていきたい。また，使うための文法とはなにかを考えることによっても，文法指導の方法は変えられるだろう。いわゆる PPP（Presentation, Practice, Production）の手順を逆にする提案（Harmer, 2007）で，言語ルールの提示，練習，使用の順序を変えて，使用することから始め，のちにルールを整理しようというものがある。また，タスク中心の指導法でも，準備，課題（タスク）達成の後で扱った文法をていねいに学習させる方法を用いており，いずれの場合も文法は教師が教え込むのではなく，生徒が状況の中で必要に応じて学ぶという考え方に立っている。

　さらに，「言語使用」のための文法が意味するところは，コミュニケーションには，形と意味，使い方のルールがすべて広い意味での「文法」だということである。CEFR では，それらを言語使用者／学習者のコミュニケーション言語能力（2001, 5.2.1.1-5.2.1.6）として６つ（言語能力，文法能力，意味的能力，音声能力，正字法の能力，読字能力）に分けている。

まとめ

　CEFR-J に即した指導においては利用すべき語彙や表現，文法事項については，行おうとする目的に合わせて選ぶことになるが，A2レベルでは，利用可能な材料が検定教科書の中に豊富に盛り込まれている。さらに，文法指導に「言語使用」のための文法指導の視点を加えれば，幅広く柔軟な文法の扱いが可能になる。

Q29 B1レベルのCAN-DOの特徴とその指導法とは？

　B1レベルは，概して，「込み入ったことを表現するのは難しいが，ごく普通のコミュニケーションができる」というレベルと考えて差し支えないだろう。学習者は，学習指導要領に則った教育課程で英語授業を受けて大学生の段階でこのレベルに達することが求められている。しかし，上のような能力尺度の記述では大まかすぎると考える人も多い。そこで，CEFR-Jでは，日本人学習者を対象として詳細なディスクリプタ表を提示した。

※ CEFR-J・B1レベルの各技能のディスクリプタの特徴
　CEFR-Jでは各レベルを2段階のディスクリプタで示している。その違いと特徴的な点は下記の通りである。実際，B1.1とB1.2の区切りを明確にすることは困難であるが，指導的な観点から次のように理解することが重要であろう。

○**聞くこと**：B1.1とB1.2の大きな違いは，聞き取りやすい発音で話されたある程度背景知識のある内容の要点が，相手を目の前にしなくても聞き取れるかどうかである。
○**読むこと**：B1.1とB1.2の大きな違いは，教室内外の学習環境の差から生じる読む力ということになる。B1.2は，教室という環境から離れて自らのニーズに合わせた読む力に移行しつつあることを示唆している。
○**話すこと（やりとり）**：B1.1とB1.2の大きな違いは，予期できる範囲の問題をどの程度処理できるかにある。B1.1では自分の言語知識と技能の範囲内で自分に関係する状況でのやりとりは可能であるが，B1.2ではもう少し込み入った状況でも自信をもってやりとりが可能であるということを示している。

○**話すこと（発表）**：B1.1とB1.2の大きな違いは，インフォーマルかフォーマルか，あるいは，論理的であるかないかという点にある。B1.1が比較的自分に関わる話題が多いのに対して，B1.2は一般社会の教養的な話題も含み，ある程度論理的に話せるということを示している。

○**書くこと**：B1.1とB1.2の大きな違いは，話題の広がりと，個人的あるいは型通りの文章から多少自分の考えを含めて論理立てて書くことと関わる。B1.2は，自分の考えを話題に合わせて書くことができるということを示している。

ディスクリプタを解釈するときに重要な点は，詳細な文言にとらわれすぎ

表1：B1.1とB.1.2のディスクリプタの特徴比較

		B1.1	B1.2
聞くこと		・外国の行事や習慣などに関する説明の概要	・自然な速さの録音や放送を聞いて，…，具体的な情報の大部分
		・自分の周りで話されている少し長めの議論…要点	・身近なトピックの短いラジオニュースなど…要点
読むこと		・学習を目的として書かれた新聞や雑誌の記事の要点	・…学業や仕事に関係ある情報
		・…簡潔に書かれた手順を理解	・平易な英語で書かれた長めの物語の筋
話すこと	やりとり	・身近なトピックについて，簡単な英語を幅広く使って	・…詳細にまた自信を持って，問題を説明…，その結果として正しい処置を受ける
		・…簡単な英語を多様に用いて，社交的な会話	・…自信を持って詳しく説明
	発表	・…使える語句や表現を繋いで，ある程度詳しく語る	・…ある程度の流暢さをもって，…あらすじや要点を順序だてて伝える
		・自分の考えを事前に準備して，…馴染みのあるトピックや自分に関心のある事柄について語る	・…論拠を並べ自分の主張を明確に述べる
書くこと		・自分に直接関わりのある環境での出来事を，…ある程度まとまりのあるかたちで，描写	・新聞記事や映画などについて，…基本的な内容を報告
		・…筋道を立てて，作業の手順などを示す説明文を書く	・物事の順序に従って，…いくつかのパラグラフで書く…

てはいけないということだ。また，相対的に見ることよりも，常に全体尺度に立ち返り，大きな能力尺度の意味を確認することが重要である。そのためには，同僚とのレベルの理解の確認作業，学習者である生徒との理解の擦り合わせを定期的に行うことは欠かせない。

※ 参照レベル記述（reference level descriptions）

B1レベルを理解する上で参照レベル記述のことを理解しておく必要がある。CEFR-Jは，日本人学習者用に作成された参照レベル記述の1つであるということだ。基準が不明確な状態で能力尺度が混在することは望ましいことではないが，CEFRを基準とした参照レベル記述が多く存在することは問題ない。ヨーロッパ評議会では検証された参照レベル記述をディスクリプタ・バンクとして提示している（A bank of descriptors for self-assessment in European Language Portfolios (2004), http://www.coe.int/t/dg4/education/elp/elp-reg/Source/Key_reference/SAdescriptors_EN.pdf）。参照レベル記述は手順を踏んで作成され，CEFRの全体的な尺度に準拠していることが重要である。それぞれの状況に応じて工夫することにより，ディスクリプタあるいはCAN-DOは有効に生かされるだろう。B1レベルのディスクリプタを示した前ページの表はその点を踏まえて理解する必要がある。

※ B1レベルの指導

一般的にこのレベルは，大学生の英語力の到達目標と考えるのが現状を反映しているが，高校卒業程度の到達目標と設定することも妥当であろう。

ここでは，CEFR-JのB1.1とB1.2のディスクリプタを利用しながら，具体的なCAN-DOの設定を考え，指導の一例を示しておきたい。さまざまな状況を考慮して，学習指導要領や学年設定を明確にしないで提示することをお断りしておく。日本語を母語とする日本の学校教育を経験している学習者で，A2レベルまでは到達している学習者を対象として，約30人程度のクラスサイズを想定した。

※ B1レベルの「聞く」指導例

CEFR-Jのディスクリプタをもとに，B1.1のディスクリプタを状況に合わせて具体的なCAN-DO（以下，下線部が変更点）に変えて学習者に提示し

て授業を実施する。
CAN-DO（聞く）：ウィーンのオペラ座に関する説明の概要を，ゆっくりはっきりと話されれば，理解することができる。

○題材例：教師が直接説明する内容
There is a famous opera house in Vienna. It is the Vienna State Opera House, which is situated in the first district of Vienna at the southern end of the Kärntnerstrasse (showing the city map). August von Sicardsburg and Eduard van der Nüll built the State Opera House from 1861 to 1869. The Vienna Opera House has a worldwide reputation for its first-class opera performances. A night at the State Opera is one of the most impressive events that any visitor to Vienna can experience. The building itself closely resembles Italian Renaissance, as this epoch was immensely important for art and music. The first operas were written and performed in Italy during the 16th century.

The loggia, which is a gallery or corridor at ground level, towards ring boulevard aims to emphasize the house's openness to the public (showing the photos). It is decorated with a precious cycle representing the Mozart's "Magic Flute" and other famous operas accomplished by painter Moritz von Schwind. The numerous statues and figurative embellishments at the inside and outside of Vienna opera underline the festive character of the house.

○活動手順：
①題材テキストを提示（教師が，学習者の態度を見ながら，必要に応じて補足し，自分の言葉で説明する）
例）
　　T：Do you know about Vienna in Austria?
　　S：Vienna? I don't know.
　　T：Vienna is ウィーン in Japanese. Do you know ウィーン？
　　S：Yes. What did you say? V...?

②語彙の確認（不明な語句の意味や背景理解）
　例）
　　　T：What does "embellishment" mean?
　　　S：装飾 in Japanese.
　　　T：Yes. It means "decoration." Please look at these pictures (showing the pictures)．The Opera House has lots of decorations or embellishments on it.
③題材テキストに関する内容の確認（Q&A）
　例）
　　　T：Who built the State Opera House and when was it built?
　　　S：I can't say their names. They are German names. You said two persons, right?
　　　T：Yes, two persons. They are August von Sicardsburg and Eduard van der Nüll. It was built from … ?
　　　S：From 1861 to 1869.
　　　T：Good.
④題材に関するタスク（コミュニケーションを意識した活動）
　例）オペラ座の歴史や場所や設備などについてわかったことを整理し，もっと知りたいことをグループ活動の中で扱う。
　　　S1：What have you learned about the Vienna Opera House?
　　　S2：It is very famous and situated in the center of Vienna.
　　　S3：Where is it situated on this map?（showing the map）

　このような活動を通じて，聞き取った内容について互いに補いながら，内容を整理し確認する。この活動において，教師は内容に関する質問をし，その質問に解答できるかどうかという単純な活動にならないように注意する。「聞く」ことに焦点を当てながらも，コミュニケーション能力伸長という目標を忘れないようにする。その際に課題となるのが，題材の選択とタスクをB1.1からB1.2へどのように移行するかという点である。

※ B1レベルの「読む」指導例
CAN-DO（読む）：ウィーンのオペラ座に関するウェブ上の記事の要点を理解することができる。

○**題材例**：ウェブサイトにある情報

Wiener Staatsoper（ウィーン国立歌劇場）http://www.wiener-staatsoper.at/

○**活動手順**：

①題材テキストを提示

　例）ウェブに掲載されているウィーンオペラ座のさまざまな情報（歴史，演目，チケット購入方法など）を提示する。

②語彙の確認

　例）必要な語句は生徒自身で調べるように指示する。その際に内容把握に重要でない語句にはこだわらないことを確認する。

③題材テキストに関する内容の確認（発表）

　例）自分が読み取れたことや興味のあることを互いに発表し，意見を交換する。

④題材に関するタスク（コミュニケーションを意識した活動）

　例）自分が読み取った内容や発表を聞いて抱いた疑問などを，さらに読み進めてみる。読み取った内容は，ペアワークやグループワークなどを通して共有し，インターネット環境が整っていれば，オペラの演目を調べ，内容を確認し，どの作品をどの席で見るかなどを，互いに話し合うコミュニケーション活動を行うように工夫する。

　B1レベルの読解活動は，自律学習への一歩であると考えられる。「読む」ことは情報を得るという面で重要な活動であり，また，個人的な作業でもある。その点に留意して指導を組み立てることが重要であろう。B1.1からB1.2への移行のポイントは，教室での学習環境からいかに離れられるかである。指導にあたっては，学習者個人の活動状況を見ながら，B1.2への移

行を適宜アドバイスすることが教師に求められる。

※ B1レベルの「話す（やりとり，発表）」指導例

　「話す」指導は，上記の「聞く」「読む」などの活動と組み合わせて行われる必要がある。特に注意しなければならない点は，普段の授業の中でいかに英語を使用する環境ができているかであろう。当然ながら，いわゆる教室での指示や展開に関するクラスルーム・イングリッシュが，まず浸透していることが大切である。しかし，クラスサイズが40人程度になる場合，生徒1人ひとりとのやりとりを管理するのは難しい。学習者の自律学習に対する工夫が必要である。

　やりとりの活動においては，B1.1では生徒自身に関係する状況を設定したタスクを与える必要がある。また，そのために「聞く」「読む」などの活動を媒介とした言語材料の提示などの配慮が大切であろう。学習者の活動の様子を見ながら，B1.2に移行する工夫が必要である。発表活動においても同様で，発表する内容と関連させながら，インフォーマルかフォーマルか，あるいは，論理的であるかないかという点に注意しながら，発表の状況を考える必要がある。B1.2への移行は，一般社会の教養的な話題が含まれ，ある程度論理的に話すことができるという点にある。グループの中で発表する，ビデオで発信するなどの活動を取り入れ，学習者の意欲を喚起することが大切だ。

　ここでは，CEFRを意識した，ごく一般的な「話す」活動の一例を紹介しておく。

○グループ活動：Interactive presentation
　グループ内で，ある内容について紹介するプレゼンテーションを行い，その内容について質疑を受ける。
　　例）S1：I will explain to you about adaptation today. Do you know about adaptation? Adaptation means 適応 in Japanese. It is the process by which an organism changes to become better suited to survive in their environment.
　　　　S2：Excuse me. It is difficult to me. Can you say it more simply?
　　　　　　…

※ B1レベルの「書く」指導例

　CEFR に特化する「書く」活動がある訳ではない。「書く」指導は，上記の活動の準備やまとめの活動と考えればよいだろう。理解したことのメモを取ったり，それをノートにまとめたりする作業や，発表する内容を準備したり，それをレポートとしてまとめたりする作業である。また，ポスタープレゼンテーションやスライドを作成したりすることも効果的である。それらすべて「書く」活動と関連する。

　B1.1 と B1.2 の違いを意識するとすれば，話題の広がり，自分の考えを述べ，それを論理的に書くということができるかどうかが，ポイントとなる。B1.2 は，自分の考えを述べ，話題に合わせてさまざまなことを書くことができるということである。

まとめ

　B1 レベルの指導のポイントは，自律学習への第一歩ということに尽きる。日本の学年段階で言えば，高校生から大学生の英語力と関係する。しかし，学習者は一律に発達する訳ではない。英語力に限って言えば，かなり早い段階からこのレベルに達する学習者もいる。教師はその点を把握することが大切であり，学習者の習熟度に応じた指導を適切にできるかどうかがカギとなる。

　CEFR は言語学習の理念であり，そのディスクリプタは，指導内容や対象ではなく，学習者が学習する上での指針である。学習者の学習を教師はサポートすると考え，学習者の自律学習への道筋をうまく作ることが肝要である。

もっと知りたい方へ

　B1 レベルの指導に関しては，CEFR でも最も重要と考えられ，言語が使えるための第一歩（Threshold）とされ，CEFR の基盤となっていると言ってもよい。本レベルに対応した Threshold level は，次のウェブサイトからダウンロードできるので参照していただきたい。

　http://www.coe.int/t/dg4/linguistic/Threshold-Level_CUP.pdf

Q30 B2レベルの CAN-DO の特徴と その指導法とは？

※ CEFR にみる B2 レベルの特徴

　CEFR における B2 レベルというのはどの程度の能力なのであろうか？ Council of Europe（2001）によると B2 レベルは B レベルの自立したユーザー（independent user）に属し，いわゆる「敷居（threshold）」の位置づけに当たる B1 に対して，Vantage（vantage そのものの意味は「見晴らしの良い場所」）と称される。vantage という名のごとく，このレベルは B1 に比べるともう 1 段高い所に上がった感じで，学習者自身に「景色が違って見える」レベルだと言える。後述する B2 レベルの特徴を見ていくと，明らかに日常会話レベルより大学などのアカデミックな文脈に踏み込んだ CAN-DO の構成になっている。それも当該言語の母語話者とのインタラクションがより頻繁に起きうる文脈（たとえば外国留学など）を強く想定している。まず Council of Europe（2001, p.24）の共通参照レベルで B2 の global scale を見てみよう：

「具体的または抽象的なトピックに関する複雑なテキストの趣旨を自分の専門領域の技術的な議論も含めて把握することができる。特に準備せずとも一定の流暢さで母語話者とやりとりができるので，どちらの側にも負担なく定期的なやりとりが可能である。広範囲の題材に関して明瞭で詳細なテキストを産出でき，話題になっている問題に関して多様な選択肢の長所・短所をあげながら観点を説明することができる。」

　これを 1 つ下位の B1 レベルと比べると，いくつかの点で CAN-DO の内容が明確に違う点がある。以下にまとめてみよう：

① B1 レベルでは，職場・学校・余暇などでの自分に親しみのある事柄に関

する内容理解が挙げられているのに対して，B2では「抽象的なトピック (abstract topic)」や「技術的な議論 (technical discussion)」といった，より学術的・専門的な分野でのテキスト理解が求められている。
② B1レベルのやりとりは旅行した時に困らない程度だが，B2レベルでは母語話者との定期的なやりとりを明らかに想定しており，これも仕事や留学などでアカデミックな専門分野での母語話者との日常的な接触ができる能力レベルである。
③ 産出（書くこと，口頭発表など）に関しては，B1レベルでは自分の経験，出来事，夢，希望などに関して理由や説明を加えながら話す，という内容なのに対し，B2では時事的な問題（topical issue）に関しての明瞭で詳細な (clear, detailed) テキストの産出を挙げている。明らかにアカデミックな文脈を想定している。

B2レベルは総じて，B1よりも格段に専門性・高等教育レベルの内容を前提とした global scale になっている。

※ B2レベルでの5技能の CAN-DO リストの特徴

次に B2レベルの CAN-DO の詳細を，5技能に関して self-assessment grid を参考に見てみよう。

(1) 聞くこと
○トピックが馴染みのある分野ならば，講義や複雑な議論もついていける。
○ほとんどのテレビのニュースや時事問題が聞き取れる。
○標準語の映画の大部分が聞き取れる。

これを見ても聞き取りのレベルは相当高い。日常的なレベルの聞き取りはほぼ完璧なだけでなく，少し込み入った分野でも馴染みのある話題は詳しい点まで聞き取りができるレベルである。Cレベルになると，もっと崩れたスタイルや明確に筋道だっていない話などを聞いてもわかることが想定される。

(2) 読むこと
○現代の問題に関する記事や報告書（書き手が特定の態度や主張を持つもの）を読んで理解できる。
○現代文学の散文が読める。

これも通常われわれが目にする母語話者用に書かれた現代的話題について

の一般的な読み物を，ほぼ問題なく読めるレベルであることがわかる。Cレベルになると，これが専門分野の文章になる。

(3) 話すこと（やりとり）
- 母語話者と流暢で自発的なやりとりができる。
- 母語話者と定期的なやりとりが可能。
- 馴染みのある内容であれば話し合いに積極的に加わって自分の見方を説明したり，保持したりできる。

母語話者との接触が日常的な状態であり，勉強したり働いたりしていてもストレスを感じないレベル。慣れ親しんだ領域なら，込み入った議論にも参加することができるレベルである。

(4) 話すこと（発表）
- 興味・関心のある分野について明瞭かつ詳細なテクストを産出できる。
- 時事問題に関してもさまざまな見方を比較しながら論じられる。

時事的な興味や関心のある話題に限定されてはいるが，非常に具体的に話を組み立てられる力を想定している。

(5) 書くこと
- 興味・関心のある分野について明瞭かつ詳細なテクストを産出できる。
- 情報を伝えたり，特定の観点について賛否を論じるエッセイやレポートを書ける。
- 手紙の中で，個人的に大事だと思った出来事や経験を語ることができる。

かなり詳細な文章を書け，親しみのある分野に関してであれば，理論的な意見構築をしながら小論文なども書けるレベル。手紙に関しては，B1だと単純に経験や感想を書く，という程度だが，B2だとどんなにそれが素晴らしかったか，といった個人の印象の強さなどを的確に表現する能力がある。

CEFRのself-assessment gridのB2の記述は，前述のglobal scaleの記述に比べると「アカデミック，専門分野」という用語が抜けているが，全体的には上に述べたような特徴とアカデミック分野への移行が大きな特徴だといえよう。

※ B2レベルのスピーキングおよび談話の特徴

B2レベルは上述のようにかなり高度な運用能力が前提になっているが，

表1：B2レベルの話し言葉使用の質的特徴

範囲 (range)	正確さ (accuracy)	流暢さ (fluency)	やりとり (interaction)	つながり (coherence)
一般的なトピックであればほとんど支障なく物事の説明や意見を言える。	文法的なコントロールはほぼできる。誤解を生じるような文法ミスはない。	ポーズはほとんどなく一定のテンポで話せるが、時々表現を探すために発話が滞ることがある。	談話の開始、交代で話す、終えるなどはできるが、適切さに欠けることもある。	一貫した談話を構成するための接続表現(cohesive device)がまだ十分使えない。

注：Council of Europe（2001, p.28）Table 3 を基に作成

Council of Europe（2001, p.28）の Table 3 にあるスピーキングの質的側面を見ると、さらに上のようなポイントが読み取れる：

B2では表現の幅（range）、正確さ（accuracy）の面では、ほぼ問題なく多様な表現を文法的にもかなり正確に産出できるレベル、ということであるが、流暢さ（fluency）、やりとり（interaction）、つながり（coherence）においては、表現を探すために微妙に話が滞ったり、談話の流れに沿ったturn-takingの仕方などに不自然さが残ったりする。またBレベルでは話し言葉の範囲に関してはトピックが一般的なものだけだったのに対して、1つ上のC1レベルでは、学術的（academic）、専門的（professional）、余暇（leisure）と具体化されている。つまり、Bレベルのスピーキングでの流暢さは「身の回り＋自分の周囲の一般的な社会的な事柄」に限られているのに対して、Cレベルでは「学術的・専門的な内容」が中心になってくる。

同様に Council of Europe（2001, p.35）では、B2レベルの談話のつながりの特徴として以下の点を挙げている：

(1) より効果的な議論（effective argument）が可能になる
　○関連する説明、議論、コメントなどをして自分の意見をしっかり述べる。
　○時事的な問題について利点・欠点を挙げて観点を整理できる。
　○理論的につながりのある議論ができる。
　○ある立場を賛成・反対の理由を明確に挙げることができる。
　○原因・結果、予想される状況などを推測して話せる。

(2) 社交的な談話（social discourse）に関して，十分な対応力がつく
　○自然に，流暢に，効果的に会話できる。
　○雑音があっても標準的発音で言われたことを細部まで的確に聞き取れる。
　○That's a difficult question to answer. 等の常套句（stock phrase）を用いて，時間をかけずにすぐに発話を連続して行える。
(3) ことばの新たな認識（awareness）が得られる
　○誤解を生じるような言い間違いを修復できる。
　○何をどう言うべきかに関して，相手への効果を考えて計画できる。
　B1に比べると，B2では一般的な文脈での会話は格段に楽に出来るようになり，さらに理論的に話したり議論したりすることも十分に可能になる。ことばへの感覚もより鋭さを増す。

※ CEFR-J における B2.1, B2.2 の記述

　CEFR-J では，B2 は B2.1 と B2.2 に分かれている。B2.1 はほぼ B2 の一般的な記述と同じであると考えられる。B2.2 は CEFR の作成過程でのディスクリプタ分析の B2+（Council of Europe 2001, p.35）にあたるような特徴も盛り込まれている。たとえば，受容技能では次ページの表2のような CAN-DO ディスクリプタになっている。

　本家の CEFR の global scale を反映して，「専門分野」という用語を B2 レベルで用いている。B2 レベルでは大学教養レベルの英語力を十分対象としうるので，専門分野という用語を使ったディスクリプタが必要である。ただし，専門分野の論文や資料の「必要な情報や論点」（細部ではない）を読み取る場合は「辞書を使わずに」（B2.2），また専門分野の報告書などは「難しい部分を読み返すことができれば」（B2.1）と言うように条件を明示している。いずれにせよ，B2.1, B2.2 共に一般的関心の高いトピックだけでなく，専門分野のものにも触れ始める時期であり，特に受容（特にリーディング）能力についてはそのような技能を含んだ記述になっている点に注意したい。

表2：CEFR-J B2レベル：受容技能の CAN-DO

	聞くこと		読むこと	
B2.1	自然な速さの標準的な英語で話されていれば，テレビ番組や映画の母語話者同士の会話の要点を理解できる。	トピックが身近であれば，長い話や複雑な議論の流れを理解することができる。	現代の問題など一般的関心の高いトピックを扱った文章を，辞書を使わずに読み，複数の視点の相違点や共通点を比較しながら読むことができる。	難しい部分を読み返すことができれば，自分の専門分野の報告書・仕様書・操作マニュアルなどを，詳細に理解することができる。
B2.2	非母語話者への配慮としての言語的な調整がなされていなくても，母語話者同士の多様な会話の流れ（テレビ，映画など）についていくことができる。	自然な速さで標準的な発音の英語で話されていれば，現代社会や専門分野のトピックについて，話者の意図を理解することができる。	記事やレポートなどのやや複雑な文章を一読し，文章の重要度を判断することができる。綿密な読みが必要と判断した場合は，読む速さや読み方を変えて，正確に読むことができる。	自分の専門分野の論文や資料から，辞書を使わずに，必要な情報や論点を読み取ることができる。

※ **B2レベルの指導：ELP の手法を参考に**

　B2レベルではかなり英語力の高い学習者を対象とし，成人であれば目標設定も明確である可能性が高い。そこで ELP で行われている手法を紹介しながら，指導への示唆をまとめてみたい。

☆学習者のニーズ分析と自己評価

　ELP は，言語パスポート（Language Passport），言語学習記録（Language Biography），資料集（Dossier）の３つから成る。言語パスポートは16歳以上の学習者に勧められている。詳細は本書Q10などを参照していただきたい。

（1）言語パスポート：各技能の大まかなプロファイルを行う

　言語パスポートでは，以下のような情報がブックレットに入っていることが多い：

①自分の現在の技能を一覧できる表

　イメージ的には表3のような自己記入欄のついた表に自分で（あるいは公的機関が）マークを付ける：

表3：言語スキルのプロファイル

	A1	A2	B1	B2	C1	C2
聞く	■	■	■			
読む	■	■	■	■		
やりとり	■	■				
発表	■					
書く	■					

注：CEFR-Jの場合には区分がB2.1, B2.2. のように分かれている。

②自己評価枠（self-assessment grid）

　自分の位置がいつも明確になるように，CEFRまたはCEFR-JのCAN-DOリストがついており，常時参照できるようになっている。

③言語学習・異文化体験履歴

　自分の過去の学習履歴を作成させる。通常は履歴書のような記入表があり，そこに学習者が英語を勉強した幼い頃からの機会や，海外旅行，海外留学などの経験，小中高大の学校教育，塾その他の学習機会を思い出して記入する。言語パスポート用には簡易な表形式のものが用意されており，教師などが一目見てわかるようになっていることが多い。

(2) 言語学習記録：過去の学習経験を整理し，将来の目標設定をさせる

　B2レベルに近づいた学習者はすでにかなり長期間，学習経験を積んできているはずである。ELPでは以下の4点を言語学習記録として書かせることが多い：

①言語学習の遍歴（学校・外国語コースの内容を書く）
②自分がどうやって外国語を学んできたかを評価する
　（ア）I learn better when ... というフレーズで「試験のために勉強する」などの項目にYES / NOで答えていきながら，自分の学習動機などを振り返る。

③言語・文化交流の経験
　（ア）テレビ・映画・ラジオ・ネイティブとの交流などの経験を書く
　（イ）複数言語の能力
　（ウ）異文化経験（滞在した国などの記録）
④個人的学習成果（過去に参加したプロジェクトや達成したこと，など）

　今までの学習方法を自分で振り返りながら，経験的に不足していたトレーニングや異文化体験などがなかったか，どのような学習ストラテジーが効果的だったか，などを振り返ることで現状の目標設定をする際の助けになる。

(3) 資料集：学びを管理する

　ELPの最後の要素はDossierという，言語学習に利用した教材，手紙，写真，レポート，日記，プロジェクト報告書，テスト，作文，証明書などをすべて保管した資料集である。B2レベルではすでに相当量の経験を積んでいるため，これらを網羅的に保存していることはありえないかもしれない。だが，上記（2）のステップを経て，今後B2レベルを達成するために何が必要か目標を立てた上で，自己学習管理をする意味でファイリングすることは大いに意味があるだろう。

☆ B2レベルの文法・語彙そして素材

　最後にB2レベルに必要な文法・語彙に関して見ておこう。各CEFRレベルに必要な文法・語彙・機能などを整理したCore Inventory（→Q11参照）では，B2レベルの文法項目として，未来完了（進行形），過去完了（進行形），can't have+過去分詞，間接話法での時制の一致，関係節，上級の句動詞，予測を表すwill / going to，過去の習慣を表すwouldなどを挙げている。語彙については，CEFR-JのB2は6000語レベルの語彙が基本レベルで，アカデミック分野の語彙を含めると8000語程度の使いこなしが望まれる。

　これらを可能にする活動は，もはや学校教育の中だけでは足りない。常に時事問題に関心を持って，新聞，雑誌などを英語で読む心がけが必要である。さらに読む／聞くを大量にこなして，的確に内容をつかめるレベルに達するには，テレビやインターネットなどのメディアを多面的に利用して，常に良質の英語にふれる習慣を付けねばならない。また読書に関しては，新聞・雑

誌だけにとどまらず，広範囲に小説，エッセイ，他分野の入門的な学術書，などを読んでおきたい。Content Language Integrated Learning（CLIL）の発想が真に必要になってくるのはこのレベルである。大学などでの講義やディスカッションも英語でこなせるような環境に身を置くようにしないと，B2レベルには到達できないだろう。仕事で使う場合にも，このレベルは母語話者と日常的に接触することが普通の環境で身につく力を前提にしている。そのくらいインプット，アウトプット共に圧倒的な分量をこなす，という気持ちで臨むべきレベルだ。

【まとめ】

B2レベルは vantage と呼ばれるほど，英語力の視界が広がるレベルである。一般的なトピックや状況での運用能力は申し分なく，かつ論理的に説明する力，専門的な知識への移行が本格的に始まるレベルだと言える。B2レベルに達するには，日常的に英語に触れているだけでなく，専門分野での英語によるインプットを大量に積む必要がある。ELP の自律学習の方法などに学んで，具体的に目標を設定して過去の学習経験と成果を振り返りながら，効果的な学習法を自ら編み出していくことが望まれる。

【もっと知りたい方へ】

B2レベルの詳細な記述は，やはり Council of Europe（2001）の本文が最適である。Core Inventory には B2レベルでの機能・文法・語彙・トピックなどがリストになっていて参考になる。C レベルの詳細な記述は Green（2012）が専門的で，このレベルを理解するとそこに達する B2の位置づけも明確になるだろう。ELP についてはウェブサイトを参照。
http://www.coe.int/t/dg4/education/elp/

Q31 CレベルのCAN-DOの特徴とその指導法とは？

❋ CEFRのCレベルとは

　Cレベルというのは「言語共通参照枠」において最上級（「熟達した言語使用者」）に位置づけられている。さらに、CEFRでも上級にあたるCレベルは、職種や技能などによってさらに細分化されるためにかえって記述が大雑把になっている。また、Cレベルに到達する人は日本ではきわめて限られた人だけになる可能性が高い。以下の指摘を紹介しておこう。

　「ケンブリッジ英検を実施しているブリティッシュカウンシルによると、一般にB2まで達するのに必要な学習時間は正味約400時間だそうです。また、コメントしてくださった神崎先生はご自分の経験に照らし、B2からC1にランクアップするのに学習時間としては900時間、日常的に英語に触れる時間まで計算に入れると1800時間になると報告してくださっています。」

　「実際にB2からC1までは英国の語学学校に通っているという環境で900時間、同様にC1からC2までも900時間かかりました」
（神崎先生からのコメントの内容を要約）日向清人（2008）「実社会が求める英語力のレベルはどの程度か」（『日向清人のビジネス英語雑記帳』）

　時間数など個人差があり一般化できるものではないが、いずれにせよある意味では、外国語として身につける能力がネイティブ、あるいはそれ以上となることがわかる。

❋ CEFRにおけるCレベルの中身

　Cレベルに要求される内容をもう一度確認しておこう。特に下線部分がCレベルの水準をよく示す特徴である。

表1：CEFR：共通参照レベル（Cレベル）

C1	C2
いろいろな種類の高度な内容のかなり長いテクストを理解することができ，含意を把握できる。言葉を探しているという印象を与えずに，流暢にまた自然に自己表現ができる。社会的，学問的，職業上の目的に応じた，柔軟な，しかも効果的な言葉遣いができる。複雑な話題について明確で，しっかりした構成の，詳細なテクストを作ることができる。その際テクストを構成する字句や接続表現，結束表現などの用法をマスターしていることがうかがえる。	聞いたり，読んだりしたほぼすべてのものを容易に理解することができる。いろいろな話し言葉や書き言葉から得た情報をまとめ，根拠も論点も一貫した方法で再構成できる。自然に，流暢かつ正確に自己表現ができ，非常に複雑な状況までも細かい意味の違い，区別を表現できる。

C1はC2に比べると若干低くなるが，それでもなお，要求されるレベルは非常に高い。次に各スキル別に要求されるCAN-DOを見てみよう。

表2：Cレベルのスキル別尺度

発表

C1	C2
複雑なトピックを，派生的問題にも立ち入って，くわしく論ずることができ，一定の観点を展開しながら，適切な結論でまとめ上げることができる。	状況にあった文体で，はっきりと流暢に記述・論述ができる。効果的な論理構成によって聞き手に重要点を把握させ，記憶にとどめさせることができる。

やりとり

C1	C2
言葉をことさら探さずに流暢に自然に自己表現ができる。社会上，仕事上の目的に合った言葉遣いが，意のままに効果的にできる。自分の考えや意見を正確に表現でき，自分の発言を他の話し手の発言にうまく合わせることができる。	いかなる会話や議論でも無理なくこなすことができ，慣用表現，口語体表現をよく知っている。自分を流暢に表現し，細かい意味のニュアンスを正確に伝えることができる。表現上の困難に出会っても，周りの人に気づかれないように修正し，うまく繕うことができる。

読むこと

C1	C2
長い複雑な事実に基づくテクストや文学テクストを，文体の違いを認識しながら理解できる。自分の関連外の分野での専門的記事や長い技術的説明書も理解できる。	抽象的で，構造的にも言語的にも複雑な文章，例えばマニュアル・専門的記事・文学作品のテクストなど，事実上あらゆる形式で書かれた英文を容易に読むことができる。

聞くこと

C1	C2
構成が明瞭ではなく，事柄の関係性が暗示されているだけで明示的になっていないときでも，長い話を理解できる。また，特別に努力しないでもテレビ番組や映画を理解することができる。	生であれ，放送されたものであれ，母語話者の速いスピードの発話でも，話し方の癖に慣れる時間の余裕があれば，どんな種類の話し言葉も難無く理解することができる。

書くこと

C1	C2
いくつかの視点を示して，明瞭な構成で，かなり詳細に自己表現ができる。自分が重要だと思う点を強調しながら，手紙やエッセイ，レポートで複雑な主題について書くことができる。読者を念頭に置いて適切な文体を選択できる。	明瞭で流暢な文章を適切な文体で書くことができる。効果的な論理構造で事情を説明し，その重要点を読み手に気づかせ，記憶にとどめさせるよう，複雑な手紙，レポート，記事を書くことができる。仕事や文学作品の概要や評論を書くことができる。

※ Cレベルのタスクとその指導法の基本

　それでは，そのCレベルに対応した指導法とはいったいどういったものがあるだろうか。Figueras (2012) や Taylor & Geranpayeh (2011) が指摘するように，Cレベルには詳細な記述がないため，指導や評価に困るという現実がある。ただ，これは CEFR だけの問題ではなさそうで，実際，上級者だけを対象にした研究は少なく，詳細な記述ができないのかもしれない。CEFR のCレベルのみを対象にした珍しい resource book として，Maley (2009) の *Advanced Learners* (OUP) がある。

　ここで，難しいとされるCレベルの指導法の1つの方法として「ジャンル」を念頭に置いたものを考えてみよう。

(1) ジャンルの考え方の重要性

　学問的背景や職業など固有のニーズを持つことにより同質性が認められ，その専門領域において学問上・職業上の目的を果たす集団である〈プロフェッショナル・〉ディスコース・コミュニティーでは，「学術論文」，「スピーチ」，「講演」，「宣伝」などさまざまな種類のコミュニケーションのイベントが行われている。

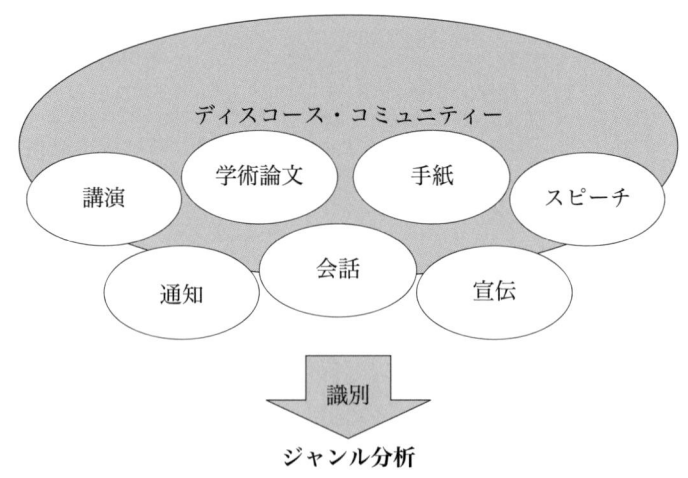

図1：ディスコース・コミュニティー

（図中：ディスコース・コミュニティー／講演／学術論文／手紙／スピーチ／通知／会話／宣伝／識別／ジャンル分析）

　このコミュニケーションの各イベントのことを「ジャンル」と言う。そして，こうした目的をもった一連の発話である「テクスト」を「ジャンル」によって識別する方法を「ジャンル分析」と言う。すなわち，「工業英語」，「法律英語」，「医学英語」というのは専門分野であり，「ジャンル」ではない。例えば，同じ「法律英語」という専門分野においても，「契約書」と「条文」では特徴のまったく異なる「テクスト」となる。さらに同じ「学術論文」という「ジャンル」であっても学会が異なればコミュニケーションスタイルは当然異なってくるという理解も必要となる（寺内，2012, p.141）。

(2) ビジネスにおけるスキル別ジャンル

　それでは，ビジネスパーソンにとってのジャンルとはいったい何なのであろうか。その調査結果は以下のとおりである。

表3：職務上必要となるコミュニケーションの形態

	1位	2位	3位	4位	5位
聞く・話す	電話 71.3%	会議 63.4%	交渉 49.9%	プレゼン 43.7%	パーティー 27.3%
読む	Eメール 90.8%	ビジネスレター 61.0%	報告書 52.6%	ファックス 45.4%	仕様書 44.5%
書く	Eメール 90.7%	ビジネスレター 47.0%	報告書 41.2%	ファックス 37.6%	企画書 21.3%

(寺内，2010, p.69)

CEFRの区分とは違うものの「聞く・話す」では「電話」が、「読む・書く」では「Eメール」が圧倒的に多い。

その中で、「プレゼンテーション」というジャンルにおける職種（部署）別コミュニケーションの形態を調べると、「研究・開発」と「経営企画」には必要とされているが、「総務」ではそれほどでもないという結果が出ている。

表4：職種別・職務上必要となるコミュニケーションの形態「聞く・話す」

職種＼形態	交渉	会議	電話	パーティー	プレゼン
平均（％）	49.9	63.4	71.3	27.3	43.7
総務	39.5	43.7	78.4	30.4	21.1
法務	54.6	62.2	77.3	21.8	33.6
人事	44.6	59.6	72.5	28.5	39.4
経理	34.5	56.5	83.1	20.9	25.2
経営企画	62.3	72.0	81.9	36.9	50.9
販売	62.9	61.2	77.4	31.7	45.3
製造	46.2	65.9	74.7	20.3	42.9
商品企画・製造	57.0	64.7	71.2	30.9	46.9
技術	45.7	72.5	66.5	21.7	46.7
研究・開発	45.1	75.6	57.8	27.7	66.0

(寺内，2010, p.72)

とは言うものの「プレゼンテーション」はすべての部署で要求されているジャンルであることには変わりはない。そこで、この「プレゼンテーション」を通してCレベルの指導法を考えてみよう。

(3) プレゼンテーションにおける指導法

先ほどの表4では「プレゼンテーション」というジャンルは「聞く・話す」というスキルに位置づけられたが，その準備を考えると，資料を「読み」，実際の発表資料を作成する（「書く」）というスキルも当然含むこととなる。そして，このプレゼンテーションは同じスキルでもその内容により要求されているレベルが異なるのである。表5を見てほしい。

表5：プレゼンテーションのレベル別のスキル

	B2.2	C1	C2
発表		専門分野のプレゼンテーションをパワーポイントで行う。	
やりとり		専門分野のプレゼンテーションに対する質疑に対し応答し議論する。	
読むこと	発表者のプレゼンテーションの資料を読み，理解する。		
聞くこと		ハンドアウトなど配布資料があれば，専門分野のプレゼンテーションを理解する。	
書くこと		専門分野の英文のパワーポイントのスライドやハンドアウトを作成する。	高度に専門的な内容を含んだパワーポイントのスライドやハンドアウトを作成する。

注：深山，2012, pp.7-11を参考に作成

同じ「プレゼンテーション」というジャンルにおいても，発表者の資料を「読み」理解することと，発表を「聞く」ことではその要求されるレベルが異なること，さらに，「書く」という同じスキルにおいても，その内容により要求されるレベルが異なることがわかるであろう。教師は学習者にこうした違いがあることを認識させることが重要なのである。

※ Cレベル指導における教師の役割

いずれにしても，上級レベルになると，教えるというよりも環境，コンテクスト，関連する資料の提供などが教師の主な役割になると考えた方がよい。

また，教師が学習者に対して学習アプローチをいくつか提供し，コンテンツや資料を紹介しながら自律学習を促すことが重要であろう。CEFR そのものをターゲットにしてはいないが，Zamel (1983) はライティングに関する上級者を対象にした論文を執筆しており，大いに参考になる。適切なコンテクストにおいてたくさんのアウトプットを促すような授業が適切だと言えそうである。

まとめ

具体的な C レベルの指導法は数多く紹介されているわけではない。学習者の自律学習を促すために，環境を整えたり，関連する資料などを重要である。その時に「ジャンル」の概念を示すことによって，同じコミュニケーションの形態（ジャンル）であっても，C レベルのものを必要とされることがあり，学習者がそのレベルを目指すサポートを行うのが教師の役割であろう。

もっと知りたい方へ

CEFR の C レベルの指導法に限定したものではないが，上級者をどのように教えるかについてまとめたものを紹介する。

Kravcik, M., & Klamma, R. (2012). Supporting Self-Regulation by Personal Learning Environments, 12th IEEE International Conference on Advanced Learning Technologies.

Urlaub, P. (2012). Reading strategies and literature instruction: Teaching learners to generate questions to foster literary reading in the second *language, System, 40* (2).

さらに C レベルにターゲットを絞ったガイドラインを Appendicies として，本が刊行されている。

Green, A. (2012) *Language Functions Revisited: Theoretical and empirical bases for language construct definition across the ability range.* Cambridge: CUP.

Q32 Spoken Production の CAN-DO の特徴とその指導法とは？

※ CEFR における Spoken Production の定義と内容

　CEFR では言語はコミュニケーションのために使用するものであるという立場を明確にしている。よって，言語を用いた活動を領域別にカテゴリー化する際も，スピーキングの領域を Spoken Interaction と Spoken Production に分けている。Spoken Interaction が双方向的で即興的であり，相手との言語交渉を通してコミュニケーションが成立するのに比べて，Spoken Production はモノローグで一方的に話す行為であり，事前準備の有無についても選択が可能である。CEFR では Spoken Production は，"In Spoken Production (speaking) activities the language user produces an oral text which is received by an audience or one or more listeners. (CEFR, 2001, 4.4.1.1, p.58)" 「口頭発話（スピーキング）活動とは1人の聴衆または1人か2人以上の聞き手に受信される口頭のテクストを産出する（筆者訳）」と定義され，その例として口頭による情報伝達や指示，公的な会合でのスピーチ，大学の講義，牧師の説教，娯楽，スポーツ解説，販売促進のためのプレゼンテーションを挙げている。またそれは，テクストの朗読，読み上げ，メモや書き取ったテクスト，視聴覚的補助を用いてのスピーキング，事前に練習した役割の実演，即興スピーチ，歌などを含むとして，5つの活動に分けてレベル別に提示している。それらは，「総合的な口頭発話の尺度」，「経験を語るモノローグの尺度」，「例えばディベートなどの論述の尺度」，「聴衆の面前で行う講演や演説の尺度」であるが，これらの表がわかりにくいという批判は特にカリキュラム作成者（Keddle, 2004）や CEFR 研究者（Komorowska, 2004）によって指摘されている。

　しかし，CEFR の Spoken Production を外国語指導に用いるという実用的な立場からは，到達指標ベースのシラバス作成や授業実践に利用できるものである。すでに述べたように，CEFR の子細な尺度についての批判はある

が，ヨーロッパの学校教育の中で有効に活用されているものもある。CEFR では，スキルの「全体尺度を包括的に示した」global scale（Council of Europe, 2001, p.24）と自己評価用にスキル別尺度を例示した self-assessment grid（ibid, p.25）と話し言葉の質的側面一覧表である qualitative aspects of spoken language use（ibid, p.28）が柱となる尺度一覧表である。CEFR-J は，CEFR の「全体の尺度を示す一覧表」を基盤としてその他のすべての表の中から，日本の学習者が学校で学習していることを中心にディスクリプタを作成したものであるが，CEFR のフレームワークと異なる点は，「Pre-A1」のレベルが加わっていること，また A1 レベルは A1.1，A1.2，A1.3 に細分化してある点である。その理由は投野（2012）で詳細に記述されているので，ここでは言及しないが，小学校の外国語活動や中学生のごく入門期の学習過程を考えて細分化したと理解してよい。CEFR の Spoken Production は CEFR-J では日本語版では「発表」として4レベル，12段階の尺度で示している。そこで次には，各レベルを尺度別に整理してその特徴を確認したい。

❋ CEFR-J Spoken Production「発表」の尺度別特徴

CEFR-J の各レベルを尺度別に整理する方法は，どんなことをしようとするかについてはQ 28で用いた例に倣い，「条件」「トピック」「できること」のカテゴリーを用いて能力記述文（ディスクリプタ）を一覧表に整理することにする。またCレベルを除いて，各段階には2つのディスクリプタがあるので，それらを仮に1．2としてレベルごとに整理して，最後に Spoken Production の学習過程の特徴を簡単に記述することにする。

表1：CEFR-J Spoken Production のディスクリプタ

Pre-A1	条件	1．簡単な語や基礎的な句を使う／2．前もって話すことを用意する，基礎的な語句や定型表現を使う
	トピック	1．ごく限られた情報の伝達／2．物の説明
	できること	1．名前や年令を伝えることができる／2．物の説明ができる
A1.1	条件	1．基礎的な語句と定型表現を使う／2．（1と同じ）
	トピック	1．個人情報の伝達／2．簡単な情報の伝達

		できること	1. 家族や趣味について伝えることができる／2. 時間や日時，場所などを伝えることができる
A1.2		条件	1. 前もって発話することを用意する，簡単な語や基礎的な句を使う，限られた構文を使う／2.（1と同じ）
		トピック	1. 限られた身近なトピックを伝える／2. 日常生活の物事を伝える
		できること	1. 簡単な意見を言うことができる／2. 簡単に描写することができる
A1.3		条件	1. 前もって発話することを用意する，簡単な語や基礎的な句を使う，限られた構文を使う／2.（1と同じ）
		トピック	1. 身近なトピック／2. 日常生活に関する簡単な事実
		できること	1. 複数の文で意見を言うことができる／2. 複数の文で描写する
A2.1		条件	1. 一連の簡単な語句や文を使う／2. 1と同じ，写真や絵・地図などの視覚的補助を利用する
		トピック	1. 自己紹介／2. 身近なトピック
		できること	1. 趣味や特技に触れながら自己紹介ができる／2. 学校や地域のことなどについて短い話をすることができる
A2.2		条件	1. 一連の簡単な語句や文を使う，写真や絵，地図などの視覚的補助を利用する／2. 一連の簡単な語句や文を使う
		トピック	1. 自分の毎日の生活に直接関係のあるトピック／2. 意見や行動計画
		できること	1. 自分のこと，学校や地域などについて短いスピーチができる。／2. 理由を挙げて短く述べることができる
B1.1		条件	1. 使える語句や表現を繋げる／2. 自分の考えを事前にメモする，メモの助けを利用する
		トピック	1. 自分の経験や夢／2. 馴染みのあるトピックや自分に関心のある事柄
		できること	1. 順序だてて話しを広げながらある程度詳しく語ることができる／2. 聞き手を混乱させないように語ることができる
B1.2		条件	1. ある程度流暢に　2. ある程度すらすらと
		トピック	1. 短い読み物や新聞記事／2. 自分が関心がある社会の状況

	できること	1．あらすじや要点を順序だてて伝えことができる／2．自分の意見を加えて発表することができる，発表したことについて聴衆から質問が出れば相手に理解できるように答えることができる
B2.1	条件	1．プレゼンテーション：事前に用意する／2．ディベートなど
	トピック	（1．記述がない）／2．自分が関係のある分野のトピック
	できること	1．ある視点に賛成または反対の理由や代替案などを挙げて，聴衆の前で流暢にプレゼンテーションができる，一連の質問にもある程度流暢に対応ができる／2．論拠を並べ自分の主張を明確に述べることができる
B2.2	条件	1．プレゼンテーション：事前にテキストを用意する／2．ディベート
	トピック	（1．記述がない）／2．社会問題や時事問題
	できること	1．要点と関連する詳細に焦点を当てながら流暢にプレゼンテーションができる，用意したテキストから自然に離れて聴衆が興味のある点に対応してプレゼンテーションの内容を調整できる，調整した内容もかなり流暢に容易に表現できる／2．補助的観点や関連事例を詳細に加えながら，自分の視点を明快に展開して話を続けることができる
C1	条件	（記述がない）
	トピック	複雑なトピック
	できること	派生的問題にも立ち入って詳しく論じることができる，一定の観点を展開しながら，適切な結論でまとめ上げることができる
C2	条件	（記述がない）
	トピック	（記述がない）
	できること	状況にあった文体を使ってはっきりと流暢に記述・論述ができる（記述は口頭説明の意味），効果的な論理構成によって聞き手に重要点を把握させ，記憶にとどめさせることができる

　以上によってPre-A1はごく限られた語や句，定型表現を使って名前や年齢，身の回りの具体的な事物（例えばバナナ）や色などを示してそれがなにかを述べることができる段階であることがわかる。

　A1レベルは増えてきた語彙，語句，定型表現を使って語ることができる

段階から，若干の基礎的な文構造を操作して用いることができる段階までを含むものである。A1.1は基礎的な語句や定型表現については前段階と同じだが，できることが増えてくる，すなわち，家族や趣味，時間や場所について語ることができる，すなわち使える定型表現や語彙が増えていることがわかる。A1.2では，基礎的な文構造が操作できる段階に入っている。すなわち，主語や目的語，時制などを変化させることができるということである。ただし，伝えようとすることは事前に準備することが必要である。A1.2は使える語彙が増えており，複数の文を使う段階にも入っている。また，身の回りの事物について語ったり，自分の意見を伝えることができるようになっている。これらの記述からすると，スピーチのような話し方ができる段階に入ったと考えてよいようだ。A1.3はA1.2のディスクリプタとほぼ同一であるが，A1.2で扱うトピックの「日常的な事物」がA1.3では「日常的な事実」に変化していることから，後者に用いる語彙や語句が複雑であろうと想像することができる。

A2レベルは，一連の語句や文を使って，少し詳しく，また適切な描写ができる段階である。A2.1とA2.2の違いは，A2.1では自己紹介や身近なことを内容的に少し膨らませて伝えることができる。例えば自己紹介であれば，自分の趣味や特技についても触れ，町の紹介で地理上の位置や交通機関，人口などの基本的情報に加えて，行事などについても簡単に述べることができる。また，複数の文で語ることができる段階である。A2.2では短いスピーチができるようになっている。ただし，この段階では，事前にメモを用意してメモを頼りにスピーチを行う。また，意見の発表には「理由を述べられる」という記述から，論理的に考えて発表することができるようになっているのもこの段階の特徴である。

Bレベルは，使える語句や文を繋げて伝えることができる段階に入っていることがわかる。B1.1では自分自身のこと，よく知っていること，関心のあることであれば論理的に，かつある程度詳しく話すことができる。しかし，そのためには「事前にメモを作成し，そのメモを利用する」という記述から，即興的に話すのではなくスピーチができる段階と考えられる。B1.2では，読み物や新聞記事の概要や要点を順序立てて伝えることができ，また自分の意見をすらすらと発表できる段階である。また「相手からの質問に理解されるように答えることができる」ということから，使える語彙や語句，文構造

は限定的でも自動化された言語材料を自由に使える段階であることがわかる。B2.1, B2.2レベルには使える英語に記述がない。このことは，ある程度英語の操作を自由に行うことができる段階に入っていることを示すものである。B2.1はプレゼンテーション，B2.2ではディベートができる段階で，プレゼンテーションは「事前に準備する」とある。多くの場合，プレゼンテーションでもディベートでも事前に準備するのは普通のことであるから，準備なしにはできないという意味があるかもしれない。とはいえ，Cレベル（熟達段階）に近いと考えてよい。いずれの活動でも「発表後には即座に相手の質問に答えたり論点を主張することができる」という記述からもこのことがわかる。

Cレベルは，熟達段階である。C1では複雑なトピックでも観点や自分の視点を明らかにして自在に陳述し，結論にまで導ける段階，C2では「状況にあった文体を用いることができる」という記述から，聴衆やトピックによって自在に英語を使い分けることができる段階である。論理構造も完璧で相手に納得させることができる，しかもそれらのすべてを流暢にできる段階であることは，このレベルの学習者は，あるいは母語話者以上に高い英語力を有していると考えてよい。

以上のようにレベルのすべてを通してみることで，基礎段階の言語使用者，自立した言語使用者，熟達した言語使用者の特徴がよくわかる。こうしてみると，日本の学習者，特に学校教育の中では，学習者がどの段階にあるのか，提示された各レベルに費やさなければならない時間，レベルを向上させるための方法などが，指導者にとっての関心事になる。次には，以上のレベル別特徴から実際の授業に活用すべきことをヒントの形で提案したい。

※ 教室実践へのヒント

授業への活用を考えるとき，本来であればシラバス作成から始めることになる。なぜなら CEFR は言語使用者の育成を目指してコミュニカティブな指導を用い，コミュニケーションのための言語活動を行うことが大原則である。その実践を通して，コミュニケーション能力がどの程度充実したかを定期的に確認する資料として，CAN-DO リストが作成されているのであり，実際には幅広い多種多様な活動を用いてできることを増やしていく必要があるからである。しかし，一方では検定教科書を用いて，文法を積み上げて指

導するという学校英語教育の歴然とした事実がある。この点をどう考えればよいかについて，筆者は別の項（→ Q28参照）で検定教科書を用いた言語使用者育成の活動例を作ることを提案した。学校英語教育を考えるとき，Spoken Production についても，中学校の 3 年間で A2 レベルには達している状態が作れるように，授業活動に Spoken Production の活動を加えてみたい。そこで，中学校検定教科書 *New Crown English 1, 2* を参考に，CEFR-J のレベルに合わせて実際に 2 つの活動例を示す。

【活動例 1】A1.1 または A1.2
Lesson 2： My School
Get（新出文法の学習を狙いとしたセクション：This is .... / Is that ...? Yes, it is. / No, it is not[isn't].）の応用活動
○活動の目的：身の回りのものを複数の文を使って説明する，自分のことを語る機会を増やす
○タイミング：「書いてみよう」の活動の前
○活動の意図と手順：

　この活動例は，入門期の初期段階でも，型の定着のための練習活動を少し離れて，身近なことを語る体験を加えさせるために，Show & Tell を計画したものである。この時点では既習の学習事項はなにを使ってもよいとして，短文でよいができるだけ多くの文で語らせたい。ただし，持ち物の名称は，教師がグループを回り個別指導をしておく。この段階で生徒はカタカナでメモを取るだけでよいが，正しく発音できるように指導する。an eraser, a marker, a pen porch などが予測されるが，語彙を増やす機会となる。活動の前に教師が実物を見せながらモデルを示し，全体でリピートさせておくと生徒の活動が楽になるであろう。まとめとして発表した文を書かせる宿題を課せば，教科書の「書いてみよう」の活動は不要になる。フォローアップとして物の名前のリスト（例：a pen porch ＝ 筆記用具入れ）を印刷して次の授業に配布し，全員で発音練習をしておくとよい。

　筆者は A1 レベルの Spoken Production は，検定教科書の中学校 1 年生のレベルではないかと考えている。しかし，すでに述べたように日本では Spoken Production の活動は 1 年生の段階では特に少ない。したがって，CEFR-J の Spoken Production を授業に組み込もうとすれば，そのための

活動シラバスを作成して，継続的にモノローグの活動を加える必要がある。上の例はもっとも基礎的な段階でもこの活動が可能であることを示したものである。1年生の教科書には，多くのミニ練習活動があるが，「話してみよう」の中で扱われるインタラクションの活動をモノローグの活動に変えて，その後に「書いてみよう」の活動へと発展させれば，形式重視の視点に言語使用重視の視点を加えることができるであろう。

【活動例2】A2.2
Lesson 3：For Our Future
○活動：USE, Read の後の Try の活動を実際に英語でチャレンジ
○活動の目的：Try では要旨を書かせる活動になっているが，スピーチ作成の発表活動に変更する
○活動形態：4人1組のグループによるスピーチ作成と発表
○活動のタイミング：Lesson 3が終了した後
○活動の意義と方法：扱っているトピックが難しいので，この課はReadingの活動で終わっており，新出言語材料を使わせるという視点はないようだ。しかし，スピーチのトピックを簡単にすれば，自己の考えを提案型の原稿にし，英語で書いて発表させることができるであろう。この活動はまとめて時間を取らずに帯学習として4〜6間程度の時間をかけてもよいだろう。また準備段階では日本語を用いてもよいとし，原稿を事前に準備した後，発表の段階ではグループのメンバーがパートに分けて暗唱して発表してもよいだろう。必要に迫られて新語を使うこともあり，必要な単語は辞書などで確認しながら使わせる，教師が授業の中でグループごとに個別に指導する必要がある。また，発表に際しては写真やイラスト等の補助手段の利用や新語を事前に板書させるなどの工夫も必要である。活動に入る前には，生徒が作れる程度のモデル文を示して，スピーチの形式を十分に理解させる必要がある。以下に手順とモデル文を示す。

○手順1：スピーチの構造検討
①生徒によるトピックの選定：問題と感じていることを話し合ってトピックを決めさせる
②トピック選定の理由：トピック選定の理由を考えさせる

③サポート：裏付けとなる証拠や例を探させる
④解決の提案：どうすれば解決できるか提案を考えさせる
○手順2　モデル文の提示と構造検討
トピック：Let's use the public parking space for bicycles.
トピック選定の理由：We see many bicycles around the station. They block the road. They are very dangerous.
サ ポ ー ト：Yesterday we counted the number of the bicycles. There were 50 bicycles. Because the road is narrow, only two persons can walk on the road. We can fall easily because we must hurry to the station especially in the morning.
問題解決の提案：There is a public bicycle parking lot near the station. It is free. Only we walk five minutes from the parking lot to the station. But we think that we must park our bicycles in the parking lot. We must be kind to each other.
○手順3：以上の①～④を帯学習として英文を書く活動を数回に分けて行わせる
○手順4：グループによる発表
発展活動：スピーチを清書して提出，最後に新しく覚えた単語のリストを作らせる（hurry=急ぐ　park=とめる・置くなど）

【まとめ】

　Spoken Productionの活動を帯学習に取り込めば，スピーチの作成から発表までを時間をかけて行わせることができる。中学2年生レベルで使える英語は限りがあるが，使おうという機会が継続的に与えられれば，使うことに慣れてやがては自信にもつながるであろう。また，まとまったことを語る，人前で語る，スピーチやプレゼンテーションの活動の基礎を築くことができるであろう。1年生終了後の2年間をかけて中学校でこのような活動を行えば，少なくとも高等学校入学の段階ではA2レベルの活動をもっと楽にできるようになると思われる。

Q33 Spoken Production の CAN-DO と実際のスキルとの関連性は？

❋ はじめに

　一般的に日本の英語教育で「スピーキング能力」としてひとくくりに扱われている能力を，CEFRでは2つに分けている。それらはSpoken Production能力（発表）とSpoken Interaction能力（やりとり）である。Spoken Productionは聞き手はいるものの，聞き手の反応に応じるという側面を伴わない，一方向のコミュニケーション能力として扱われる。例を挙げると，アナウンス，スピーチ，講義，説教，解説，新商品の発表のようなものであり，教室内での活動を例に取ると，自己紹介や経験談を伝えるモノローグ，メモや写真などの視覚的補助を使って show & tell をする活動，プロジェクターを用いて行うプレゼンテーションなどである。また，教科書を音読することも一種のSpoken Productionとして含まれる。一方，Spoken Interactionは，フォーマルであれインフォーマルであれ，話し相手の反応によって，話す内容を調整しなければならない双方向のコミュニケーション能力となる。話し相手との会話，取引，交渉などがその例として挙げられる。

　本節では，CEFR-J（ベータ版）の段階で設定されたSpoken ProductionのCAN-DOディスクリプタのうち，2つ（A1.3とB1.1レベル）を取り上げ，実際のスキルとどのような関連性，差があり，現在のCEFR-J（Version 1）に修正されていったのか，その「CAN-DOとスキルの関係」を解説する。

❋ パフォーマンス・テストによる2つのディスクリプタの検証

　Spoken Productionにおける学習者の自己評価と実際のパフォーマンスとの関係を見るために，CEFR-J（ベータ版）から2つのディスクリプタを取り上げ，検証してみた。CEFR-Jで設定されたディスクリプタの文言により，学習者自身が自分のパフォーマンスのできる度合いを判断できるかどうかを見ることになる。ここで取り上げたディスクリプタは次の2つである。

B1.1

　使える語句や表現を繋いで，自分の経験や夢，希望を順序だて，話しを広げながら，ある程度くわしく語ることができる。

A1.3

　簡単な語や基礎的な句を限られた構文を用いて，複数の文で，日常生活に関する簡単な事実を描写できる。

　CEFRでは，B1とA1はそれぞれ次のような包括的な枠組みを提示している。

　B1：自分に関心ある分野内におけるさまざまな話題のうちのひとつについて，適度な流暢さで，事柄の提示は脱線なく論点が直線的で，簡潔な記述を維持することができる。

　A1：人々や場所について，簡単な字句を並べ，文を産出することができる。

　今回取り上げたCEFR-Jの2つのディスクリプタは，B1では「自分に関心のあるさまざまな話題」を「経験や夢，希望」と具体化し，A1は「人や場所」を「日常生活に関する簡単な事実」としたものである。

(1) B1.1の検証

　ここでは，学習者がCEFR-J（ベータ版）のB1.1ディスクリプタ「使える語句や表現を繋いで，自分の経験や夢，希望を順序だて，話しを広げながら，ある程度くわしく語ることができる」に対し，自らできる度合いを判断できるかどうかを検証した。

○方法

①被験者が，ランダムに置かれたディスクリプタ一覧を読み，自分自身ができる度合いを次の(a)〜(d)の4つのレベルに仕分けさせた（自己評価）。
　(a) できる
　(b) ほぼできる
　(c) あまりできない
　(d) 全然できない

②その後，被験者には，前もって準備する時間を与えず，「これまでの経験を踏まえて，これからの夢を語る」というモノローグのタスクを与え，それを録音した。

③2人の教師によって，②で録音した音声を聞き，①の (a)～(d) の包括的評価を与えた。評価者間信頼度係数は0.83であった。
④タスク終了後，B1.1のディスクリプタと実際のパフォーマンスに関するインタビューを行い，自分の問題点がどこにあったのかを振り返った。

○被験者

本調査に参加した被験者は英語系大学生3名（学生A，学生B，学生C）であり，それぞれのTOEICスコアは645, 750, 755である。このうち，学生Cは1年の海外留学から帰国した学生で，755は留学前のスコアである（今回の実験の数ヶ月後のTOEICスコアは900であった）。

○結果

学生A～Cの自己評価と実際のパフォーマンスに対する教師AとBの評価は表1の通りである。学生AとCについては，それぞれディスクリプタによる自己評価と実際のパフォーマンスが合致した結果となった。学生Bは，実際にはある程度できるのだが，自己を過小評価していたことになる。

事後に行ったインタビュー(次ページ表2に一部を示す)では，学生AとBは「話しを広げながら喋り続ける」，「話しを展開し，くわしく話す」という点に難しいと感じる部分があった。学生Bはモノローグにおける話の構成方法は認識していたが，「話の展開」に困難さを感じた。学生Cについては，過去のタスクの経験が自己評価と結びついている。

表1：自己評価と2名の教師の評価

	TOEIC	自己評価	教師A	教師B	備考
学生A	645	あまりできない	あまりできない	あまりできない	話の途中でテーマが逸れてしまう。多くの長いポーズがあり，不完全な文も多い。
学生B	750	あまりできない	ある程度できる	ある程度できる	主旨に合った話はするが，多くの繰り返しがある。文法の間違いが散見される。
学生C	755	ほぼできる	ほぼできる	ほぼできる	流暢に話し，話の主旨も一貫している。時々ポーズがあるが，長すぎず，適度な長さにモノローグが続く。

表2：事後インタビューにおける3名の学生からのコメント（一部）

	コメント
学生A	実際に喋ることはそれほど難しいことではないが，準備することなく，「話しを広げながら喋り続ける」ということが難しい。要するに，なにを喋ったらよいのかを喋りながら考えることが難しく，くわしく話すことができない。
学生B	この種のモノローグをする際のひな形が頭にあり，最初に「これからやりたいこと（夢）が3つある。1つは…2つめは…3つめは…」という全体フレームに当てはめようとした。しかし，それぞれに主題文を入れられても，サポート文が出てこず，多くの文を当てはめ，話を展開するのに苦労し，"I want to ..." を何度も重ねることになってしまった。
学生C	かつてカナダに留学中していたとき，同じ話題で喋ったことがあった。よって，どれぐらい自分が喋れるかが予測できたし，何を喋ったらよいかというアイデアはとっさの準備がなくても，例も含めてすでに頭の中に入っていた。それ故，喋りやすいものであった。

○考察

被験者数が少ないため一般化することは難しいが，上記の結果からは，ディスクリプタによる自己評価により，実際のパフォーマンスは予期することができると考えられる。

(2) A1.3の検証

学習者がCEFR-J（ベータ版）のA1.3ディスクリプタ「簡単な語や基礎的な句を限られた構文を用いて，複数の文で，日常生活に関する簡単な事実を描写できる」に対し，自らできる度合いを判断できるかどうかを検証した。

○方法

①被験者が，ランダムに置かれたディスクリプタ一覧を読み，自分自身ができる度合いを次の (a)〜(d) の4つのレベルに仕分けさせた（自己評価）。

   (a) できる
   (b) ほぼできる
   (c) あまりできない
   (d) 全然できない

②PCの録音ソフトを利用し，彼らの日常生活について3分を最大時間として，その間にモノローグ形式でマイクに向かって語るようタスクを与えた。トピックは日常生活に関するものを2題 "My hometown" と "My

college life"とし，それぞれ2回ずつ録音した。1回目は前もって準備をさせず，トピックを与えてすぐに録音させ，2回目は録音の前に3分間の準備時間を与えた。
③2人の教師により，録音された音声を評価し，被験者の自己評価との間に差があるかどうかを，対応あるT検定により検証した。評価者間信頼度係数は0.83であった。
④タスク終了後，A1.3のディスクリプタと実際のパフォーマンスに関するインタビューを行い，自己評価とタスクを振り返った。

○被験者
　本調査に参加した被験者は大学生18名であり，英語の運用力は比較的低く，TOEICスコアは195〜375の学生である。

○結果
　18名の学生の自己評価と実際のパフォーマンスの平均の差を対応あるt検定により検証した結果，表3が示すような結果を得た。この表が示すところによると，2つのトピック"My hometown"も"My college life"の両方において，準備をしなかった場合，自己評価と実際のパフォーマンスとは差が見られなかった。このことは，ディスクリプタ「簡単な語や基礎的な句を限られた構文を用いて，複数の文で，日常生活に関する簡単な事実を描写できる」の自己評価が実際のパフォーマンスを予測できることを意味している。しかしながら，準備をした場合は，自己評価とパフォーマンスには有意差が

表3：自己評価と2名の教師の評価との差

	対応サンプルの差		t 値	自由度	有意確率(両側)
	平均値※	標準偏差			
My hometown 準備なし	0.11	0.76	.622	17	.542
My hometown 準備あり	−0.61	0.92	−2.829	17	.012
My college life 準備なし	0.06	0.73	.325	17	.749
My college life 準備あり	−0.83	0.79	−4.499	17	.000

見られる。しかも，全体的に自己評価より高い評価が判定者によって得られている。

※自己評価から判定者の評価を引いた値。マイナス値は自己評価より判定者の方が評価が高かったことを示す。

　事後インタビューにおける被験者学生からのコメントとしては，「前もって準備が与えられている」という条件の有無で，自己評価の度合いが変わるというコメントが得られた。準備時間が設けられると，パフォーマンスできる自信の度合いが増すという。「もっと準備に時間があれば，もっと良いパフォーマンスができるはず」とのコメントもあった。トピックについては，My hometown も My college life も，授業の自己紹介やジャーナルの課題などでなじみのあるトピックなので，それほど難しくないという。しかし，郷里から離れて暮らしている場合は話しやすいが，自宅から大学に通っている場合はあまり郷里を思うことはないので，内容が浮かびにくいとのコメントもあった。大学1年生であるが故に，My college life の方が身近な話題として話しやすかった，とのコメントがあった。

○**考察**

　CEFR-J（ベータ版）のディスクリプタを使って自己評価した際，上記で検証した A1.3 より A2.1 の「前もって発話することを用意した上で，写真や絵，地図などの視覚的補助を利用しながら，一連の簡単な句や文を使って，身近なトピック（学校や地域など）について短い話をすることができる」の方が簡単に感じると示唆される結果を得た。具体的には，18名中6名が A1.3 より A2.1 の方ができる度合いを高く評価し，9名が同等に評価した。このことは，中・高・大学生に対しておこなった CEFR-J（ベータ版）の項目困難度に関わるアンケート調査によっても得られた結果であった（次ページ図1参照）。図は CEFR-J（ベータ版）の困難度に関わるアンケート調査の結果をグラフ化したものであるが，A1 より A2 の方が困難度において低く評価され，逆転現象が生じた。この原因について，我々研究グループは CEFR-J（ベータ版）の A2 に「前もって発話することを用意した上で」という文言が含まれているということが関わっていると判断した。そこで，CEFR-J（ベータ版）から CEFR-J（Version 1）に改訂する際，「前もって発話することを用意した上で」という文言を A2 から A1 に落としている。

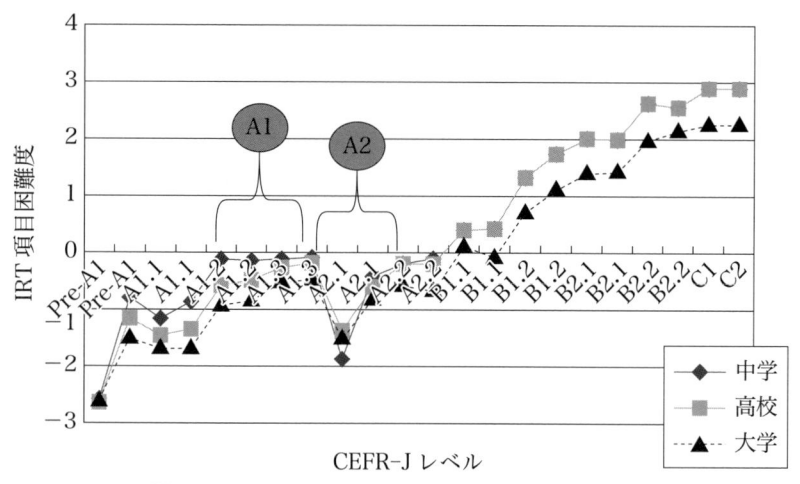

図1：CEFR-J Spoken Production の項目困難度

まとめ

　以上，Spoken production の CAN-DO と実際のスキルとの関連性について，筆者らが行った実験を絡めて解説したが，今回検証したディスクリプタが2つに限定されているため，すべての CAN-DO ディスクリプタと実際のパフォーマンスの差を示すことはできていない。また，被験者の数も少なく，大きなスケールでの調査には至っていないため，一般化するにはさらなるリサーチが必要である。また，トピックや学習者の過去の経験も変数となることも，今後の検証の大きな課題点である。

もっと知りたい方へ

　CEFR の各レベルの Spoken production はどのようなものなのか，「…できる」という文言だけではイメージしにくいものである。そこで，webCEF というサイトを紹介する (http://www.webcef.eu/)。サイトの右側 Showcase から対象言語とレベル，モノローグを選べば，動画を通して各レベルの Spoken production のイメージをつかむことができる（Spoken interaction の動画もあり）。

Q34 Spoken Interaction の CAN-DO の特徴とその指導法とは？

※ CEFR-J の中心となる技能

　英語教育の分野では，しばしばスキルはリスニング，リーディング，スピーキング，ライティングの4技能で表されているが，CEFR-J や CEFR はスピーキングを Spoken Production（発表）と Spoken Interaction（やりとり）に分けて5技能にしていることは，特記すべきことである。Spoken Production が1人で話す状況（スピーチをする，ディベートで論述を述べる）を表しているのに対して，相手がおり，相手と協調しながら意味交渉をしながら話すことを Spoken Interaction と呼んでいる。スピーチなどは，時間があれば前もって話すことを準備ができる状況であることに対して，Spoken Interaction はオンタイムで会話が進むので，前もって話すことを準備することはできない。コミュニケーション能力が最も現れる，非常に重要なスキルである。高等学校の学習指導要領の「英語表現Ⅰ・Ⅱ」においても，この準備なしで話すことの重要性が強調されている。

　また，一般にインタラクションは，教室内で最も時間を割いて欲しい言語活動である。なぜならば，相手の言っていることを理解し，自分の言いたいことを表現し，情報や考えをやりとりするインタラクションは第二言語習得には欠かせないからである。このことは，認知心理学的アプローチからみても，社会文化的アプローチからみたも，ほぼ第二言語習得理論の定説となっている。

　認知心理学的アプローチでいえば，インタラクションを通じて，話者は別の話者の意見や質問に関して，わからない時は聞き返したり，もう一度言ってもらったり，別の言葉で言い直してもらったりして，相手を理解しようとする。母語話者でない話者の場合，インタラクションは自分が学習した語彙や表現を使うことができる機会（hypothesis testing）でもあり，相手からのフィードバックにより，自分の語彙や表現の使い方が正しいのか，修整し

た方がいいのかを知る絶好の機会となる。このような意味交渉（negotiation of meanings）を通して第二言語習得が起こる。

また，社会文化的アプローチからも第二言語習得におけるインタラクションの役割は不可欠である。これは，ロシアの心理学者のヴィゴツキーの「人は他者と関わりを持ちながら，自分の考えや知識を構成していき，人の高次元な精神の発達（言語もこの中に入る）もその関わりの中から生まれる」という考えに基づいている。ヴィゴツキーはこれを発達の最近接領域（zone of proximal development, ZPD）というメタファーを使って表している。この考えによると，学習者が現在は1人ではできないタスクでも，大人（教師）や周りの人（クラスメートなど）の助けを借りて，そのタスクを行うことができるようになる。そして，やがて1人でもそのタスクを行うことができるようになるという考えに基づいている。この教師の助けや周りの人の助けを足場掛け（scaffolding）と呼んでいる。つまり，学習者は教師や友達の助けを借りて，インタラクションをしながら，自分の能力より少し高いタスクに挑戦し，言語を学ぶことになる。

このようにインタラクションは第二言語習得の中で重要な役割を果たし，言語の上達には必要不可欠なものである

※ Spoken Interactionとタスク

それでは，学生をインタラクションに従事させるためどのように教室内で指導すればいいのであろうか。CEFRの筆者たちは，CEFRは，ある特定のアプローチを推奨しているものではないと主張しているが，CEFRの第4章では，コミュニカティブな言語活動（communicative language activities）を詳細に説明しており，第5章では，コミュニカティブ・コンピタンス（communicative competence）に関して論じている。また，CAN-DO形式で書かれたコミュニケーション活動は，明らかにタスクを示唆していると言ってよい。

ここで言うタスクは，communicative activitiesの一種であり，その定義はさまざまに言われているが，研究者たちの意見をまとめると，以下のように定義できる（Samuda & Bygate, 2008）。

①タスクは，言語の形より，意味を重要視する。教室内に教室外の実際のコ

ミュニケーションを再現しようとしている。
② タスクには何らかのゴールや結果がある。それは，問題の解決策であるかもしれないし，描写しようとした絵や写真であるかもしれないし，グループで話し合って決定した旅行の日程かもしれない。
③ タスクを行うとき，学習者はあらかじめ用意された言語を使用するのではなく，自分の中間言語を用いる。例えば，不定詞を学習したからと言って不定詞を使うように強要されていなければ，学習者はタスクにおいて不定詞を使うかもしれないし，使わないかもしれない。
④ タスクを完成させるのに，学習者同士はインタラクションに従事する。必ず，ペアやグループで話し合ったり，意見交換をしながら，タスクを完成させる。

以上の主だった4つのタスクの特徴から，タスクを行うには，その準備段階でリスニング，リーディング，ライティングなどを題材に使うかもしれないが，タスクそのものを行うにはSpoken Interactionが必要なことがわかる。

※ Spoken Interactionと具体的活動

Spoken Interactionは，日常的なあいさつや会話から非公式・公式の議論，ミーティング，目的達成のための協働作業，取引，情報交換，インタビューなどに幅広い状況を想定している。特に，CEFR-Jでは，日本の教育現場の状況を考慮し，ほとんどの中学や高校の生徒が抵抗なく受け入れることができるように，授業で学習するであろうコミュニケーションの場面をディスクリプタに入れたり，学校生活に関係するディスクリプタを意識的に入れている。例えば，A1.3のディスクリプタ，「趣味，部活などのなじみのあるトピックに関して，はっきりと話されれば，簡単な質疑応答をすることができる」とか，B1.1のディスクリプタ，「身近なトピック（学校・趣味・将来の希望）について，簡単な英語を幅広く使って意見を表明し，情報を交換することができる」などは，学生が学校生活について意見交換できるように考えられている。

※ Spoken Interactionとストラテジー

CEFR-Jでは，コミュニケーション・ストラテジーや学習ストラテジーに

ついては触れていないが，CEFRでは，この2種類の異なったストラテジーに関してかなりくわしく論じられている。

　学習ストラテジーとは，学習者が新しい情報を理解し，学習し，記憶にとどめようとするために使う行動，もしくは思考プロセスである。CEFRの理念のひとつである，自分で学習を計画し，学習をモニタリングし，学習が終わった後は評価することができる自律した学習者を育てるためには，メタ認知を中心とした学習ストラテジーを習得することが必要不可欠である。Spoken Interactionにおいてもオンタイムで，話すことを計画したり，自分の言いたいことが伝わっているかをモニタリングし，話し終わったあとは，相手にうまく伝えることができたかを評価したりして，学習ストラテジーを使用することが望ましい。

　また，コミュニケーション・ストラテジーとは，コミュニケーションをしている時に言語能力の足りない部分を補うために用いるストラテジーである。コミュニケーション・ストラテジーが言語習得に実際に役立っているかどうかは議論が分かれるところであるが，これを使うことにより，少なくとも，コミュニケーションは破綻しない。

　特にSpoken Interactionでは，このコミュニケーション・ストラテジーを使用することが多いので，折に触れ指導することが望ましい。CEFRでは，コミュニケーション・ストラテジーを言語習得度のレベル別に配置しているが，本来コミュニケーション・ストラテジーは，学習ストラテジーと同じように，レベル別にCAN-DOで表すのは非常に難しい。というのも，言語習得度が低い学習者でもあらゆるコミュニケーション・ストラテジーを使用することは可能であるからである。

　コミュニケーション・ストラテジーには以下のようなものがある(Tarone, 1980)。

①よくわからない話題を避ける。
②言い換える。事物の名称などの単語が思いつかないときに，その事物を描写して表したり，単語を作ったりする。
③母語などの言葉を利用する。ある単語が思いつかないときに，母語を直訳したり，他の外国語で置き換える。
④助けを求める。

⑤わからないことや物を表すのにジェスチャーを使う。

※ Spoken Interaction に必要な能力

　CEFRでもCEFR–JでもSpoken Interactionを成功させるには，一般的能力の他にコミュニカティブ・コンピタンスが必要となる。コミュニカティブ・コンピタンスは，言語能力（linguistic competence），社会言語的能力（sociolinguistic competence），談話能力（discourse competence），方略能力（strategic competence）で成り立っている（Canale & Swain, 1980）。CEFRでは，この能力をコミュニケーション言語能力（communicative language competence）と呼んでいる。ほぼコミュニカティブ・コンピタンスと同じ意味で使われ，言語能力，社会言語的能力，言語運用能力（談話能力と同じ）を含む。

　方略能力については，先のセクションですでに述べた。言語能力は，語彙力，文法力，形態論に関する知識，音声能力など，一般的な言語に関する能力であり，談話能力とは，論理的に一貫性のあるメッセージを組み立てる能力である。社会言語的能力とは，言語の社会性に対する知識と技能である。

　最後の社会言語的能力は他のスキルと比べて，最もSpoken Interactionに求められる能力である。社会言語的能力とは，話者との関係の親密度の違い，立場の違い，インタラクションが起こる場所や状況などによって言語を使い分けることができる能力，文化の違いから来る礼儀上の表現の仕方が違うことを理解し，対処できる能力である。これは，CEFR-JのPre-A1レベルのあいさつにも必要とされる能力である。例えば，友達に会った時には，"Hi! What's up?"などとあいさつするが，教師などに会った時には，"Hello! How are you?"などの言い方の方が適切である。また，物を借りるときにも，親しい人なら，"Can I use your pen?"などという表現でよいが，それほど親密ではない人から物を借りる時は，"Would you mind if I use your pen?"などという方が適切である。Pre-A1やA1レベルで使い分けをすることは難しいかもしれないが，少なくとも言語は社会性があり，使い分けなくてはいけないのは，日本語でも英語でも同じであることを指導する必要がある。

※ 具体的な指導例

　先に述べたように，Spoken Interaction はタスクを最も活用できるスキルであるので，さまざまなタスクを考えることができる。ここでは，CEFR-J の A1.1 のインフォメーション・ギャップのタスクを紹介する。

【タスク例】 CEFR-J の A1.1 のディスリプタである「なじみのある定型表現を使って，時間・日にち・場所について質問したり，質問に答えたりすることができる」のタスク

○手順
①学生に今から「人と会う約束をする」タスクを行うことを伝える。
②もし，学生が約束をするときに使う表現をまったく知らない場合は，学生が使うか使わないかは自由であるが，表現を教えておく。また，タスクが終わった後に，フォローアップとして，まだ学生が知らない言い方や学生の間違った使い方を取り上げて表現の練習をするのもよい。

○約束をするときに使う表現の例
　★約束をお願いするとき
　　Could I meet you at ...?
　　Would 11 o'clock be all right?
　　How about 1 o'clock in the afternoon?
　　Is Thursday at 9:00 possible?
　★提案された日時を断るとき
　　I'm sorry, but 9:00 is impossible because I have a class.
　　I can't make it then.
　　No, that's not a good time.
　　I'm afraid I can't.
　　Ah, Tuesday is a little difficult.
　　I really don't think I can on Tuesday.
　★逆に提案するとき
　　I'm free during the lunch time. Could you make it then?
　　Well, what about 9：00 on Tuesday?
　　Can we meet at 4：00 then?

③学生にペアを作るように伝える。
④ペアの1人は大学生の役で，もう1人は，英語教員の役であることを伝える。
⑤「大学生は今度のスピーチコンテストに使う原稿を英語教員にチェックしてもらいたいので，英語教員にいつチェックしてもらえるかスケジュールを聞きながら決めなくてはいけない」という状況を説明する。
⑥大学生役の学生，英語教員役の学生も今からそれぞれの5日間のスケジュールが書いてあるシートを受け取ることを伝える。
⑦大学生役の学生には，シートA，英語教員役の学生にはシートBを配る。お互いのシートを見せ合わないように言う。
⑧お互いに話し合い，空いている日時をみつけ，大学生役の学生は，英語教員役の学生と会う約束を取り付けるように指示する。
⑨クラスの8割ぐらいがお互いに空いている時間を見つけだし，学生役が教員役と会う約束をしたら，タスクを止めさせて，どの時間に会う約束をしたかをクラスに聞く。
⑩難しい単語があれば，練習する。例えば，drama, literature などがある。

Sheet A : You are a university student. You would like your English instructor to check the manuscript for English Speech Contest. Ask for an appointment with your teacher.

	Monday	Tuesday	Wednesday	Thursday	Friday
9:00 – 10:30	English 1	English 2	English 1	English 2	English 3
10:40 – 12:10	English 3	English 4	Mass Media	English 4	
12:10 – 13:00					
13:00 – 14:30		Psychology and Language			
14:40 – 16:10			Mass Media	English Literature	Seminar 1
16:20 – 18:00	Seminar 1				

図1:タスク用シートA

> Sheet B:You are an English instructor at the university. Your student would like you to check his/her speech manuscript. The students will ask an appointment with you. Agree to meet the student at a time when both of you are free.

	Monday	Tuesday	Wednesday	Thursday	Friday
9:00 - 10:30			English 4	English 3	English 1
10:40 - 12:10	English 1	English 2			English2
12:10 - 13:00	meeting	meeting	meeting	meeting	meeting
13:00 - 14:30	English Literature		English Literature		Faculty Meeting
14:40 - 16:10	English 4	English Drama			English 3
16:20 - 18:00		Seminar 1	meeting	meeting	meeting

図2:タスク用シートB

まとめ

　Spoken Interaction は第二言語習得の上で重要な役目を果たすので，タスクを活用した指導法などを取り入れ，教室内でぜひ活発に行いたい。また，Spoken Interaction に役立つコミュニケーション・ストラテジーの指導も合わせて行うことが望ましい。

もっと知りたい方へ

タスク活動を授業に取り入れたい方は，以下の文献が役に立つ。

Willis, D., & Willis, J. (2007). *Doing task-based teaching.* New York: Oxford University.

Q35 Spoken Interaction の CAN-DO と実際のスキルとの関連性は？

※ **Spoken Interaction の CAN-DO ディスクリプタからタスクを作る**

　CEFR-J の CAN-DO リストの開発では，CAN-DO ディスクリプタをもとに質問紙を作成し，それぞれの並びの妥当性を検証している。しかし，このような「自己評価」と実際のパフォーマンスが，必ず一致するとは限らない。そこで，ここでは，「やりとり (Spoken Interaction)」の自己評価と実際のパフォーマンスの関係を調べるために行った研究を報告する。この研究を実施するために，まず A2.1, A2.2, B1.1, B1.2 の「やりとり」のディスクリプタに基づいて，タスクを開発した。レベルを限定したのは，発表技能の実際のパフォーマンスを見る場合，そう数多くのタスクを実施できないという現実的制約からであった。また，A2.1, A2.2, B1.1, B1.2 といったレベルにしたのは，日本人の英語力分布と Threshold Level（B1）との関係からである。

　開発したタスクを英語学習者に実施し，その難易度を調べ，それが想定した CEFR-J レベルに対応しているかを見てみた。さらに，学習者の自己評価と実際のパフォーマンスを比較した。結果としては，本研究で用いられたタスクには，そのタスクの CEFR-J レベルより下のレベルのタスクに比べ易しいものがあった。また，かなりの生徒が自分の能力を過小評価していたようである。ディスクリプタは，いくつもの変数を含んでおり，さまざまな解釈が可能である。それゆえに，対応するタスクもさまざまな困難度となる可能性があると考えられる。

　まず，A2.1, A2.2, B1.1, B1.2 のそれぞれのディスクリプタから作成したのは，次のタスクである。

A2.1 ディスクリプタに基づくタスク（以下，道案内）

ディスクリプタ：first や then, next といった簡単なつなぎ言葉を使って，道案内をすることができる。

［受験者用シート］

> 【指示】
>
> 　下の地図を見て下さい。
> 　ある日，外国人の友人があなたに電話をかけてきました。その人は現在，おもて川駅の前にいます。その人は，**コーヒーショップ**までの行き方を知りたいと言っています。あなたは，おもて川駅周辺を知っており，そのコーヒーショップの場所も知っています。
> 　そこで，以下の地図をよく見ながら，外国人の友人にコーヒーショップまでの道順を，説明してください。
> （実際のカードには地図が入る）

A2.2 ディスクリプタに基づくタスク（以下，買い物）

ディスクリプタ：予測できる日常的な状況（郵便局・駅・店など）ならば，広範囲な簡単な語や表現を用いてやりとりができる。

［受験者用シート］

> 【指示】
>
> 　あなたは，現在家族と一緒にアメリカに住んでいます。
> 　今日は，かわいい弟の龍（Ryu）くんの5歳の誕生日！
> 　あなたは大好きな龍くんのために，オリジナルのケーキを作ってもらうことになりました。
> 親からの指示――4人家族で食べられるくらいの大きさ
> 予算――――――$30
>
> 　お店に入ると，店員さんから話しかけられます。
> 相手に何が欲しいかを伝えましょう。
> 　無事に誕生日ケーキを買うことができたら，タスク終了です。
> （次のページのシートを使用する）

Q35

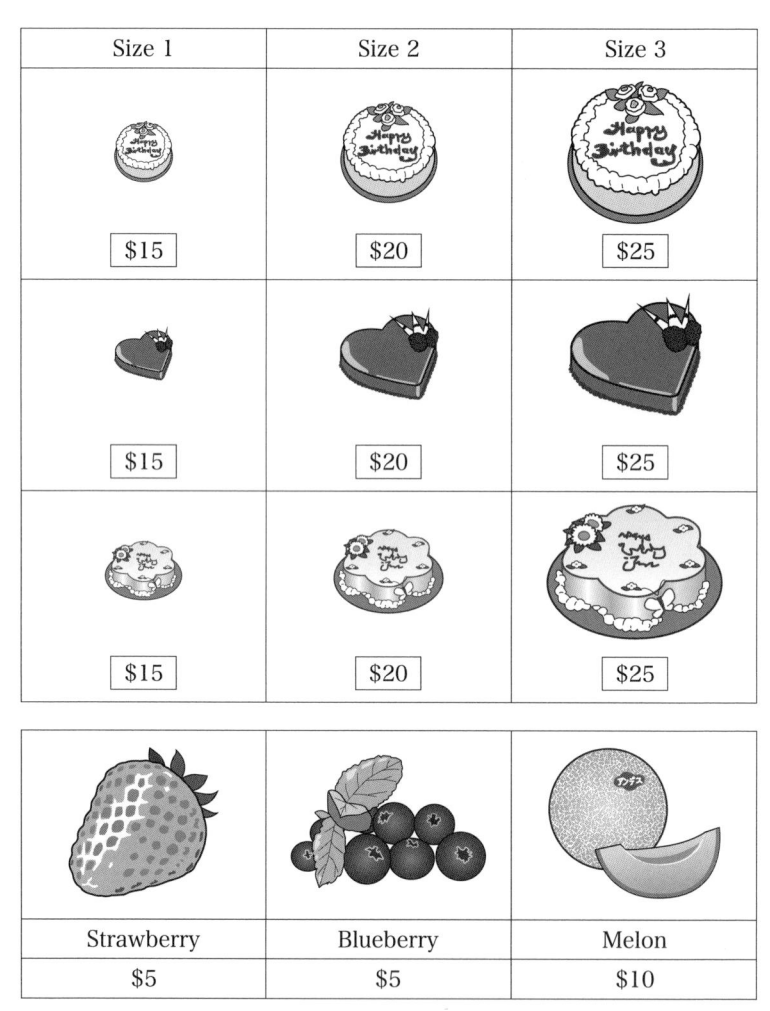

Size 1	Size 2	Size 3
$15	$20	$25
$15	$20	$25
$15	$20	$25

Strawberry	Blueberry	Melon
$5	$5	$10

図1：A2.2 ディスクリプタに基づくタスク用シート

B1.1 ディスクリプタに基づくタスク（以下，学校紹介）
ディスクリプタ：身近なトピック（学校・趣味・将来の希望）について，簡単な英語を幅広く使って意見を表明し，情報を交換することができる。

［受験者用シート］

【指示】

今度留学生が来るのであなたたちは学校代表として学校紹介のプレゼンテーションをすることになりました。この学校のアピールポイントをまずできる限り多く挙げ，その後でどのポイントを取り上げるか1つ決めましょう。

〈設定〉 試験官はALTの先生役。受験者は生徒2人。最長で10分。

B1.2 ディスクリプタに基づくタスク（以下，返品交換）
ディスクリプタ：駅や店などの一般的な場所で，間違った切符の購入などといったサービスに関する誤りなどの問題を，自信を持って詳しく説明することができる。相手が協力的であれば，丁寧に依頼したり，お礼を言って，正しいものやサービスを受けることができる。

［受験者用シート（女性用）］

【指示】

あなたは鈴木明子さんです。あなたはある海外のインターネットショッピングのサイトで洋服を買いましたが，注文するときに間違えてしまったらしく，欲しいものとは全く違うものが届いてしまいました。そこで，カスタマーサービスセンターに電話して，返品交換してもらえるよう頼みましょう。

□住所や電話番号などの情報は，Invoiceに書かれているものを使用してください。
□欲しい商品は，カタログから選んで自分で決めてください。

《今回間違えて購入してしまった商品》

Invoice

Order ID：IN05042397

Ms. Akiko Suzuki
203 Asahi Apartments
3-11-5 Asahi-cho
Fuchu-shi
Tokyo 183-8534
Japan
Phone：0123456789

Invoice Date：July 01 2010　PAID

Your order

item	Price	Qty.	Total
Basic Border T-shirt	$24.50	1	$24.50

item Subtotal：$24.50
Shipping & Handling：$10.25
Total amount：$34.75

Shipping details
Departure date：July 01 2010
Expected order delivery date：July 03 2010
Contact phone：0987654321

************************ **Q-bay Catalogue** ************************

　　Basic T-shirts　　Short Sleeve T-shirts　　Long Sleeve T-shirts　　Half Sleeve T-shirts

Color
Gray, Purple, Blue, Yellow, Orange, Red, Pink, Green
Size
Men's, Women's
XS, S, M, L, XL

図2：B1.2 ディスクリプタに基づくタスク

※ **Spoken Interaction の CAN-DO ディスクリプタに基づくタスクの困難度**

　発話データとともに収集された，生徒自身による self-assessment アンケートの尺度に合わせ，4段階（1：全くできていない，2：あまりできていない，3：それなりにできている，4：問題なくできている）で評価した。各タスクにおける生徒の達成度を用いて，FACETS により各タスクの困難度

```
-------------------------------------------------------------------
| Measr | +Students                    | -Task           | Scale  |
|-------|------------------------------|-----------------|--------|
|   5   + 15   30   8                  +                 +  (4)   |
|                                                                 |
|       | 14   16   20   21   7                                   |
|   4   +                              +                 +        |
|                                                                 |
|                                                                 |
|   3   +                              +                 +    ---  |
|                                                                 |
|       | 10   13                                                 |
|   2   +                              + 学校紹介 (B1.1) +        |
|                                                                 |
|       | 11   17   23   25   28   32   5   9                     |
|   1   +                              +                 +        |
|                                                                 |
|                                                                 |
*   0   *                              *                 *    *   |
|       | 1   3   31   36   37   4   6                            |
|                                      | 道案内 (A2.1)            |
|  -1   +                              +                 +        |
|                                      | 返品交換 (B1.2)|         |
|  -2   +                              + 買い物 (A2.2)  +         |
|       | 2   22   38                                             |
|  -3   +                              +                 +    ---  |
|                                                                 |
|  -4   + 19   26   34                 +                 +        |
|                                                                 |
|  -5   +                              +                 +        |
|       | 18   24   35                                            |
|  -6   + 29   33                      +                 +   (2)  |
-------------------------------------------------------------------
| Measr | +Students                    | -Task           | Scale  |
-------------------------------------------------------------------
```

図3：ラッシュ分析による，達成度を用いたタスクの困難度

表1：タスクのCEFR-Jレベルと困難度順

Tasks	CEFR-J levels	Task difficulty order
返品交換	B1.2	3rd
学校紹介	B1.1	1st
買い物	A2.2	4th
道案内	A2.1	2nd

を算出した。前ページの図3にFACETS rulerの出力結果を示す。

表1は，タスクのCEFR-Jレベルと困難度順を表したもので，タスクの困難度順は必ずしもCEFR-Jレベルと一致していないことがわかる。ただし，このことは驚くにあたらないかもしれない。というのは，同じテスト・スペックからテスト項目を作成しても，異なった項目困難度になることはよくあることだからである。もちろん，今回開発したタスクがどの程度の代表性があるかは検討しなければならないだろう。

※ Spoken Interactionの自己評価は実際のパフォーマンスを予測するか

図4は，それぞれのタスクをどの程度出来ると思っているかを示している。ここから，B1.1のタスクは，そのCEFR-Jレベルにもかかわらず，「できる」と考えている学習者が多いことがわかる。

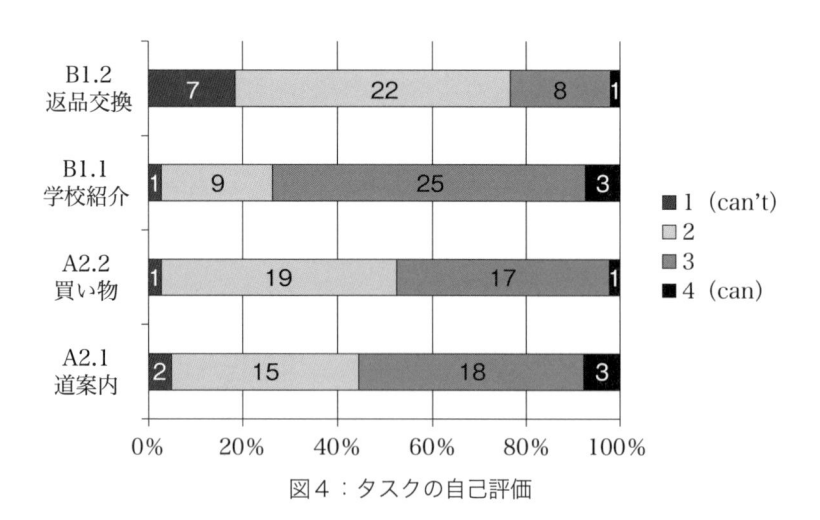

図4：タスクの自己評価

A2.1 道案内

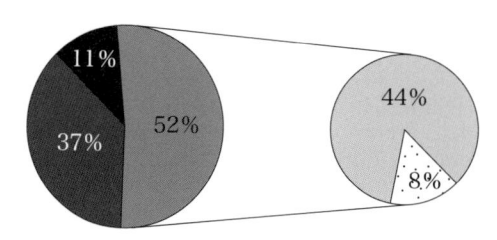

11%
37%　52%
44%　8%

A2.2 買い物

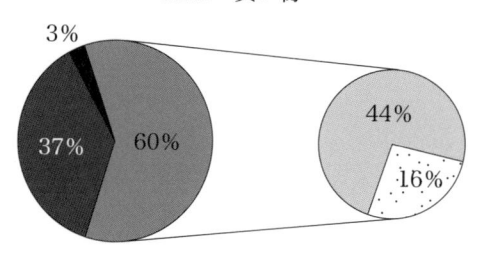

3%
37%　60%
44%　16%

B1.1 学校紹介

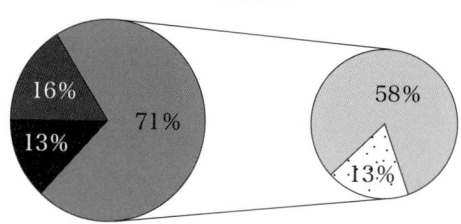

16%
13%　71%
58%　13%

B1.2 返品交換

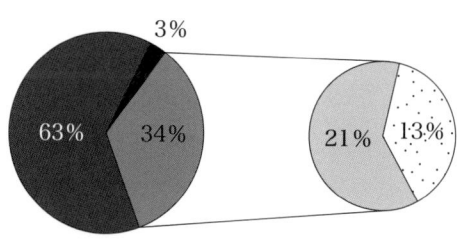

3%
63%　34%
21%　13%

図5：自己評価の結果と実際のパフォーマンスの関係（A2.1〜B1.2）

図5は，自己評価の結果と実際のパフォーマンスの関係を表している。左の円グラフは，右から「正確な評価」，「過小評価」，「過大評価」を表している。右の円グラフは，「正確な評価」のうち，「できると自己評価して実際にできた者」と「できないと自己評価して実際にできなかった者」を表している。

　これらの結果からは，一般的なパターンを見いだすことは難しい。あるタスクでは，過大評価がなされたが，それ以外のタスクは，半数以上の生徒により，正しく予想されている。かなりの生徒が自分の能力を過小評価しているが，これはタスクが易しすぎたという可能性もある。また，学習者がすでに経験しているタスクは，易しいと判断された可能性がある。今回の調査で言えば，学校紹介のタスクは教室活動としてなじみがあった可能性があり，易しいと判断されたのかもしれない。

　複数の変数を含むディスクリプタは，多様な解釈が可能であり，このために，そのディスクリプタに対応するタスクが，困難度の観点からかなり異なることになる可能性があると考えられる。

まとめ

　Spoken Interaction の CAN-DO ディスクリプタに基づくタスクの実際のパフォーマンスの困難度は，必ずしも CEFR-J のレベルの順にはならなかった。また，自己評価の結果と実際のパフォーマンスも完全に一致するものではなかった。これは人間の言語行動をメタ的に言葉で記述した CAN-DO ディスクリプタの性格上やむを得ないことなのかもしれない。このような CAN-DO ディスクリプタの解釈をある程度統一的なものにするには，具体的なタスク，テキスト，ベンチマーク・パフォーマンスなどとともに CEFR-J を広めていく必要がある。

Q36 Listening の CAN-DO の特徴とその指導法とは？

　リスニングに関わる技能（能力）には，大きく分けて「やりとり（対話）」での聞き取りと「発表」に対する聞き取りがある。リスニングの技能は背景知識，音声現象，推測力，語彙，文法など幅広い能力やスキルと連動している。このため，リスニングを他の能力と切り離して教えると指導の効率が悪い。人は，知識が全くない分野やその分野についての語彙を知らない場合は理解できない。逆に語彙の不足を背景知識や推測力である程度補うことができれば，理解できるようになる。例えば，その分野の専門知識があれば，リスニング力が大きく欠如していてもその穴埋めができる。数学者や化学者が学会の「やりとり」で数式や化学式を示せば，あまり言葉を交わさなくてもお互いに言いたいことが理解できることがある。また，学会発表（発表）を聞くときには決まった流れがあるので，過去の研究について言及している，実験の方法，結論を述べている，などと推測できる。文字情報が多少加われば，リスニング力の不足をその他の情報で補い，話者が言いたいことを総合的に理解できる。リスニングを文脈や場面の中で教え，インプット（音声，背景知識等）とアウトプット（発話等）を双方組み合わせ，その他のスキルも同時に身につける機会を提供することによって，相乗効果を図り，生きた使えるリスニング力が身につくと考えられる。

　CEFR レベルが同じであれば，「発表」に対するリスニングの方が「やりとり」でのリスニングよりもわかりやすい。自ら話す必要がないので，話を受け身で聞き取ればよい。例えば，最も難しい CEFR-J C2 レベルの「発表」は「論理構成によって聞き手に重要点を把握させ」とあるが，講演や授業などは理論的に展開されるので，予測が可能である。一部の話が理解できなくても，次の段階，次のテーマに進めば，話者が言いたいことが類推できる可能性がある。つまり，一部の「聞き取り」につまづいても，しばらく時間が経てば「挽回」できるかもしれない。話の展開の仕方，話者の信条や志向な

ど，その他の能力を聞き手はフル活用し，話者の立場や主張を判断する。それに対し，「やりとり」には相手の忍耐力や立場などにもよるが，ある程度の限界がある。何回も問い返すと，会話を打ち切られたり，場合によっては，相手にしてもらえなくなったりすることもある。

　逆に背景知識がなければ，「発表」のリスニングよりも「やりとり」のリスニングの方が，わからないことを問い返すことによって理解しやすくなる。しかし，タイミングよく相手の発話を中断し，問い返すことは難しい。進んで問い返す術を身につける必要がある。上記と同じ CEFR-J の C2 レベルで「やりとり」は「議論でも無理なくこなすことができ，慣用表現，口語体表現をよく知って」いなければならない。「やりとり」の中で主張や理論等の展開・発展があるので，途中で理解できなければ，すぐに問い返さなければ，取り残され，後で追いつこうとしても追いつけない場合がある。一対一の「やりとり」であれば，相手に何回か問い返すことも可能であるが，グループでは問い返せる回数がある程度限られる。ビジネスで，どうしてもはっきりさせなければならない点について細かく尋ねることがあるが，あまりにもズレや確認が多すぎると大切な取引が成立せず，他の会社に仕事を奪われたり，競合で負けたりすることもある。

　このようなことから，リスニングの指導はただ単に音声をやみくもに聞かせるだけでは不十分である。リスニングを他の要素と組み合わせて背景知識，音声現象，推測力などを身につける必要がある。

　CEFR-J のディスクリプタには具体的なリスニングの事例と状況が書かれているので，指導前にリスニングのディスクリプタを学習者に渡して自分がどのレベルにあるのかを自己評価してもらい，教師もレベルを正確に把握した上で指導にあたることが望ましい。また指導後の効果を測る際にも有用である。本節では，CEFR-J に沿ってリスニングを指導する方法について考察する。

(1) 背景知識の必要性

　背景知識があれば聞き取りの半分はできる，と言っても過言ではない。背景知識がある情報を聞くときは，一部の単語や語句が欠落していても，残りの情報から推測したり，不足を補ったりできる。

　初歩レベルの A1（入門レベル）の聞き取りであれば，部分的にわかれば

他の内容を類推することが可能かもしれない。リスニングのA1レベル「ゆっくり，はっきり話してもらえれば，家族や環境について知っている単語や基本的な表現を理解できる。」の会話で，たとえ"Mother"と"Sister"という単語しか聞き取れなくても，「そうか，今は家族について話しているんだな」と推測し，自分の家族について話すことができる。そこで推測が間違っていても，A1（Pre-A1）レベルのやりとりであれば，「相手がゆっくりと繰り返したり言い直したりすることで，言いたいことを言えるように助けてくれる」(CEFR)，「ゆっくりはっきりと話されれば，日常の身近な単語を聞き取ることができる」(CEFR-J)。したがって，何回か試行錯誤しているうちに，正しい「やりとり」にたどり着く可能性が高いと考えられる。

もう少し高いCEFR-JのB2.2レベルは，「自然な速さの標準的な発音の英語で話されていれば，現代社会や専門分野のトピックについて，話者の意図を理解することができる。」となっているので，さらに多くの背景知識が必要である。

大人にとっては，ニュースの方がドラマよりも一般的に聞き取りがやさしい。高度な内容でも，日本語で同じ内容がインプットされている可能性が高いので，背景知識が備わっているからである。一種の「発表」である。それに対し，ドラマは複数の人物が登場し，ストーリーも思わぬ方向に展開したりする。また，会話のなかに慣れ親しんでいない日常生活や習慣が突然現れるので難しい。子ども向けのアニメや十代のためのドラマでさえも理解に苦しむのは，ドラマが「対話型」の聞き取りだからである。

複数のスキルを1つの授業で習得できるように，まずニュースという「発表」型のリスニングからはじめ，「やりとり」（対話型）のリスニングを身につける指導案が可能である。途中で背景知識をつけるために日本語訳などを提示する。

英語の授業であるのに，日本語訳を与え，日本語を聞かせるのは邪道であると考える教員もいるかもしれないが，英語で英語を理解するためには，まず聞く内容や背景が備わっていなければ難しい。下から段階的に英語のみで背景知識を積み上げたり，訳読式で英語を一文ずつこなしたりするのは，取り扱える教材量が極端に少ないので，上達に時間がかかる。

(2)「やりとり」で聞き取れない時の対策——複数回問い返す方法

日本人はディベートや議論が苦手であると言われる。ディベートと議論の

なかで「リスニング」が大きなウエイトを占めるが、聞き取れないのに、そのまま放置してしまうと話し合いが思わぬ方向に向かうことがある。国際舞台で活躍できる人材を育成するためにもリスニング指導の一環に、「問い返す練習」を取り入れるとよい。

まずはじめに、"Excuse me." "Pardon?" "What?" など文脈に合った確認の方法を練習する。ところが、一回問い返しても相変わらず聞き取れないことがある。続けて "Excuse me." や "Pardon me?" を何回も繰り返すわけにいかないので、以下のように一回問い返しただけでは聞き取れない内容についてもう一度聞く方法を練習する。それぞれの尋ね方に別々のシナリオを用意する。

○ CEFR-J B2.1レベルの指導例

「標準的な早さの標準英語で話される、母語話者同士の会話(テレビ、映画など)の要点を理解できる。」場合に問い返す。

Man：○×＊%"#&' ("○×＊%"#&'" は聞き取れない箇所)
Woman：Pardon me?
Man：What ＊%"#&'
Woman：Are you asking about the painting on the wall?
Man：Yes. The ＊%"#&'
Woman：Would you like to know the price?
Man：No. No. ＊%"#&'
Woman：Oh. Do you want to know the starting bid?
Man：Yes. Yes the starting bid for "#&'
Woman：Oh I see. The starting bid for that picture is 2,000 dollars.

聞き取れないときには、さまざまな理由がある。固有名詞が聞き取れない、単語がわからない、概念がわからない、背景知識がないなど、無数のリスニングの障害があるため、それぞれの障害に符合した問い返しがある。一回で相手が言っていることがわからなければ、同じやりとりを何回繰り返しても解決しない可能性が高いので、質問を一回ごとに変えながら、障害となっている要素の対象を狭めていくとよい。

(3) 言いよどみ，ためらい等を含む発話から推測する練習

「やりとり」では言いよどみ，ためらい，割り込みなどが頻繁に発生し，聞き取りの障害になる。複数の人が参加する対話では特に不完全な文が多い。全体の流れのなかで全体像を捉えた上で詳細を理解しなければならない。

リスニング力が100%ではない場合の対応を教えることによって，学習者は話に加わることができ，長期的な関係の中で徐々に聞き取りの力をつけることができる。

(4) ジェスチャー

ジェスチャーは理解のための重要な要素であるが，教育の現場で教えられることが少ない。「まあまあ」のジェスチャー，「OK」のジェスチャーなど，日本語とずれるジェスチャーが多いため，ジェスチャーと音声を組み合わせた会話や発表をカリキュラムに組み込むとよい。

(5) 音声現象

早く話す時に起こる音声現象が聞き取りの大きな障害になる。リンキング，同化，弱化，その他の音声の変化が含まれた対話や発表を順次学習者に提供することによって，さまざまな組み合わせの音声が聞き取れるようになる。

CEFR-J B2.2の「自然な速さの標準的な英語」は，映画やトークショーなど，「やりとり」のある映像には豊富に含まれるので，教師が作成するのが大変な場合は，インターネットやテレビなどから集め，使用することができる。体系的にリンキング，同化，弱化などを教えることができないが，自然に近い発話なので，それぞれの現象の出現頻度も標準的な頻度になりやすい。

(6) イントネーション

イントネーションは指導がおろそかになりやすい。非常に複雑だが体系的に教えられることが少ない。しかし，聞き取りやすさやネイティブらしさを決定するのもイントネーションであると言われる。また，イントネーションが理解できないために相手の言っていることを誤解してしまうこともある。例えば，"HE doesn't LIKE you." に上昇，下降，上昇調のイントネーションを文全体にかければ，少なくとも2つの意味がでてくる。

①「彼は，あなたが好きじゃないから，縁を切ったら」"He doesn't like

you, so break it off with him." という否定的な意味もあれば，全く逆の意味。②「彼はあなたがただ単に好きなのではなく，愛しているのよ。」"He doesn't like you, he LOVES you." と続くかもしれない。文脈から正しい意味を理解できるが，①の意味になる可能性が高い。ところが，"He doesn't LIKE you." の LIKE という単語のみに上昇，下降，上昇調のイントネーションをかければ，②の意味になる確率が高くなる。①は文全体にイントネーションがかかっているので，"He doesn't like you. He likes Susan." と続くかもしれないし，"He doesn't like you. She does." と続くかもしれない。文のどの単語でも否定の対象になる。しかし，②の文のように "LIKE" のみに上昇，下降，上昇調のイントネーションがかかっていれば，LIKE 以外が否定の対象になる。

　授業などで細かいイントネーションの説明をしても理解が難しいので，簡単な基本のみで十分であるが，さまざまな型を作り，その型に合った文とシナリオを多数そろえ，まず聞かせてから練習問題を提示するとよい。

○ CEFR-J A1.2レベルの指導例
　「繰り返しや言い換えを交えてゆっくりはっきりと話されれば，趣味やスポーツ，部活動などの身近なトピックに関する短い話を聞いて理解することができる。」
　カラーのイラストを3枚学習者に見せる。
イラスト1：サリーとジョンが買い物に行っている。ジョンが赤い服を持っているが，サリーは嫌そうな顔をしている。
イラスト2：サリーが赤い服を選び，青い服を無視している。
イラスト3：サリーが赤い服を無視し，赤いバッグを手にしている。

　3つの問題を順番に学習者に提示し，答えを示す。同様の問題を多数提示した後に，練習問題に移り，発音も同時に教える。
Sally doesn't want the red DRESS.　正解：イラスト3
　（DRESS に上昇，下降，上昇調のイントネーションがかかる）
Sally doesn't want the RED dress.　正解：イラスト2
　（RED に上昇，下降，上昇調のイントネーションがかかる）
SALLY doesn't want the red dress.　正解：イラスト1
　（SALLY に上昇，下降，上昇調のイントネーションがかかる）

音声は化石化（間違ったまま定着）しやすいので，英語の型を多数示し，その後応用に移ることが重要である。

　また，英語のイントネーションは高さのみでなく，長さでアクセントを実現している。アクセントのある音節は長く発音されるので，ピッチを一定にして長さのみをまず練習し，その後，高さと長さをつなぎ合わせて練習するとわかりやすい。

> **まとめ**
>
> 　人はさまざまな情報を同時に処理しながら聞き取っているので，リスニングの指導は多角的に教える必要がある。リスニングを他のスキルと引き離して教えても生きた使えるリスニングスキルが身につかない。リスニングのさまざまな側面を細かく取り入れながら他のスキルと組み合わせ，CEFR-J のそれぞれのレベルに合わせた聞き取りの練習をすることによって総合的なリスニング力，使えるリスニング力を習得することができる。
>
> 　また，言語は質よりも量が重要である。リスニングはインプットであると思われているが，単純に聞き取るのではなく，インプット（音声）を十分に与え，アウトプット（発話）と組み合わせることで相乗効果をはかり，効率よく学ぶことができる。

Q37 ListeningのCAN-DOと実際のスキルとの関連性は？

　「英語が使える日本人」の行動計画の一環として大学入試センター試験にリスニングテストが導入されて以来、英語の知識を詰め込む language learner（言語学習者）よりは、英語を使って実際にコミュニケーションができる language user（言語使用者）の育成が待ったなしの課題となっている。しかし、中学・高校の6年間で自然な英語を耳にする総時間数は、英語母語話者50日間相当でしかないため（椎名＆石井、2007）、他技能への転移率がもっとも高いとされるリスニングの指導に期待が高まっている。
　そのような中、2013年4月から新学習指導要領による新しい英語科目が高校で始まり、「英語を使って」、「何」を「どの程度」できるようにするのかを具体的に示した「学習到達目標」を、「CAN-DOリスト」の形で示すことが求められている。英語でコミュニケーションができる language user を育成するには、適切なリスニングのディスクリプタ（CAN-DO）とリスニングテストの開発、その検証が重要な鍵になる。そこで投野科研の一環で椎名他（2011）は CEFR-J ベータ版の4レベル（A2.1, A2.2, B1.1, B1.2）のディスクリプタ（8個）について32問のリスニングテスト（信頼性 ρ =.95、TOEICとの基準関連妥当性 r=.61）を作成し、高校生と大学生に受験してもらった。その結果から、ディスクリプタが難易度順になっているかどうか、リスニングテストの成績（パフォーマンス）と「自己評価」が一致しているかどうか、ディスクリプタの記述の仕方が自己評価やリスニングテストの成績に与える影響などについて調査した。

※ **CEFR-Jのリスニング・ディスクリプタ（CAN-DO）とテスト問題の概要**
　次ページの表1に示したように、CEFR-Jの「リスニング・ディスクリプタ」は Pre-A1からC2の10レベルに各2個、C1とC2レベルに各1個の計22個あり、本稿ではそのうちの8つのディスクリプタ（網掛け部）につい

て調査した。なお各ディスクリプタには，便宜上，例えばA2.2レベルでは「A2.2-1」，「A2.2-2」といったディスクリプタの種類を示すナンバーを施した。表1の右欄には実験に参加した大学生のCEFRレベルを推定するために使用したTOEICのリスニングスコアと，CEFRレベルの対照表（ETS：Educational Testing Service, 2006）を記載したが，A2.1〜B1.2レベルについてはCEFR-Jのレベル分けに従って暫定的にTOEICスコアをほぼ均等に細分化した。

次ページの表2には，A2, B1レベルのディスクリプタ（CEFR-Jベータ版）の具体的な記述（左欄）と各ディスクリプタに対応したリスニングテストの設問の概要（右欄）を記載した。

表1：CEFR-Jのリスニング・ディスクリプタ（ベータ版）の種類

ヨーロッパ社会		日本の英語教育		TOEIC
CEFRのレベル	CEFR-Jのレベル	リスニング・ディスクリプタ(各レベル2種)		Listening Score
C	C2	C2	C2-1	
	C1	C1	C1-1	490〜
B	B2	B2.2	B2.2-1	B2.2-2	400〜
		B2.1	B2.1-1	B2.1-2	
	B1	B1.2	B1.2-1	B1.2-2	335〜395
		B1.1	B1.1-1	B1.1-2	275〜330
A	A2	A2.2	A2.2-1	A2.2-2	190〜270
		A2.1	A2.1-1	A2.1-2	110〜185
	A1	A1.3	A1.3-1	A1.3-2	
		A1.2	A1.2-1	A1.2-2	60〜
		A1.1	A1.1-1	A1.1-2	
		Pre-A1	Pre-A1-1	Pre-A1-2	

表2：A2, B1レベルのディスクリプタとリスニングテストの内容（CEFR-Jベータ版）

CEFR-J(ベータ版)			ディスクリプタ	CEFR-J リスニングテストの内容	
A2	A2.1	A2.1-1	ゆっくりはっきりと放送されれば，公共の乗り物や駅や空港の短い簡潔なアナウンスを理解することができる。	Q1	駅のアナウンス
				Q2	飛行場のアナウンス
				Q3	車内放送
				Q4	飛行場のアナウンス
		A2.1-2	ゆっくりはっきりと話されれば，自分自身や自分の家族・学校・地域などの身の回りの事柄に関連した句や表現を理解することができる。	Q5	街の人々に関する説明
				Q6	家族に関する説明
				Q7	学校の友達に関する説明
				Q8	Sam, Alice, Nick, Beckyの予定に関する説明
	A2.2	A2.2-1	（買い物や外食などで）簡単な用をたすのに必要な指示や説明を，ゆっくりはっきりと話されれば，理解することができる。	Q9	買い物に関する指示
				Q10	代金の支払い方法の説明
				Q11	ウエイトレスの説明
				Q12	男性と女性の会話
		A2.2-2	スポーツ・料理などの一連の行動を，ゆっくりはっきりと指示されれば，指示通りに行動することができる。	Q13	道案内
				Q14	スポーツに関する指示
				Q15	料理方法の説明
				Q16	DVDレコーダの操作方法
B1	B1.1	B1.1-1	学校の宿題，旅行の日程などの明確で具体的な事実を，はっきりとなじみのある発音で指示されれば，要点を理解することができる。	Q17	普段は午後1時からアルバイトをしているKateと店の主人の会話
				Q18	宿題に関する説明
				Q19	留守電のメッセージ
				Q20	留守電のメッセージ
		B1.1-2	自分の周りで話されている少し長めの議論でも，はっきりとなじみのある発音であれば，その要点を理解することができる。	Q21	講義（原子力発電）
				Q22	男女の学生の会話（死刑）
				Q23	女性と男性の会話（卒業後の予定）
				Q24	男性と女性の会話（電気自動車）
	B1.2	B1.2-1	自然な速さの録音や放送（天気予報や空港のアナウンスなど）を聞いて，自分に関心のある，具体的な情報の大部分を聞き取ることができる。	Q25	天気予報
				Q26	電話案内
				Q27	ラジオ放送（イベントの案内）
				Q28	ラジオ番組（野球の歴史）
		B1.2-2	はっきりとなじみのある発音で話されれば，身近なトピックの短いラジオニュースなどを聞いて，要点を理解することができる。	Q29	ラジオ・ニュース（ストライキ）
				Q30	ラジオ・ニュース（汚職）
				Q31	ラジオ・ニュース（暴動）
				Q32	ラジオ・ニュース（経済）

※ CEFR-J リスニングテストの開発

英語が日常的に使われていない日本では，リスニングテストの正答率でリスニングのレベル判定をするのが一般的だ。それだけに弁別力のあるリスニングテストの作成が重要な意味を持つ。本稿ではリスニングの CAN-DO と実際のスキルとの差を，各ディスクリプタの特徴（要素）に焦点を当てて観察することから，ディスクリプタの要素分析と要素の設問化について触れておきたい。

★ディスクリプタの要素分析と設問化

学習者がディスクリプタに記述されていることを本当に聞き取れているかどうかは，「各ディスクリプタの要素を適切に反映した設問」への解答結果（成績）から判断する。そのため「ディスクリプタの要素分析」と「適切な設問化」が極めて重要になる。表3にディスクリプタの設問化に必要な要素を示した。はじめに，①「何」を「どの程度」聞き取ることがディスクリプタの目的なのかを確認し，②実社会の自然な場面（場所，話者，状況）を想定する。つぎにディスクリプタに記述されている，③音声テキストの「ジャンル」と「内容」，④「音声の質（速さ，明確さ）」を確定し，⑤聞き取りの目的にかなった設問文を作成する。CEFR の研究者たちはこれらの要素を Content, Criterion, Condition といった「ディスクリプタが備えるべき重要な3要素」として位置づけている。

表3：ディスクリプタの設問化（例　Pre-A1-1）

ディスクリプタ	ゆっくりはっきりと話されれば，日常の身近な単語を聞きとることができる。	
	聞き取りの目的	日常の身近な単語の聞き取り
	場面・話者・ジャンル	果物屋での店員と客の会話
	音声テキストの内容	店員：May I help you? 客　：Er ..., I want to buy some apples.
	音声の速さ・明確さ	ゆっくりとした速さ，はっきりとした自然な音声
リスニングテスト	設問（Q）	お客さんは何を買おうとしていますか。
	正解（A）	（いくつかの）りんご
	解答形式	自由筆記 空所補充 多肢選択式(文字提示)：□みかん □バナナ □りんご 多肢選択式(イラスト提示)：□🍊 □🍌 □🍇

★ディスクリプタが備えるべき3要素

　Mager（1962），van Ek（1986），Green（2012）他が提唱するディスクリプタが備えるべき「3要素」，① Content (Text) ② Criterion (Quality) ③ Condition (Context) の具体的な内容と3要素の具体例を「B1.1-2」のディスクリプタを使って表4に示した。

表4：3要素の抽出例

【B1.1-2】自分の周りで話されている少し長めの議論でも，はっきりとなじみのある発音であれば，その要点を理解することができる。			
Performance (Task)	① Content (Text)	② Criterion (Quality)	③ Condition (Context)
（聞いて）理解する	自分の周りで話されている議論	要点	・少し長め ・はっきりとなじみのある発音

※ リスニングの自己評価とリスニング力（高校生，大学生）
★自己評価とパフォーマンスの一致率によるレベル判定の基準

　本調査の目的は信頼性（$\rho = .95$）が高く，TOEICとの基準連関妥当性（$r = .61$）もほぼ一定の基準を満たしているリスニングテストと質問紙による自己評価により，①高校生と大学生の各ディスクリプタに対する自己評価とパフォーマンス（リスニングテストの成績）の傾向を観察すること，②調査対象にした8つのディスクリプタに対する自己評価の傾向とパフォーマンスの傾向に違いが生じた場合はその原因を探ることなどであった。次ページの表5に示したように，各ディスクリプタに対する自己評価は，「ほとんどできない」（1ポイント），「あまりできない」（2ポイント），「ある程度はできる」（3ポイント），「ほぼできる」（4ポイント）」の4段階で評価させた。一方リスニングテストでは，ひとつのディスクリプタにつき4問の設問を作成し（p.230表2参照），4問中3問ないしは4問に正解（正答率75％～100％）し，自己評価でも「ほぼできる（4ポイント）」と回答した場合は，「パフォーマンス」（P：Performance）と「自己評価」（SA：Self-Assessment）が「ほぼ100％一致している」（SA=P）と判定し，正しく自己評価ができていると判断した。同様に，「ある程度はできる」（3ポイント）という自己評価と50％の正答率（4問中2問に正答），「あまりできない」（2

ポイント）という自己評価と25％の正答率（4問中1問に正答），「ほとんどできない」（1ポイント）という自己評価と0％の正答率（4問中4問に不正解）のいずれの場合も，自己評価とパフォーマンスが100％一致（SA=P）し，正しい自己評価ができていると判定した。自己評価がパフォーマンスよりも高く評価されていた場合（SA＞P）は「過大評価」（OE：Over-Estimate），自己評価がパフォーマンスより低い場合（SA＜P）は「過小評価」（UE：Under-Estimate）と判定した。

表5：自己評価とリスニング力の対応

ディスクリプタ・正答率対応表					
質問紙 4段階（1〜4）	意味	ほぼできる	ある程度は できる	あまり できない	ほとんど できない
	回答	4ポイント	3ポイント	2ポイント	1ポイント
リスニングテスト 4択問題		75％（3問正解） 100％（4問正解）	50％ （2問正解）	25％ （1問正解）	0％ （0問正解）

★幅広いリスニング力の参加者
　(1) 高校生：計136名（高校①，高校②，高校③）
　(2) 大学生：計357名（大学①，大学②，大学③）
　参加者の英語レベルの偏りによる調査結果のゆがみを避けるために，調査対象の4つのCEFR-Jのリスニングレベル（A2.1〜B1.2）に属すと推定した異なる英語レベルの高校生（3校），CEFR-Jのレベルが推定できている大学生（3校）の参加を募った。その結果，参加者のリスニング・レベルは，大学①では約50％がB1.1レベル，大学②では約58％がA2.2レベル，大学③では約51％がA2.1レベルであった。3大学の学生参加者は計357名で，CEFR-Jの自己評価アンケート（→Q22参照）に回答し，かつリスニングテストも受験した学生は172名であった。
　図1はCEFR-Jリスニングテストを受験した参加者が幅広いレベルのリスニング力を持っていたことを示している。さらに，本来あるべき右肩下がりの下降線を上下させているリスニングタスクの存在がわかる。

リスニングテスト正答率

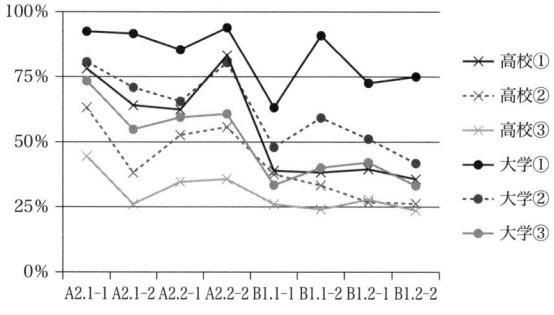

図1：CEFR-J レベル別リスニングタスクの得点

★多様な自己評価

　図2から，リスニング力と同様に自己評価も6校では多様なこと，本来あるべき右肩下がりの下降線を上下させているディスクリプタの存在がわかる。

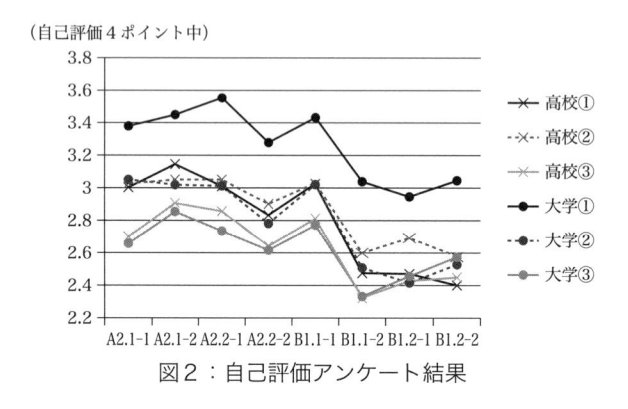

（自己評価4ポイント中）

図2：自己評価アンケート結果

★高校生と大学生の比較：自己評価とリスニング力の傾向

　グラフの折線が左上から右下に向けて下降するべきところを，逸脱させているディスクリプタのあることが自己評価とリスニングテストの両結果から明らかになった。そこで，高校生（3校）と大学生（3校）の自己評価とパフォーマンスの傾向をより簡潔に観察するために，高校3校と大学3校のそれぞれを統合し，高校と大学のデータを比較したものが図3と図4である。

　図3から，高校生と大学生はほぼ類似の自己評価をしているが，図4を見

る限り，実際のリスニング力には差のあることがわかる。実際のリスニング力には差がありながらも，高校生は高校英語のレベルで自己評価し，大学生はより高度な英語力を求められる大学という学習環境のなかで，大学生なりの英語力でディスクリプタの難易度を解釈し自己評価したことがうかがえる。

つぎに，自己評価の回答結果とリスニングの成績を比較し，自己評価とパフォーマンスに差があるかどうかを観察した。

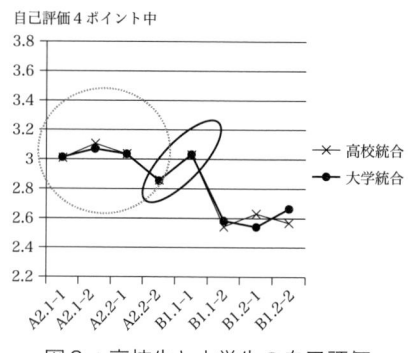

図3：高校生と大学生の自己評価　　図4：高校生と大学生のリスニングの成績

図3の自己評価（実線囲み部分）と図4のリスニング（実線囲み部分）では，真逆の傾向がみられる。自己評価では「飛行場や駅のアナウンス」(A2.1-1) の聞き取りよりも，「家族や友人関連の話から句や表現だけを理解」(A2.1-2) したり，「買い物などの身近なこと」を「指示されて行動」したりする（A2.2-1）方が易しい（できる）とし，上向きの湾曲線になっている。しかし実際のリスニングの成績は下降の湾曲線になっている。つまり思ったほどはできなかったということである。「空港などのアナウンス」を聞いて時間やゲート番号などの数字の聞き取りをするよりは，「家族の話題」の方が易しいと，Contentに目が行ってしまったようである。例え「ゆっくりはっきり」と発音され，「句や表現」だけ聞き取れればよいようにみえても，実は必要な情報を頭に留めながら，それらをつなぎ合わせて理解する聞き方をしなければならないので，アナウンス (A2.1-1) よりは難しいということが，自己評価時には理解できていなかったようである。

B1.1-1（学校の宿題，旅行の日程などの明確で具体的な事実を，はっきりとなじみのある発音で指示されれば，要点を理解することができる）も，自己評価ではA2.2-2（スポーツ・料理などの一連の行動を，ゆっくりはっ

きりと指示されれば指示どおりに行動することができる）と比較して易しいと感じているが，実際のリスニングではA2.2-2よりもかなり成績が低い。これはContentの面で「学校の宿題」は「スポーツ・料理」よりもなじみ易いと感じたり，Criterion（理解の程度）の面で「要点の理解」の方が「一連の行動に関する指示を聞いて行動する」よりも易しいと感じたが，実際はそうではなかったということである。「要点の理解」はいくつかの情報を組み合わせて記憶にとどめなければならないため，一連の指示を時系列に聞いて順番に行動するよりも，聞き取り作業としては難易度が高いからである。高校生や大学生が実力よりも高く自己評価する場合，ディスクリプタを読んで，英語よりは日本語でその内容の難易度を推定し自己評価している可能性がある。いずれも，英語の談話を想定して難易度を自己評価させることの難しさを示している。

　今後のリスニング指導の改善やディスクリプタ（CAN-DO）の作成を考える時，学習者の英語力を頭に思い浮かべながら，3つの要素"Content", "Criterion", "Context"を複合的に捉えて総合的にリスニング教材の難易度を設定し，いくつかの情報を記憶に留めながら聞いていく「筋を追った聞き方」の指導をしていく重要性について多くの示唆が得られた調査であった。

まとめ

リスニングはリーディングやライテイングと違って，英語の音声でテキスト（Content）を理解するので，ディスクリプタの3要素のなかでも「どのような条件であれば聞けるか」(Condition)，「どの程度聞ければよいか」(Criterion)を意識してディスクリプタを作成し，テスト問題を作り，リスニングの指導をしていく必要がある。短めのアナウンスでも聞き取らせる情報を増やすと，長めの話より難しくなることもある。多様な要素の組み合わせで設問の難易度を決める必要がある。

もっと知りたい方へ

　熟達度尺度とCAN-DO statementsの適切な対応に関する研究については以下が詳しい。

Green, A. (2012). *Language Functions Revisited.* (English Profile Studies 2), Cambridge：Cambridge University Press.

Q38 Reading の CAN-DO の特徴とその指導とは？

※ CEFR と CEFR-J の Reading ディスクリプタの特徴

まず，CEFR の自己評価表と CEFR-J の Reading のディスクリプタを比較しながら確認しておきたい。C2 と C1 レベルは同じなので言及せず，B2 から比較して特徴を説明する。

○ B2-B1 レベル

B2（B2.2）は，「読む」技能において学校教育で英語を学ぶ学習者の到達目標と考えてよい。しかし，ここでの「読み」は翻訳ではない点に留意すべきである。また，「読み」の理解は，知識や思考力とも関係するが，哲学や文学などの解釈を要する場合とは別に考える必要がある。その点も踏まえて，CEFR-J の B2.2 と B2.1 の基本的な違いは，正確さのレベルにある。

B1（B1.2）のレベルの「読み」は，日常的に目にする一般的なテキストはほぼ理解できるということを意味している。B1.1 のレベルでは，多少込み入った内容や長めのテキストには適切に対応できないが，B1.2 は，テキストからほぼ必要な情報を得られることができて，多少長い文章にも対処できるということである。

表 1：Reading ディスクリプタ（B1〜C2）

	Reading（読む）
C2	抽象的で，構造的にも言語的にも複雑な，例えばマニュアルや専門的記事，文学作品のテキストなど，事実上あらゆる形式で書かれた言葉を容易に読むことができる。
C1	長い複雑な事実に基づくテキストや文学テキストを，文体の違いを認識しながら理解できる。自分の関連外の分野での専門的記事も長い技術的説明書も理解できる。

	CEFR	CEFR-J
B2	筆者の姿勢や視点が出ている現代の問題についての記事や報告が読める。現代文学の散文は読める	B2.2 記事やレポートなどのやや複雑な文章を一読し，文章の重要度を判断することができる。綿密な読みが必要と判断した場合は，読む速さや読み方を変えて，<u>正確に読む</u>ことができる。
		自分の専門分野の論文や資料から，辞書を使わずに，<u>必要な情報や論点を読み取る</u>ことができる。
		B2.1 現代の問題など一般的関心の高いトピックを扱った文章を，辞書を使わずに読み，<u>複数の視点の相違点や共通点を比較しながら読む</u>ことができる。
		難しい部分を読み返すことができれば，自分の専門分野の報告書・仕様書・操作マニュアルなどを，<u>詳細に理解</u>することができる。
B1	非常によく使われる日常言語や，<u>自分の仕事関連の言葉で書かれたテクスト</u>なら理解できる。起こったこと，<u>感情，希望が表現されている私信（手紙など）を</u>理解できる。	B1.2 インターネットや参考図書などを調べて，文章の構成を意識しながら，学業や仕事に関係ある情報を手に入れることができる。必要であれば時に辞書を用いて，図表と関連づけながら理解することができる。
		<u>平易な英語で書かれた長めの物語の筋を理解する</u>ことができる。
		B1.1 学習を目的として書かれた新聞や雑誌の記事の要点を理解することができる。
		ゲームのやり方，申込書の記入のしかた，ものの組み立て方など，<u>簡潔に書かれた手順を理解する</u>ことができる。

○ A2-Pre-A1レベル

次ページの表2にあるように，A2（A2.2）のレベルでは，背景的な知識からある程度予測できる内容は理解できるということである。中学校や高校の英語教科書の題材の場合，内容をある程度詰め込み，短くテキストを構成している関係から，教科書の題材ではこのレベルをどの程度満たしているか判断しにくい面がある。A2.2とA2.1との違いは，理解するだけではなく，必要な情報を取り出すことができるかどうかである。

A1は基礎のレベルである。CEFR-Jでは3つのレベルに分けた。3レベルの違いは，読む文や指示などのレベルの問題である。しかし，そこには語

彙や文法などの問題が内在しているにもかかわらず，CEFR 自体はその点に詳しく触れておらず，単純な文という表現だけである。文字や発音に関して

表2：Reading ディスクリプタ（Pre-A1～A2）

	CEFR	CEFR-J
A2	ごく短い簡単なテクストなら理解できる。広告や内容紹介のパンフレット，メニュー，予定表のようなものの中から日常の単純な具体的に予測がつく情報を取り出せる。簡単で短い個人的な手紙は理解できる。	A2.2 簡単な英語で表現されていれば，旅行ガイドブック，レシピなど実用的・具体的で内容が予想できるものから必要な情報を探すことができる。
		生活，趣味，スポーツなど，日常的なトピックを扱った文章の要点を理解したり，必要な情報を取り出したりすることができる。
		A2.1 簡単な語を用いて書かれた人物描写，場所の説明，日常生活や文化の紹介などの，説明文を理解することができる。簡単な語を用いて書かれた短い物語や伝記などを理解することができる。
A1	例えば，掲示やポスター，カタログの中のよく知っている名前，単語，単純な文を理解できる。	A1.3 簡単な語を用いて書かれた，スポーツ・音楽・旅行など個人的な興味のあるトピックに関する文章を，イラストや写真も参考にしながら理解することができる。
		簡単な語を用いて書かれた，挿絵のある短い物語を理解することができる。
		A1.2 簡単なポスターや招待状等の日常生活で使われる非常に短い簡単な文章を読み，理解することができる。
		身近な人からの携帯メールなどによる，旅の思い出などが書かれた非常に短い簡単な近況報告を理解することができる。
		A1.1 「駐車禁止」，「飲食禁止」等の日常生活で使われる非常に短い簡単な指示を読み，理解することができる。
		ファーストフード・レストランの，絵や写真がついたメニューを理解し，選ぶことができる。
		Pre-A1 口頭活動で既に慣れ親しんだ絵本の中の単語を見つけることができる。
		ブロック体で書かれた大文字・小文字がわかる。

も触れていないが，それを前提としているのがA1である。それに対して，CEFR-Jは，A1.3, A1.2, A1.1の違いを，文や語句のレベルがコミュニケーション活動の中でどの程度理解できているかにポイントを置いている。

　Pre-A1はCEFRにはないレベルである。CEFR-Jでは，文字の理解に焦点を当て，Pre-A1を設けた。それは，音声と文字の関係は早い段階で提示される必要があることを示唆している。音声を大事にするこれまでの指導と相反することではなく，むしろ文字を理解できることで「読み」が始まると考えるからである。

※ CEFRを活用したリーディング指導

　CEFRが指導法と直接関係がないことは明らかである。しかし，CEFRは主にカリキュラムやシラバスなどの指導計画段階で有効に生かされるフレームワークである。リーディング指導の場合は特にその傾向が顕著に現れる。というのは，リーディングは英語活動のすべてにわたるリソースとなっていて，ある段階から学習者個人の活動にある程度ゆだねられる能力として位置づけられるからだ。CEFRの利用は，旧来から根強く行われている訳読による理解から，「読んで何かをする」「読んで考える」などというリーディング指導に移行するきっかけとなる可能性があるだろう。ここではその可能性について触れておきたい。

※ Readingディスクリプタの授業での活用例

　ディスクリプタは当然学習者の到達目標として使う。教師も学習者も，例えば，Pre-A1であれば，「ブロック体で書かれた大文字・小文字がわかる」というディスクリプタに対して，「アルファベットのAa, Bb, Cc, Ddがわかる」という具体的なCAN-DOを設定して授業の目標とし，そのための指導案を考え，さまざまな活動をする。CEFRはコミュニケーション能力の育成を前提としているので，コミュニケーション活動を重視する。当然，各学年段階に応じてゲームや歌などを想定する必要があるだろう。しかし，注意しなければならない点は，学習者の発達段階を考慮しない画一的な指導は避けるべきであり，一見学習者が活発に活動しているように見えても，意味のない活動はあまり効果的とは言えない。また，レベルをA1とかB1というように決めて指導するのもいかがなものかと考える。理由は，学習者一人ひ

とりの習熟度が異なる可能性が大であるからだ。特に，リーディング教材は多少難しい内容を含んでいても差し支えないだろう。学習者はその能力に応じて必要なことを読み取るからである。

　リーディングに関するCAN-DOの設定と活用の指導例を掲載しておく。

【リーディング指導例】

①目標：旅行に対して興味を持ち，ウェブサイトなどで提示されている旅行情報が読めるようになる。

②対象レベル：CEFR-J A1.3〜A2.2（中3〜高2）

③CAN-DO：「ウェブサイトを通して，オーストラリア・ゴールドコーストの観光スポットを探すことができる」

④内容：下記の観光地の案内を読んで，場所，連絡先，観光の内容など理解できることをまとめる。

⑤留意点：語彙リストを提示し，ペア（グループ）で作業する。わかったことは発表してもよいし，ポスターやレポートとしてまとめてもよい。学習者の能力に応じて，タスクを設定し，すべてを理解する必要がないことを十分学習者に伝え，学習者個人の能力の範囲内で，互いに協力し合いながら読むように指導する。発音に関しては，学習者の興味に応じて適宜指導する。

⑥題材例（アドベンチャー・パークのウェブサイト例）：

```
You are here: Home > Places to See > Mt Tamborine > Attractions > Adventure Parc

ADVENTURE PARC

Location:  1 Tamborine Mountain Road
           Corner of Cedar Creek Falls Road, Mt
           Tamborine
           QLD, 4272
Phone:     07 5545 0821
           1300 881 446 (Tollfree)

Mount Tamborine Adventure Parc in the Gold Coast
Hinterland is designed for family fun and fitness, it's
challenging for all ages and will appeal to the
daredevil in everyone.

This adventure course takes elements of SAS
commando training delivered as safe, fun and exciting
treetops ropes course for children and adults. 85
challenges over five courses, spanning through nine
acres of some of the most beautiful and unspoilt
natural bushland in the Gold Coast region combining
rope and wire challenges, flying foxes, suspended
bridges, and much much more. Hang about in the
trees, climb the ladders, learn to balance on the
bridges and jump on up to 11 flying foxes - it's great
fun and it's safe.

All safety equipment (harness, gloves and overall) is
supplied and participants are fully instructed on its
usage before beginning the course. Their team of
supervisors is available for your safety. All you need to
bring are closed in shoes and a sense of adventure!

                    VISIT WEBSITE
                    SEND EMAIL ENQUIRY
```

⑦活動（インターネット環境が可能であれば利用する）

　次のワークシートを利用し，ペア（グループ）で活動する

観光地の名称　tourist attraction	

場所　location	
連絡先　contact	
内容（何が楽しめるか）　what to do	
安全性　safety	
わからないこと／質問　enquiry	

⑧評価：A1レベルを基準に学習者の活動の様子を見ながら評価する。タスクが容易である学習者にはさらにくわしい資料を提示するか，あるいは，インターネット環境を利用してさらに調べるように指示する。A1レベルの熟達度の判断は，文や語句がコミュニケーション活動の中でどの程度理解できているかにあるので，辞書を利用してタスクができたからと言ってそのレベルに達したとは言えない。しかし，テクストにはかなり難しい語句も含まれることがあるので，多少の語句の理解に関するサポートは必要であろう。評価のポイントは，学習者が上記のワークシートにどのように対応できているかである。

✲ Reading ディスクリプタの活用のポイント

CEFR の Reading ディスクリプタの活用は，学習指導要領を補う形がよいだろう。その点を踏まえて，リーディング指導にあたって CEFR を利用するポイントはいくつかある。例えば，

・ディスクリプタをもとに各授業の CAN-DO を提示──目標の明確化
・教科書以外のリーディング教材を選ぶ際の目安
・学習者自身によるリーディング力の自己評価と目標設定
・学習者のリーディング活動の振り返り

要するに，学習者が自ら進んで英語を読む機会を提供するきっかけとしてCEFR のディスクリプタは有効に活用できる。根拠のない CAN-DO を設定することはあまり意味がない。信頼できる根拠をもとにしたリーディング活動の指針は，リーディング活動そのものが個人作業によることが多いので，学習者にとっては有効に働く。

※ CEFRの利用による文法訳読からの脱却

　リーディングの指導においては，多くの英語授業で日本語に訳すという作業が相変わらず行われているという実態がある。日本語に訳すことはある段階で確かに重要な学習であり，それを否定するわけではないが，リーディングの基本は，「読んでわかる」という単純なことである。学習の段階により，「文字を認識できる」「語を発音できる」「文字が読める」「音読ができる」「文構造がわかる」などさまざまなレベルがあるが，やはり，英語を読んで，「情報を得る」「鑑賞する」「自分の考えを述べる」などが学習者に求められる。PISAの学力調査で求めている読解力（リテラシー）の定義は次のようになっている。

　　「自らの目標を達成し，自らの知識と可能性を発達させ，効果的に社会に参加するために，書かれたテクストを理解し，利用し，熟考する能力」

　CEFRのディスクリプタもほぼこの定義にそった内容であり，PISAの読解力育成も後押しする。つまり，「読む」ことの目的を明確にする役割を果たすのである。

　現行の英語教科書は，コミュニケーションを重視しているが，基本的に文法シラバスで作成されている。文法を理解することは，学習者にとってやはり重要であるからだ。CEFRは，この文法理解と強く関係するリーディング活動，つまり，訳読という活動を大きく変える可能性がある。CEFRを基盤に据えれば，文法や語彙を何のために学習するのか学習者に対して明確にすることができる。特に，学校教育でのリーディングという活動はテストと強く結びつく傾向があるので，学習者は「正確に」「速く」読むことを強いられることが多い。ところが，「正確に」「速く」ということは，CEFRのディスクリプタにはない。CEFR–Jでは，B2.2で「正確に」という言葉が使われているが，その一カ所だけである。「正確に」ということにこだわるあまり日本語に訳すという活動が，多くの英語授業で重視されてきた。CEFRは，文法訳読という従来からの教師にも学習者にもある思い込みを変える可能性があるだろう。

> **まとめ**
>
> 　CEFR の 6 レベルはヨーロッパでは急速に認知されつつある。学習や仕事などで語学力の証明として利用されるようになっている。読む力は，コミュニケーション能力の基盤である。「私の英語の読む力は B2 です」と言えることは，場合によっては，英検で○級，TOEIC で○○点，センター試験で○○点というよりも大きな意味を持つのである。リーディング指導には特別な指導法があるわけではなく，PISA 型の読解力を英語でも目指すことが 1 つの方向性であろう。特別なことをする必要はない。従来のリーディング指導にちょっとした工夫をすることで CEFR は有効に活用される。現在進行しているスーパー・サイエンス・ハイスクール（SSH）や，近年広がりを示している国際バカロレア資格（IB）にもとづくカリキュラムとも間接的に関係するようになっている。当然，リーディング指導にあたってもそのような背景を意識しながら指導をすべきであろう。

もっと知りたい方へ

　CEFR を利用したリーディング指導にあたっては，多くのリーディング学習用教材が CEFR を参照するようになってきている。そのような教材を多読用教材として利用することも効果的であろう。また，インターネットにも多くのリソースがある。そのような多種多様な教材を学習者の興味に応じて教師が判断し，学習者に提供し，さらに 1 人ひとりの学習者の熟達度を見ながら，学習を支援することが，教師に今後求められると考えられる。CEFR が目指す自律した学習者を育てることが，まさにリーディング指導のカギとなるだろう。

Q39 ReadingのCAN-DOと実際のスキルとの関連性は？

※ CAN-DOディスクリプタの妥当性検証の難しさ

CAN-DOタスクを「できる」と思う言語学習者・使用者は、実際にそのタスクを遂行できるのだろうか。これを知るには、「できると思う」自信の度合いと、実際の技能の一致度を調査すればよい。手続き的には、CAN-DOリストの各ディスクリプタができると思う度合いをリカート尺度で回答するアンケートと、各ディスクリプタに対応するタスクを用意する。そして、これらを同一の学習者集団に実施し、アンケート結果とタスク達成度の相関関係を分析する。

★ タスクの代表性をいかに確保するか

このように一見シンプルなリサーチ・デザインだが、CAN-DOリストの根幹に関わる問題が潜んでいる。それは、タスクの代表性をいかに確保するかという問題である。ディスクリプタから連想するタスクのイメージが、読み手によって異なるのである。例えば「簡単な語を用いて書かれた短い物語や伝記などを理解することができる（CEFR-J「読むこと」A2.1）」に対応する読解タスクを作成するとしよう。「簡単な語」とはどのレベルの語か。「短い」とは何ワード程度か。「物語」や「伝記」の内容はどの程度の複雑さをもつか。このように、テキスト選定にあたって、タスク作成者の主観が入り込む余地が出てくる。

「話すこと（やりとり・発表）」「書くこと」という発表技能の場合は、これはあまり問題にならない。CAN-DOタスクそのものを行わせ、そのアウトプットを複数の評価者が評価すればよいからである。例えば「一連の簡単な語句や文を使って、自分の趣味や特技に触れながら自己紹介をすることができる（「発表」A2.1）」というディスクリプタの妥当性を検証する場合、「自分の趣味や特技に触れながら自己紹介をしてください」と指示し、調査参加

者のパフォーマンスを評価すればよい。調査参加者が，タスク遂行に必要な能力を大幅に下回らないだけの能力を持ち，指示を適切に解釈して遂行する限りにおいて，そのパフォーマンスは有効なデータになる。

　ところが「読むこと」のような受容技能の場合，対象となるテキストを選定しなければならない。そして，「学習を目的として書かれた新聞や雑誌の記事」(「読むこと」B1.1) のように，かなり限定されたテキストであっても，テキストの幅は広い。First News (http://www.firstnews.co.uk/) のような海外のオンライン新聞か，『週刊ST』, *Asahi Weekly*, *Mainichi Weekly* など，日本で発行されている新聞か，その中でも完全対訳付き，リードが日本語で本文は注釈付き，読解問題付きなど，記事の提示のしかたはさまざまである。各新聞がつける注釈の分量がB1.1レベルにふさわしいかどうかも議論の対象となる。さらに，「学習を目的として書かれた」という文言は，言語を運用して社会でどのように機能できるかというCEFR本来の趣旨に，日本の言語環境を考慮に入れている。そこで，学習の要素をどこまで入れるのかという，CEFR-JのJ特有の問題が生じ，それもこのディスクリプタの解釈に幅をもたせることになる。

★タスク達成度をいかに判断するか

　タスク達成度の判断も厄介である。テキスト理解度の測定方法によって，結果にゆらぎが生じるからである。仮に，10人の研究者が全員A2.1レベルであると合意したテキストが用意できたとしよう。そのテキストを「理解できる」と判断するために，どのような設問を用意するか。多肢選択か記述問題か。多肢選択ならば，どのような選択肢を用意するか。選択肢が英語ならば，それは当該のA2.1レベルであるか。記述問題にするなら，何をどう書けば，テキストを理解できたと判断するのか。このように，受容技能のディスクリプタの検証を行おうとすると，テキスト選定やテストアイテム開発に作成者の主観が入り，果たしてそのタスクが設定した熟達度レベルに合致すると言えるのかどうか，判断が難しい。

　これらの難問を解決せずに自信の度合いと達成度の関係を調査するのは，地質調査をせずに建物を建てるような危うさがある。しかし，解決を待っていてはCAN-DOリスト検証作業は進まない。そこで，タスク難易度の設定に伴う危うさは承知しつつ，5技能すべてについて妥当性検証を行うという

本科研の全体計画にそって，可能な限りの資源を投入して検証を実施した（高田，尾関，笹島，寺内，2012）。以下はその報告である。

※ **検証実験**
★**調査課題**
(1) 日本人英語学習者の層が厚いとされるAレベル，およびthreshold levelであるB1レベルにおいて，CEFR-J「読むこと」のディスクリプタが示すタスクをできると思う自信の度合いと，実際にそのタスクを達成できる度合いの間に関連性はあるか。
(2) 自信の度合いと達成度の間に関連性が見られず，学習者の自己評価が過大または過小に傾いた場合，どのような理由が考えられるか。

★**方法（調査課題（1）について）**
　○調査参加者：関東地域の2大学の学生71名
　○調査道具
　　① CEFR-Jの電子版自己評価アンケート（中野，2012，→Q22参照）
　　CEFR-Jの各ディスクリプタ（2項目×5技能×12レベル＝120項目）ができると思う度合いを4段階（ほぼできる・ある程度はできる・あまりできない・ほとんどできない）で回答する形式。
　　②読解テスト
　　　A1.3, A2.1, A2.2, B1.1の4レベルの「読むこと」のディスクリプタ2項目それぞれに対応する読解テストを作成した。8題のテストはそれぞれ，1つのパッセージに4肢選択のアイテム5つを含む。作成にあたり，CEFRにくわしいテスト関係者2名に査読を依頼した。1名はネイティブ，1名は日本人である。テキストおよびアイテムが当該レベルに合致しているかについて意見を求め，原則としてそのフィードバックを取り込み，修正を施した。レベル設定が不適切と指摘されたテキストは破棄し，新規作成した。ただし，実際的な制約上，修正や新規作成をしなかったテキストもある。以下は，各ディスクリプタに対応させて選んだテキストのトピックと問題形式である。
　　　A1.3 上　オーストラリア旅行（空所補充）
　　　A1.3 下　家族の休日（内容一致）

A2.1 上　アメリカの祝日コロンブス・デー(内容一致)
　　A2.1 下　クリストファー・コロンブスの伝記（空所補充）
　　A2.2 上　キャンプ場の使用説明（内容一致）
　　A2.2 下　アメリカの小売店の販売方法の特徴（内容一致）
　　B1.1 上　ジョン・レノンの命日に関する新聞記事（内容一致）
　　B1.1 下　緊急電話のかけ方（空所補充）

★方法（調査課題（2）について）
　〇調査参加者：調査課題（1）に参加した大学生のうち，次の4名
　　・テスト・スコアが高く，自己評価も高い
　　・テスト・スコアが高いが，自己評価が低い
　　・テスト・スコアが低いが，自己評価が高い
　　・テスト・スコアが低く，自己評価も低い
　〇調査道具
　　面接調査のために，次の2つの質問を用意した。
　　① CEFR-J ディスクリプタからどのような読み物や読解テストを思い浮かべますか。
　　②テスト結果と自己評価に差がある場合，なぜ差が生じたと思いますか。

★手順
(1) 71名の調査参加者に CEFR-J 電子版アンケートを実施する。
(2) 同一の調査参加者に8題の読解テストを実施する。
(3) 「読むこと」A1.3からB1.1までの8項目に関するアンケート結果と，8題の読解テスト結果のクロス集計表を作成し，さらに2変数のピアソン係数を計算する。
(4) 71名のうち4名に面接調査を実施し，データを質的に分析する。

※ 検証実験の結果と考察
★実験対象には英語熟練度に幅のある集団が必要
　表1は，各ディスクリプタに対する調査参加者の自信の度合いと，対応するタスクの達成度を表したものである。調査対象の8項目のうち，弱い正の相関が見られたディスクリプタが2つあったが，他の6つにおいて有意な相関関係は見られなかった。これは，サンプル数が71で決して多いとは言えない上，対象者の英語熟達度が有意な結果を得られるほど異質ではなかった

ためと考えられる。それを裏付けるのが表2と表3である。どちらもA1.3なので，自信の度合いは4段階のうちほとんど全員が3または4，つまり肯定的な反応であり，1と2に分散していない。調査対象の2つの大学の学生集団は，英語熟達度に差があるという前提で選んだが，中学生，高校生まで含めてさらに幅広い層が参加すれば，異なる結果が得られたかもしれない。

ただ，全員の自信の度合いが肯定的だったディスクリプタ（表3）では，大方の対象者のテストスコアが4または5であるので，自信と達成度は対応していると言えよう。もうひとつのディスクリプタ（表2）では，A1.3のテストでありながらスコア1または2がわずかおり，3も20人であった。これはタスクの設定に問題があったためと考えられる。「簡単な語を用いて」書かれたテキストであるがユーモアを交えた話になっており，それが難易度を上げたのかもしれない。

表1：「読むこと」に対する自信の度合いと実際のスキル

レベル	ディスクリプタ	自信の度合いの平均(1〜4)	テストスコアの平均(0〜5)	相関係数
A1.3	簡単な語を用いて書かれた，スポーツ・音楽・旅行など個人的な興味のあるトピックに関する文章を，イラストや写真も参考にしながら理解することができる。	3.41	3.52	ns
	簡単な語を用いて書かれた，挿絵のある短い物語を理解することができる。	3.49	4.30	ns
A2.1	簡単な語を用いて書かれた人物描写，場所の説明，日常生活や文化の紹介などの，説明文を理解することができる。	3.33	4.21	ns
	簡単な語を用いて書かれた短い物語や伝記などを理解することができる。	3.07	3.28	ns
A2.2	簡単な英語で表現されていれば，旅行ガイドブック，レシピなど実用的・具体的で内容が予想できるものから必要な情報を探すことができる。	3.20	3.31	ns

	生活，趣味，スポーツなど，日常的なトピックを扱った文章の要点を理解したり，必要な情報を取り出したりすることができる。	3.03	3.63	$r = .35$
B1.1	学習を目的として書かれた新聞や雑誌の記事の要点を理解することができる。	2.69	2.55	$r = .33$
	ゲームのやり方，申込書の記入のしかた，ものの組み立て方など，簡潔に書かれた手順を理解することができる。	2.85	2.96	ns

表2：A1.3　個人的な興味のあるトピックに関する文章の理解

		自信の度合い				
		1	2	3	4	合計
テストスコア	0	0	0	0	0	0
	1	0	0	3	0	3
	2	0	0	6	3	9
	3	0	1	9	10	20
	4	0	1	14	11	26
	5	0	1	4	8	13
	合計	0	3	36	32	71

表3：A1.3　短い物語の理解

		自信の度合い				
		1	2	3	4	合計
テストスコア	0	0	0	0	0	0
	1	0	0	0	0	0
	2	0	0	1	0	1
	3	0	0	4	4	8
	4	0	0	18	13	31
	5	0	0	13	18	31
	合計	0	0	36	35	71

★ディスクリプタの具体性とタスクのレベル調整が一致度を高める

　弱い正の相関がみられた2つのディスクリプタについてくわしく見てみよう。次ページの表4は，「学習を目的として書かれた新聞や雑誌の記事の要点を理解すること（B1.1）」に対する自信の度合いと当該タスクの結果を示す。前述のA1.3と異なり，自信の度合いもスコアも中程度に集中しているので，AレベルとBレベルの差異化ができているディスクリプタのようである。

　このディスクリプタでは，テキストを「新聞や雑誌の記事」と指定しており，他のディスクリプタの「物語，伝記，説明文」よりも具体性が高い。大学の一般英語の授業で学習者向けの新聞を扱うこともあり，調査を実施した大学の1つでは，「時事英語」という科目で新聞記事が期末試験に出題され

るので，タスクの内容が比較的イメージしやすく，自己評価が適切にできた学生が多かったのではないかと推測する。またテスト作成にあたり，ディスクリプタの内容とB1.1というレベルに合致するよう，入念な調整を行った。例えば，注釈の数と語彙レベルをコントロールした。原文には約300語のテキストに14語の注釈があり，平均すると21語に1語の割合で注釈を見ることになる。すると，「要点の理解」よりも1語1語に注意を向けることを奨励しかねない。そこで，『JACET8000英単語』(2005)で高校レベルとされている語，および文脈から意味が類推できる語の注釈を削除し，平易な英語にパラフレーズできる語はパラフレーズをして注釈を削除し，最終的に5つの注釈を残した。査読をしたテスト専門家2名とも，当該タスクはディスクリプタの内容に合致しており，B1.1レベルに適切と判断していた。このように，ディスクリプタの内容が具体的で自己評価が比較的容易だったこと，ディスクリプタの内容に合致したタスクであると複数の専門家が合意したこと，自信の度合いと能力値の分散がA1のタスクの場合ほどは偏らなかったことが，正の相関につながったのではないかと考えられる。

表4：新聞記事の要点理解

		\multicolumn{5}{c}{自信の度合い}			
		1	2	3	4	合計
テストスコア	0	0	0	2	0	2
	1	1	3	3	0	7
	2	1	12	15	0	28
	3	1	5	13	2	21
	4	0	1	5	2	8
	5	0	0	3	1	4
	合計	3	21	41	5	70

表5：日常的なトピックを扱った文章の要点理解，必要な情報の取り出し

		自信の度合い				
		1	2	3	4	合計
テストスコア	0	0	0	1	0	1
	1	0	1	2	0	3
	2	0	2	5	0	7
	3	0	4	13	1	18
	4	0	2	17	4	23
	5	0	2	9	8	19
	合計	0	11	47	13	71

相関関係が有意であったもう1つのディスクリプタは，「生活，趣味，スポーツなど，日常的なトピックを扱った文章の要点を理解したり，必要な情報を取り出したりすることができる (A2.2)」である（表5参照）。これよりも下のレベルでは「簡単な語を用いて書かれた」という条件が含まれており，同じA2.2のもう1つのディスクリプタも「簡単な英語で表現されてい

れば」という条件があるが，これはその条件が外れた最初のディスクリプタである。それも関係しているのか，自信の度合いはAレベルの中では低い方である。対応するテキストは，アメリカのデパート，スーパーマーケット，量販店の特徴を述べた文章で，査読者からAレベルには難易度が高すぎると指摘された。しかし結果的に，「ほぼできる」と答えた学生のほぼ全員が4点または5点をとり，「ある程度できる」という学生が3点から4点に集中し，弱い相関を示した。これは，テキストの難しさに比べて，設問のアイテムが比較的答えやすかったためと考えられる。デパートや量販店の固有名詞がいくつも出てくるので，それを拾うと「必要な情報を取り出し」やすい。そう考えると，このディスクリプタはきわめて現実の言語使用場面に近いタスクを示していると言えよう。

★学習者の信念やディスクリプタの文言が自己評価に影響

　学習者が「できる」と思ったのに実際はできなかったり，逆に「できない」と思ったのに実際はできたりする現象は，なぜ起こるのか。4人の学生への面接調査の結果，英語学習への態度や信念が，CEFR-Jの記述の解釈に影響を及ぼすことが明らかになった。

　一例は「簡単な語を用いて」という文言の解釈である。読解の難しさは単語の難しさに起因すると考えている学生は，この文言を拠り所に，A1.3およびA2.1は「ほぼできる」と答えた。けれども実際のスコアは低かった。自己評価4でありながらテストは2点だったコロンブスの伝記（A2.1）を見直してみると，基本動詞を用いた熟語の知識が不足しており，また西インド諸島の命名について内容スキーマが不足していた。単語が簡単なら読めるというわけではないことを，この学生は初めて認識したようであった。逆に「簡単な語を用いて」に警戒して，自己評価を3にしたがテストは満点の5点をとったケースもある。この学生は最近，bookが「予約する」という動詞で使われることを習い，簡単な語であっても自分が知らない意味で使われることがあると知ったという。「ほぼできる」を選ぶのを躊躇したのは，その印象が強かったのだろう。どうやら「簡単な語を用いて」という文言は誤解を生じやすいようである。読解の難易度を上げるのは単語レベルだけではないので，「簡潔に書かれた」という記述の方がよいかもしれない。

　「物語，伝記，説明文，記事」といったジャンルが持ち得る意味も，学生

のリーディングに対する態度によって異なる。1つを除き残りすべてのディスクリプタについて「ほぼできる」と答えた学生は、ジャンルに関わらずあらゆる読物を「教科書かテストで義務として読むもの」ととらえていた。情報を得る、あるいは楽しみのために読む、という認識はない。もちろん、ジャンルによって読み方を変えるというストラテジーも、彼にとっては未知の世界である。したがって「イラストや写真も参考にしながら」という条件は、意味をもたない。CAN-DO リストは言語を使って何ができるかを記述したものであるから、コミュニケーションのための英語学習という意識がなければ、CAN-DO リストを自己評価に有効活用することはできないだろう。

学生の苦手意識も、自己評価に影響する。総合得点が高いのに自己評価は低かった学生は、現実場面でのコミュニケーションに気おくれを感じている。そうした不安要因がはたらいて、「実用的」という語を含む、あるいはそれを連想させるディスクリプタの自己評価が低かった。例えば「旅行ガイドブック、レシピなど実用的・具体的で内容が予想できるもの (A2.2)」、「ゲームのやり方、申込書の記入のしかた、ものの組み立て方（B1.1))」は自己評価1である。しかしテストはそれぞれ5点、4点であった。

最後に、自己評価と実際の能力値のずれが、ディスクリプタの表記法に起因する場合もあることに触れておきたい。具体的なタスクをイメージしやすいように、言語活動例を入れたディスクリプタがあるが、複数の例が含まれていると、そのうちの1つができないために全体の自己評価が低くなることがある。また、task, text, condition（→Q19参照）の3要素を含むディスクリプタは、1つの文が長くなる傾向があり、注意力が散漫になってくると、文の終わりを読むころには、文の最初に読んだことを忘れてしまっている。「簡単な語を用いて書かれた、スポーツ・音楽・旅行など個人的な興味のあるトピックに関する文章を、イラストや写真も参考にしながら理解することができる (A1.3)」を「あまりできない」とした学生（テストは満点）は、「今考えれば、『ほぼできる』を選ぶと思う。最初の『簡単な語を用いて』という部分を見落としていたと思う」と話した。こういう長い文がCEFR-Jには120項目並ぶので、これらすべてに答えるのは、かなり注意力、集中力が要求される。ディスクリプタを初めて見る学習者、自己評価を経験したことのない学習者には、項目数をある程度限って、実施者が適宜解説することが、より正確な自己評価に貢献するように思う。

まとめ

「読むこと」に限らず，自信の度合いと実際のスキルの関係の調査で問題となるのは，CAN-DOタスクの代表性の確保，および学習者によるディスクリプタ解釈の多様性である。これらは容易に解決できる問題ではないが，前者についてはタスク作成者間で十分議論し共通認識を得ること，後者については，学習者に自己評価をさせるとき，教師が適宜解説することで，ある程度コントロールすることはできるだろう。

もっと知りたい方へ

　本研究が対象とした8項目すべてに関する調査結果は「自己評価と実際の技能との違い：reading」『平成20年度〜平成23年度科学研究費補助金（基盤研究（A））研究課題番号20242011研究成果報告書』pp.209-214に掲載されている。

Q40 Writing の CAN-DO の特徴とその指導法とは？

　日本人の平均的英語力は，CEFR の 6 段階評価では，中学校 3 年間はすべて A1，高校 3 年間がすべて A2 になると想定されているが，理想的には高校，大学レベルで B1 さらに B2 まで達するよう学習，指導することが望ましいであろう。この節では，まず，CEFR で求められている A レベルと B レベルのライティングに関するディスクリプタを，CEFR-J ではどのように具現化しているかに焦点をあてて，CEFR-J「書くこと」の CAN-DO の特徴をとらえてみたい。そのうえで，日本の EFL コンテクストにおいて CEFR-J を使うことを前提に，とりわけ B レベルではどのようなライティング活動を実践したらよいか，その指導方法を提案してみたい。

※ CEFR・CEFR-J の A レベルの「書くこと」の CAN-DO
★ A1 のレベル特徴比較

　CEFR の A レベルは，基礎段階の言語使用者（Basic User）のレベルであり，厳密にいうと，A1（Breakthrough）と，A2 はさらに 2 段階の A2（Waystage）と A2+（Strong Waystage）の計 3 レベルから成る。国際交流基金の『JF 日本語教育スタンダード』の策定者らが，CEFR に記述されたすべての CAN-DO を分析して集約した各レベルの大まかな特徴によると（塩澤他，2010），A1（Breakthrough）は，「暗記された表現の再生だけでなく，言語を自ら生み出して使用できる最も低いレベル。自分自身のことについて，簡単な会話ができる（p.25）」レベルである。したがって，CEFR：A1 レベルの「書くこと」においては，「短い簡単な葉書や，自分の名前，国籍や住所などを宿帳に記入することができる」という，言語の使い始めの中でも最も低いレベルと捉えられている。

　では，CEFR-J：A レベルの「書くこと」では，このような CEFR の特徴がどのように具現化されているのだろうか。

まずCEFR-Jに最も特徴的なのは，CEFRの欧州とは異なる日本特有のEFL環境において，全くの初級者を対象としたPre-A1レベルを設定していることである。このPre-A1レベルの「書くこと」の能力は，「アルファベットの大文字・小文字，単語のつづりをブロック体で書ける」ことから始まる。さらに，A1はA1.1, A1.2, A1.3の3レベルに細かく段階を分けているが，「自分の名前，住所，家族，職業などについて短い句や文で書くこと」ができ（A1.1），次の段階として「簡単に語や基礎的な表現を用いて，好き嫌い，家族，学校生活などについて短い文章や，誕生日カードや身近な事柄につい

表1：CEFR-J「書くこと」のCAN-DO（Pre-A1からA2.2）

レベル	書くこと	
Pre-A1	アルファベットの大文字・小文字，単語のつづりをブロック体で書くことができる。	単語のつづりを1文字ずつ発音されれば，聞いてそのとおり書くことができる。また書いてあるものを写すことができる。
A1.1	住所・氏名・職業などの項目がある表を埋めることができる。	自分について基本的な情報（名前，住所，家族など）を辞書を使えば短い句または文で書くことができる。
A1.2	簡単な語や基礎的な表現を用いて，身近なこと（好き嫌い，家族，学校生活など）について短い文章を書くことができる。	簡単な語や基礎的な表現を用いて，メッセージカード（誕生日カードなど）や身近な事柄についての短いメモなどを書ける。
A1.3	自分の経験について，辞書を用いて，短い文章を書くことができる。	趣味や好き嫌いについて複数の文を用いて，簡単な語や基礎的な表現を使って書くことができる。
A2.1	日常的・個人的な内容であれば，招待状，私的な手紙，メモ，メッセージなどを簡単な英語で書くことができる。	文と文をand, but, becauseなどの簡単な接続詞でつなげるような書き方であれば，基礎的・具体的な語彙，簡単な句や文を使った簡単な英語で，日記や写真，事物の説明文などのまとまりのある文章を書くことができる。
A2.2	身の回りの出来事や趣味，場所，仕事などについて，個人的経験や自分に直接必要のある領域での事柄であれば，簡単な描写ができる。	聞いたり読んだりした内容（生活や文化の紹介などの説明や物語）であれば，基礎的な日常生活語彙や表現を用いて，感想や意見などを短く書くことができる。

て短いメモなど」を書けるようになってくる（A1.2）。さらに「自分の経験について短い文章を書いたり、趣味や好き嫌いについて簡単な語や表現で複数の文」を書けるようになる（A1.3）。日本で始まったばかりの小学校英語や中学校の初級レベルでの書くことの指導には、CEFR-J のこの細かく設定された A1 レベルは、教師がライティング活動の目標設定を行ったり、学習者が自己評価したりする際に大いに役立つであろう。

★ A2のレベル特徴比較

　では次の段階である A2 レベルはどうであろうか。塩澤他（2010）によると、CEFR の A2（Waystage）は、「社会的な機能を担ったり、国内や海外の生活の中で遭遇するような課題を達成することができ」、A2+（Strong Waystage）になると、「援助を必要とし、ある程度の制限はあるが、積極的に会話に参加したり、一人で話すことができる（p.25）」ようになるレベルである。したがって、CEFR：A2 レベルでの「書くこと」においては、「直接必要のある領域での事柄なら簡単に短いメモやメッセージ、あるいは礼状などの短い個人的な手紙なら書く」ことができるのであり、つまり社会的機能を遂行するために書き言葉を使い始めるのが A2 レベルといえよう。

　では、この CEFR の特徴は、CEFR-J の A2.1 および A2.2 の「書くこと」にどのように具現化されているのだろうか。

　A2.1 では、「日常的・個人的な内容の招待状、私的な手紙、メモ、メッセージなどを簡単な英語で書く」ことができたり、「簡単な句や文を and, but, because などの簡単な接続詞でつなげて、日記や写真、事物の説明文などのまとまりのある文章」が書けるとされている。さらに A2+ に相当する A2.2 では、「身の回りの出来事や趣味、場所、仕事などについて、個人的経験や自分に直接関係のある事柄なら簡単な描写」ができるようになり、「聞いたり読んだりした内容であれば短い感想や意見などを書くこと」もできるようになる。つまり、A2.1 までは書ける内容が、手紙・日記・説明文などの日常的・個人的な「事実」であったのが、A2.2 では生活や文化に関する内容について「感情や意見」を含む文というように、抽象的な思考をともなった英語のライティングができるようになってくる。また、短文にとどまっていたのが、簡単な接続詞を使ってまとまりのある文が書けるようになってくるのも、CEFR-J の A2 レベルの大きな特徴といえるだろう。

※ CEFR・CEFR-JのBレベルの「書くこと」のCAN-DO
★B1のレベル特徴比較

　CEFRのBレベルは，自立した言語使用者（Independent User）のレベルであり，厳密にいうと，B1 (Threshold) と B1+ (Strong Threshold)，B2 (Vantage) と B2+ (Strong Vantage) の4レベルから成る。まずCEFRのB1 (Threshold) は，「会話を維持し，さまざまな文脈の中で自分の言いたいことを相手にわかってもらえるように話せる。また，日常生活で遭遇するような問題に柔軟に対処でき」，B1+ (Strong Threshold) になると，「交換される情報の量に焦点を当てたCAN-DOが多くある。その内容や正確さには限界があるものの，一定のまとまった情報を伝えることができる (p.25)」ようになるレベルである（塩澤他，2010）。したがって，CEFRでのB1レベルの「書くこと」においては，「身近で個人的な関心のある話題について，つながりのある結束性のあるテクストで，私信で経験や印象を書く」ことができる。すなわち日常生活での問題に柔軟に対応できる能力が，書き言葉でも可能になってくるのがB1レベルといえよう。

　では，このCEFRの特徴は，CEFR-JのB1.1およびB1.2の「書くこと」ではどのように具現化されているのだろうか。
　B1.1では，「学校，職場，地域などでの出来事を身近な語彙・文法である程度まとまりのあるかたちで描写する」ことができたり，「身近な語彙・文法で筋道を立てて手順などの説明文」が書けるようになる。さらにB1+に相当するB1.2では，「新聞記事や映画などについて，自分の意見やあらすじをまとめたり，基本的な内容を報告する」ことができるようになり，「旅行記や自分史などの物語文を順序立てていくつかのパラグラフで書くこと」もできてくる。つまり，B1.1までは書ける内容が，自分に直接関わりのある出来事であったのが，B1.2では新聞記事や映画などの一般的な内容について「意見や報告」をいくつかのパラグラフで書けるようになってくる。結束性のあるパラグラフ・ライティングの基礎が身についてくるのが，CEFR-JのB1レベルの大きな特徴といえよう。

表2：CEFR-J「書くこと」のCAN-DO（B1.1からC2）

レベル	書くこと	
B1.1	自分に直接関わりのある環境（学校，職場，地域など）での出来事を，身近な状況で使われる語彙・文法を用いて，ある程度まとまりのあるかたちで，描写することができる。	身近な状況で使われる語彙・文法を用いれば，筋道を立てて，作業の手順などを示す説明文を書くことができる。
B1.2	新聞記事や映画などについて，専門的でない語彙や複雑でない文法構造を用いて，自分の意見を含めて，あらすじををまとめたり，基本的な内容を報告したりすることができる。	物事の順序に従って，旅行記や自分史，身近なエピソードなどの物語文を，いくつかのパラグラフで書くことができる。また，近況を詳しく伝える個人的な手紙を書くことができる。
B2.1	自分の専門分野であれば，メールやファックス，ビジネス・レターなどのビジネス文書を，感情の度合いをある程度含め，かつ用途に合った適切な文体で，書くことができる。	そのトピックについて何か自分が知っていれば，多くの情報源から統合して情報や議論を整理しながら，それに対する自分の考えの根拠を示しつつ，ある程度の結束性のあるエッセイやレポートなどを，幅広い語彙や複雑な文構造をある程度使って，書くことができる。
B2.2	自分の専門分野や関心のある事柄であれば，複雑な内容を含む報告書や論文などを，原因や結果，仮定的な状況も考慮しつつ，明瞭かつ詳細な文章で書くことができる。	感情や体験の微妙なニュアンスを表現するのでなければ，重要点や補足事項の詳細を適切に強調しながら，筋道だった議論を展開しつつ，明瞭で結束性の高いエッセイやレポートなどを，幅広い語彙や複雑な文構造を用いて，書くことができる。
C1	いくつかの視点を示して，明瞭な構成で，かなり詳細に自己表現ができる。自分が重要だと思う点を強調しながら，手紙やエッセイ，レポートで複雑な主題について書くことができる。読者を念頭に置いて適切な文体を選択できる。	
C2	明瞭で流暢な文章を適切な文体で書くことができる。効果的な論理構造で事情を説明し，その重要点を読み手に気づかせ，記憶にとどめさせるよう，複雑な手紙，レポート，記事を書くことができる。仕事や文学作品の概要や評論を書くことができる。	

★ B2のレベル特徴比較

　では次の段階であるB2レベルはどうであろうか。CEFRのB2 (Vantage) は、「意見の根拠などを提示しながら、効果的に論述することができる。また、会話の際にさまざまな方略を活用できるなど、談話の中で自分の立場を維持する以上のことができる。さらに、自らの間違いを自主的に修正するなど、言語に対する意識が高まる」、さらにB2+ (Strong Vantage) になると、「他の話し手に配慮しながら議論の発展に寄与するなど、会話の管理に関する能力が顕著に現れる。また、一貫性や結束性を持った活動や、交渉ができるようになる (p.25)」レベルである（塩澤他，2010）。したがって、CEFR：B2レベルの書くことにおいては、「興味関心のある分野での話題について明瞭で詳細な説明文を書け、エッセイやレポートでは情報を伝えるだけでなくしっかりと意見の根拠も書くことができ、手紙の中で実体験について自身の意義を書く」こともできるのである。つまり効果的論述ができるようになって、社交的な談話の中で自分の立場を守る以上のことができ、B1までとは異なる新たな高い言語意識が持てる段階に達したのがB2レベルといえよう。

　では、このCEFRの特徴は、CEFR-JのB2.1およびB2.2の「書くこと」ではどのように具現化されているのだろうか。

　B2.1では、「メールやファックス、ビジネス・レターなどのビジネス文書を適切な文体で書く」ことができたり、「既知のトピックについて情報を整理したり自分の意見を構築しながら、ある程度結束性のあるエッセイやレポートなどを幅広い語彙や複雑な文構造を使って書くこと」ができるようになる。さらにB2+ に相当するB2.2では、「自分の専門分野や関心のある事柄であれば、複雑な内容を含む報告書や論文を明瞭かつ詳細に書くこと」ができるようになり、「B2.1よりもさらに明瞭で結束性の高いエッセイやレポートなどを幅広い語彙や複雑な文構造を使って書くこと」ができてくる。つまり、B2.1、B2.2ともに、書ける内容は、「ビジネス文書、報告書や論文、エッセイやレポート」であり、B2.2ではより「適切な文体で、より結束性の高いものをより豊富な語彙や複雑な文構造を用いた」英語のライティングができるようになってくる。すなわちCEFR-JのB2レベルも、前記のように、B1までとは異なる新たな高い言語意識が持てる段階に達したレベルであり、仕事や日常生活が英語環境であっても、たいていのことにはほぼ対応できる自立した英語使用者がレベル特徴といえるのである。

※ 自立的に書く力を育成する活動例と評価方法

　これまでみてきたように，CEFR：B1レベルでの書く能力が，身近で個人的な関心のある話題についてつながりのあるテクストが書けることであり，CEFR-J の B1レベルにおいても，結束性のあるパラグラフ・ライティングの基礎が身についてくることを謳っている。つまり，日常生活での問題に柔軟に対応できる能力が書き言葉でも可能になってくる，この B1レベルに達するかどうかが，書くことの指導では1つのめやすになるであろう。そこで，B1レベルを対象とした書くことの活動例と評価方法を，PET（Cambridge ESOL Preliminary English Test）を参考に検討してみたい。

【活動計画1】
★目標：CEFR-J B1.1レベル①
　「身近な状況で使われる語彙・文法を用いれば，筋道を立てて，作業の手順などを示す説明文を書くことができる」
(1) タスクのタイプ：短いコミュニカティブなメッセージ
(2) タスクの形式：ポストカード，注意書き，電子メールなど
(3) タスクの内容：特定のメッセージを伝える35-45words 程度の内容
(4) 評価方法：6段階（Mark：0-5）
　　　　　　（PET の General Mark Scheme for Writing Part 2. を採用）
○実際の活動
Q. Your friend Alex has invited you to go to the cinema tomorrow, but you can't go. Write an email to Alex. In your email, you should '①apologise', '②explain why you can't go', '③invite Alex to do something with you another day'. Write 35-45 words on your answer sheet.
○ワークシートの例（以下，原文ママ）と評価

> Hello Alexd Thanks you to invited me tomorrow, but I can't went to the cinema because I was played tennis with a friend and I can't went with you. Would you went to saw my tennis match at 9:00 a.m.

　☞ 評価：2
（時制やスペルにミスが多く不明瞭で，ポイント①③が書かれていない）

> Hi Alex!
> I'm writing you to apologise me because tomorrow I can't go with you to the cinema. I forgot to told you that I would played a football match.
> Why don't we go to the cinema after tomorrow?
> See you soon
> Diya

☞ 評価：4
（時制がいくつか混在しているものの，3つのポイントは言及されている）

> Dear Alex
> I'm sorry I can't go to the cinema tomorrow, because I have to visit my uncle who is ill in hospital.
> How about going to the cinema the day after tomorrow? Please a.s.a.p.
> From Yoko

☞ 評価：5
（内容が正確かつ明瞭であり，このレベルに期待される以上のできである）

【活動計画2】
★目標：CEFR-J B1.1レベル②
　「自分に直接関わりのある環境（学校，職場，地域など）での出来事を，身近な状況で使われる語彙・文法を用いて，ある程度のまとまりのあるかたちで，描写することができる。」
(1) タスクのタイプ：やや長い連続的な描写
(2) タスクの形式：私的な手紙，またはエピソードなどの物語文
(3) タスクの内容：100words程度
(4) 評価方法：6段階（Band：0 - 5）
　（PETのMark Scheme for Writing Part 3を採用）
○実際の活動
Q. Your English teacher has asked you to write a story. Your story must

begin with this sentence: *I had a real surprise when I turned on the television.* Write your story on your answer sheet.

○ワークシートの例と評価

My surprise Story
I had a real surprise when I turned on the television. It was Saturday evening at 9:30 pm. The television was showed lots of football player. Because I'm really love football that why I was so surprise. It was showed my famous players. They were all line up on the TV. Then they did a lot of skills.

☞ 評価：2
（これは適切ではない。言葉遣いに"I'm really love football"のような誤りがある。"It was showed my famous players"のように文構造の誤りも多い。タイトルもいれて51wordsと短くせいぜい評価は2である。）

I had a real surprise when I turned on the television. I was there sitting in a park. I didn't know that place so my next task was to look at the person again. She was a girl like me with the same face, hair and everything except for her cloths. She was very untidy. Then I called the TV company where it was taken and about the details.
After lots of wringling I found her. When we saw each other, we couldn't move. I asked a lot of questions about her life, parents, friends. Finally, both of us knew: SHE IS MY SISTER!!!! Now she lives with me and our parents who didn't know anything about having an other child! Something had to be wrong in the hospital 21 years ago. What a luck I turned on the TV!

☞ 評価：4
（かなり良いできである。言葉遣いが"When we saw each other, we couldn't move."のように意欲的である。語彙と文構造は適切と評価する以上のできである。物語は，事実に基づくことを接続詞then, after, nowなどをうまく使って話の展開がよくできている。"After lot of wringling ... ."のような誤りはあるが流れを妨げるほどではない。読み手に若干の負担がかか

る程度である。)

まとめ

CEFR-J B1.1レベルの「書くこと」のタスクとしては，文レベルの言い換えなどの基本的な練習も必要であるが，自立的に創造的に書く力を伸ばすためにはある程度の量を書くようなタスクを重ねていくことが必要である。学習者の誤りに対しては，教師が直接添削するより，まずはチェックリストで学習者自身に自己チェックさせ，その上で学習者が誤りに気づくようなコメントをするのもよい。さらに，学習者同士にピアリーディングをさせるなどの協働的なタスクを取り入れるのも効果的である。このような教授者と学習者，学習者間での相互行為は，学習者の潜在的能力の領域である発達の最近接領域（zone of proximal development, ZPD）に働きかける社会文化的アプローチによる学習・指導法のひとつとして，上記のようなライティング活動には効果的である（川成，2011）。

もっと知りたい方へ

CEFRのWritingの具体的テスト内容を見ると，イメージがわくことが多い。以下はそのために役立つ資料である。

Council of Europe (2011) *Relating language examinations to the Common European Framework of Reference for Languages: Learning, teaching, assessment (CEFR) Highlights from the Manual.*

Q41 WritingのCAN-DOと実際のスキルとの関連性は？

　ライティング学習が困難なのは，書かれた情報を必要とする読み手のために，実際に英文を書いた経験が少ないという理由が考えられる。高等学校までの英語学習の主な目的は入試対策であり，多くの場合は，そのための英作文のトレーニングが重視されるというのが現状であろう。

　英語はリーダー・センタード（reader-centered）であり，読み手にわかりやすく書く必要がある（Williams, 1994, 中谷, 2012）。わかりやすい英文とは，1つの文が正確なだけでなく，文章がまとまって明確なメッセージを伝えなくてはならない。この文章のまとまりは，ディスコース（discourse）と呼ばれている。ライティングでは，読みやすいディスコースを構築するためのルールに沿い，効果的に文を結束（cohesion）させ，情報の一貫性（coherence）を持たせる必要がある（Halliday& Hasan, 1976；中谷・土方・清水，2011）。

　CEFR-Jは，日本の英語学習者向けのライティング到達目標も，具体的なディスクリプタで記述している。学習者への大規模な意識調査や，教員のライティングに関する認識に基づいた，一定の妥当性のある内容となっている。初級レベルのPre-A1から上級のCレベルまで統一性のある指標として，教育現場において導入することも可能であろう。しかし，実際に英文を書く場合，学習者は自分のスキルを正確に把握しているだろうか。例えば，B1レベルのスキルがあると考えている学習者は，実際のタスクにおいて本当にそのレベルの英文作成ができるのであろうか。本節は，このような観点から，CEFR-Jの「書くこと」に関する記述の妥当性を調査したものである。

※ B1レベルで調査する理由

　ライティングのディスクリプタの内容を検証するために，すべてのレベルに関連するタスクを実施し，記述内容の妥当性を実際のパフォーマンスに基

づいて確認することが望ましい。しかし，ライティングのテスト実施と結果の分析には手間と時間がかかる（Cohen, 1994）。このため，まずB1のレベルに焦点を当て検証をした。B1はCEFRにおいても，閾（しきい）値レベル（Threshold）で，目標とする外国語を使ってコミュニケーションするのに最低限必要なレベルとされている。

　CEFR-Jにおいても，このB1レベルの到達が1つの重要な目標と言える。特に，日本の大学におけるライティングの指導目標として適切だと思われる。B1レベルからは単独の英文ではなく，ディスコースによって伝えたい内容を表現するスキルが必要となる。例えばB1の到達目標には，「ある程度まとまりのある形」や，「筋道を立てて」書くことが重視される。このためには，ディスコースに必須である，談話の一貫性や結束の構築方法を身に付けなければならない。これはそれほど簡単な目標ではなく，大学でしっかりと学ぶ必要がある。以上のような重要な指標ということで，特にB1に注目してCAN-DOと実際のスキルの関連性を確認してみた。

※ ディスクリプタへの回答とパフォーマンスの検証

　以下にCEFR-Jのライティングスキルの記述の妥当性に関する調査を報告する。大学生の到達目標と考えられるB1レベルに注目し，学習者の意識と実際のパフォーマンスの整合性を検証した。

（1）被験者の認識調査

　被験者として，日本の国立および私立の4大学に在籍する，初級・中級レベルの65名が参加した。彼らが事前に受けたTOEICの平均スコアは500点であり，一番低い得点は300点，高い得点は800点であった。

　まず，CEFR-Jベータ版のCAN-DOリストに関するウェブアンケートに事前に答えてもらった。この中からライティングの記述に関する回答を抽出した。今回は，特に実施したタスクに関連する以下の2つのディスクリプタへの回答を確認した。

B1.1　身近な状況で使われる語彙・文法を用いれば，筋道を立てて，作業の手順などを示す説明文を書くことができる。

B1.2　新聞記事や映画などについて，専門的でない語彙や複雑でない文

法構造を用いて，自分の意見を含めて，あらすじをまとめたり，基本的な内容を報告したりすることができる。

これらの質問項目についての回答方法は，次のような4段階であった。4：ほぼできる，3：ある程度はできる，2：あまりできない，1：ほとんどできない。それぞれの回答を点数化し，2つのタスクについての合計が8点満点中の5点以上を「できる」と考えているとし，4点以下を「できない」と考えていると見なした。

（2）実験タスクと実施方法

B1.1とB1.2の各ディスクリプタに該当するタスクをCambridge ESOLのPreliminary English Test（PET）を参考に作成した。PETはCEFRのB1レベルに対応している。CEFR-JのB1.1のディスクリプタに対応させたタスク1はPETのWritingにおけるPart 2の出題形式を参照にした。同様にB1.2レベルのタスク2は，同じくPart 3の出題形式を参照にした。

実験参加者を担当する教員が，タスクの実施方法を説明した後，辞書などを使用せず40分間で回答してもらった。

> タスク1
> 　Tom is an exchange student from England. He asked you how to find a book for reading homework.
> 　Write an e-mail to him. In your e-mail you should explain
> 　・where is the library
> 　・how to find a book
> 　・how to borrow the book
> 　Write 40–50 words on your answer sheet.
> タスク2　Please write a story which begins with this sentence：
> I had a real surprise when I read the newspaper article.
> 　Write your answer in about 100 words.

（3）採点方法

採点は，東京外国語大学の英語センターに所属する英語ネイティブ教員にお願いした。TESOLの修士号を持つ女性で教歴が10年以上あった。同大学

において，過去3年間にケンブリッジ英検のCEFR基準に沿って年間1,000本程度ライティングの添削を行っており，採点業務の経験が豊富である。

全体的評価基準（holistic scoring）としてPETの評価基準を導入した。タスク1は対応するPETのPart 2の評価基準を使用し，0～5の6段階で評価を行った。同様にタスク2は，Part 3の評価基準を使用し，0～5の6段階の方法で評価してもらった。PETの合格到達基準を参考にし，2つのタスクの評価点の合計が6以上の得点を取った被験者をCEFR-JのB1レベルに達していると見なした。さらに，追加的な情報を得るために，分析的評価基準（analytic scoring）として，Council of Europe（2001）のVocabulary Control（p.112），Grammatical Accuracy（p.114），Coherence and Cohesion（p.125）の各到達目標基準を利用した。それぞれ5レベル，8レベル，8レベルとなっている。

以上のようなCAN-DOリストに対する被験者の認識と，実際のタスクでの評価にどのような差があるのか検証した。B1レベルに合格した人と，しなかった人のグループに分け，それぞれ「できる」と「できない」と答えた人数を，グループにおける母比率に差があるのか，対応のある排反データのz検定による両側検定を行った。

さらに，このレベルから特に重要になってくるcoherenceに関する分析的評価の得点と，全体的評価の得点との相関関係を調べた。

※ 実証分析の結果
（1）タスクの妥当性と信頼性

タスクはディスクリプタの内容を反映したものであり，B1レベルの検証に使われる形式に基づいて作成されているため，一定の内容的妥当性（content validity）はあると思われる。

さらに，被験者が事前に受験したTOEICテストの結果と，今回の結果の関連をピアソンの相関係数で確認した。結果として，ある程度の相関関係がみられた（$r = 0.63$）。このことから，実験タスクは一定の共存的妥当性（concurrent validity）があると言える。

表1：タスク1，タスク2の記述統計と信頼性係数

タスク1

項目	最高	最低	平均	標準偏差
全体的評価	5	1	3.31	0.98
Vocabulary	5	1	3.54	0.85
Grammar	7	1	3.72	1.19
Coherence	7	1	3.48	1.05

n＝65　　Cronbach's $\alpha=0.901$

タスク2

項目	最高	最低	平均	標準偏差
全体的評価	5	1	3.09	0.91
Vocabulary	5	1	3.48	0.87
Grammar	7	1	3.62	1.03
Coherence	7	1	3.77	1

n＝65　　Cronbach's $\alpha=0.924$

　タスク1，2の結果におけるそれぞれの記述統計は表1に示してある。評価の内的一貫性（internal consistency）をCronbachのαで計算したところ，タスク1は0.901，タスク2では0.924と高い信頼性を示した。タスク1と2の全体的評価の合計得点の分布は図1のようになった。

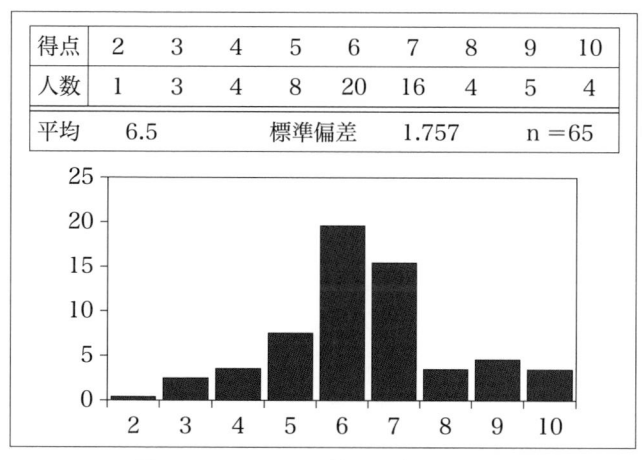

得点	2	3	4	5	6	7	8	9	10
人数	1	3	4	8	20	16	4	5	4

平均	6.5	標準偏差	1.757	n＝65

図1：ライティングタスク得点の分布

メディアンは6点で，65人の平均点は6.5である。評価が6点以上のB1レベルに達していると考えられるグループは49名，達していないグループは16名であった。それぞれのグループの被験者の認識と比較した。

(2) 被験者の認識とパフォーマンスの差
①合格点に達しているグループ

合格点に達した49名の中で，このレベルを「できる」と考えている人は37名で76%であった。一方，「できない」と考えている人は12名で24%であった。この割合の差に関して，対応のある排反データの母比率の差のz検定を行った。結果は$p<0.001$（$z=4.1526$）で統計的に有意であった。この結果，合格レベルのスキルを持つ学習者は，自分がそのレベルに達していると認識している傾向があり，CAN-DOとテストの結果に一定の整合性が見られた。

②合格点に達していないグループ

合格点に達していない16名の中で，このレベルを「できない」と考えている人は7名で44%であった。一方，「できる」と考えている人は9名で56%であった。この割合の差に関して対応のある排反データの母比率の差のz検定を行った。結果は統計的に有意ではなかった（$z=0.504$）。このことから，合格レベルに達していない人は，自分が「できない」と正しく認識しているとは言えずに，実際のパフォーマンスと認識に差があった。

以上の結果から，B1のレベルに関して次のような考察ができる。ライティングのCAN-DOと実際のスキルとの関係は，このレベルに達している人は，ほぼ一致していると言える。しかし，このレベルに達していない人は一致しない傾向がある。この結果が示唆するものは，上位レベルの学習者は該当レベルの正確な認識ができているが，下位レベルの学習者はこれができていない。自分の達成していない上位のレベルのCAN-DOの内容を正確に把握するのは容易でないと考えられる。特に，下位の学習者は自分のスキルを過大評価する傾向があった。このような兆候はNakatani (2006) におけるスピーキングのスキルに関する調査でも同じように見られた。英語ライティングにおける認識とパフォーマンスの不一致の原因としては，前述したように，実際の目的のために書くというオーセンティックな体験が少ないことが影響を

与えていると思われる。このため，未経験の上位レベルのディスクリプタの内容の認識を，自分の書く能力と一致させるのは，それほど容易でないと考えられる。

（3）coherenceの到達度が全体評価に与える影響

　学習者のcoherenceがどれほど重要な要因となりうるのか，被験者それぞれの2つのタスクの全体的評価結果の合計得点と，分析的評価におけるcoherenceの合計得点を比較した。図2は全体的評価の得点とcoherenceの得点の相関関係をグラフで表したものである。

　ピアソン相関係数を求めた結果は$r = 0.764$となり，高い相関関係があった。このことからcoherenceの得点の高い被験者は，全体の評価も高くなる傾向がある。結果として，このレベルの学習者には，英文ディスコースの一貫性を構築するトレーニングの重要性が示唆されたと言える。

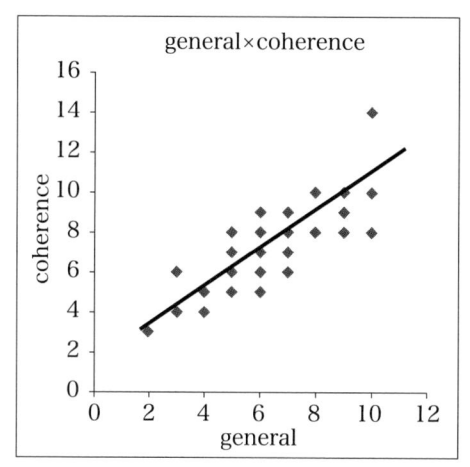

図2：全体的評価の合計得点とcoherenceの合計得点の相関関係図

　以上のことから，実際のライティングのタスクを行いながら，CAN-DOの内容について明確に意識づけを行う必要性が示された。自分のレベルを正確に把握しながら，目標設定をしていくトレーニングが有効なのではないだろうか。特にB1レベルから，coherenceの構築が重要な目標になりうる。実際の授業において，いかに具体的にcoherenceの構築していくのかが今後の課題と言える。

【まとめ】
　本節は，ライティングスキルのディスクリプタに関する学習者の認識と，実際のタスクでのパフォーマンスを比較した。「書くこと」というプロダクション技能の調査という性質上，多くのレベルを取り扱うことはできず，ここではB1のレベルに絞って検証した。このため，CEFR-J 全体に関する議論はできない。今後すべてのレベルで確認していくことが望ましい。
　しかしこの調査から，以下の重要な事項が示唆された。ライティングスキルの上位者は自分のレベルをよく把握しており，CAN-DO の認識と実際のスキルに整合性があった。しかし，到達度に達していない学習者は，認識とパフォーマンスに差があった。今後は，CAN-DO の内容を十分に理解させ，自分のスキルをよく認識させながら，実際のタスクで指導していく必要がある。

【もっと知りたい方へ】
　CEFR のライティングの到達目標に関しては，Council of Europe (2001) の以下のページに記載がある。Common Reference Levels：pp. 26–27, Overall Written Production：pp. 61–63. Written Interaction：pp. 82–84。また同書の巻末には，DIALANG scales という自己評価に使える各レベルの CAN-DO リストがあり，ライティングについては p. 232, pp. 240–241 に記載されている。
　また coherence や cohesion に関しては，Halliday and Hasan (1976) や Halliday (2004) に詳細に記述されている。またこれらの概念がアカデミック・ライティングの学術論文で具体的にどのように構築されているのか調査したものに，中谷・土方・清水 (2011) がある。

Q42 CEFR-J を用いた文法指導はどうあるべきか？

※ CEFR-J と文法事項配列——各レベルでどんな文法を教えるべきなのか

　効果的な文法指導を計画するにあたって，まずすべきことはどの文法事項をどのタイミングで教えるか，つまり文法事項の配列を決めることであろう。しかしながら，どの文法事項をどのような順番で教えるべきかという問いに対して，明確な答えは現在のところ用意されてはいない。従来，英語教科書における文法事項の配列は，文法事項の構造的複雑性やコミュニケーションにおける重要性（communicative value）に注目しながら決められていたと考えられるが，ほとんどの場合，教科書編集者・執筆者の直感や経験に頼って決められたものであり，実証的なデータに基づいたものではない。学習者の特性，母語との関係などさまざまな要因を考慮しながら，経験とデータの両方に基づいて，学習者に合った配列を決めていかなければならない。

　CEFR-J においても，各レベルでどのような文法事項の習得を目指すべきなのか Version 1 の段階では現在のところ提案されていない。今後，CEFR-J のバージョンアップとともに，それぞれのレベルで必要となる文法事項を明示し，レベルごとに習得を目指すべき文法事項を配列していくことが望まれる。特に学習者言語のコーパス・データの分析結果を生かし，文法事項の配列を検討する試みが盛んに行われているので，その成果を反映させることが近い将来可能になると思われる（Hawkins & Filipović, 2012）。

　CEFR-J のための文法配列案はまだ提案されていないが，CEFR に合わせて試みられた文法配列案がいくつか公表されており，CEFR-J と文法事項の関係を考える上で示唆に富む。特に前述（→ Q8参照）の Threshold シリーズと British Council / EAQUALS (European Association for Quality Language Services) が作成した A Core Inventory for General English は，CEFR-J を利用する際に各レベルでどのような文法事項が必要となるかを把握する上で大いに参考になる。以下にその概要を示したい。

(1) Threshold シリーズ

　Threshold シリーズは，前述したように（→ Q8参照），van Ek と Trim によって1970年代から開発されてきた英語運用能力の詳細な記述である。このシリーズの中の Waystage は CEFR の A2レベル，Threshold は CEFR の B1レベル，Vantage は B2レベルの言語能力を記述しようとしたものであり，それぞれが各レベルで必要となる文法事項のリストを示している。*Threshold 1990*は日本語訳も出版されており，言語機能，概念，文法事項の詳細なリストを見ることができる。

　Threshold シリーズにおける文法事項配列の妥当性に関しては，Hawkins and Filipović (2012) が，学習者の英語コーパスである Cambridge Learner Corpus のデータを用いて，検証作業を行っている。分析の結果，Threshold シリーズの配列は概ね妥当であるが，一致しないものもあることが報告されている。このような分析を参考に，日本人の英語学習コーパスを使って CEFR-J のための文法配列を確立していくことが求められている。

(2) Core Inventory for General English

　CEFR のレベルごとの文法配列に関して参考にすべきもう1つの資料は，British Council / EAQUALS (European Association for Quality Language Services) が作成した A Core Inventory for General English である。これは CEFR 準拠の語学学校シラバス，英語学習用教科書，教師対象調査に基づいて文法項目，言語機能，概念をレベルごとに列記したものである（→ Q11参照）。

　次ページの表1は Core Inventory が示す CEFR のレベルごとの主な文法事項をまとめたものである。表には，Core Inventory がレベルごとに示す文法事項が日本の検定教科書ではどの校種および学年で扱われているのか，筆者が備考として追記した。文法配列は教科書ごとに違いはあるが，多くの教科書が当該の文法事項を扱う学年を表に示した。

　表1の文法事項配列を見ると，日本の英語検定教科書の配列と難易の傾向が概ね一致していることがわかる。基礎的な言語使用者（Basic User）レベルである A1 および A2で Core Inventory が必要としている文法項目は，その多くが日本の中学校検定教科書で扱われている。自立した言語使用者（Independent User）である B1 および B2レベルで必要とされる文法項目は，

中学校で指導される関係代名詞および受動態を除いては，ほとんど高校で扱う文法項目となっている。熟達した言語使用者（Proficient User）レベルであるＣレベルで必要とされる文法事項は，高校でかなり複雑なものとして扱われるものである。関係代名詞および受動態が自立した言語使用者であるＢレベルの配置になっているのは，構造的な複雑さが高いことと，別の文構造を用いてもメッセージの伝達が可能であることが理由ではないかと推測されるが，この配列が妥当かどうかは学習者コーパスのデータを用いて検証すべき興味深い点である。

表1：Core Inventory が示す CEFR レベルごとの主な文法事項

CEFR A1

主な文法事項	例	教科書
比較級・最上級	She's taller than Michelle.	中2
Be going to	Are you going to study this weekend?	中2
How much / how many	How many sisters do you have?	中1
命令形（肯定・否定）	Sit down, please.	中1
助動詞 can / can't / could ...	I can't swim. / Can I use your phone?	中1
単純過去	I lived in Paris for 6 months.	中1
所有格	Is this your pen?	中1
現在進行	John's working in France now.	中1
単純現在	She eats fruits every day.	中1
代名詞	They live in Newcastle. / I dropped it.	中1
疑問	Is she from Egypt? / Do you like dancing?	中1
There is / are	There's a bank near the station.	中2
動詞 + 〜ing	I love swimming.	中2

CEFR A2

主な文法事項	例	教科書
比較級	This book is more interesting than these ones.	中2
最上級	Math is the most difficult subject for me.	中2
冠詞	I love pizza, but the pizza at Gino's are not very good.	中1 中3

条件	If I stay in the sun I get a headache.	中2
動名詞	Walking is the best exercise.	中2
助動詞 (can / could / have to / should)	This could be England's best chance. / I have to go to Madrid. / You should study tonight.	中2, 高校
過去進行	I was living in Spain when I met her.	中2
to 不定詞	I went to the post office to buy stamps.	中2
現在進行（未来）	I'm seeing him at 11:00 this morning.	高校
現在完了	Have you ever been to Greece?	中3
Wh 疑問（過去）	Where did she go to university?	中2

CEFR B1

比較級・最上級（副詞）	Paula got ready more quickly than the others. / Stig worked the hardest.	中2
仮定法過去	What would you do if they asked you to work in America?	高校
仮定法過去完了	If we hadn't gone out last night, we wouldn't have missed them.	高校
助動詞 (must / can't, might / should have)	I really must lose weight. / That must be Brigitte's father. / You should have come with us.	中2・ 高校
過去完了	The train had left when I got to the station.	高校
未来進行	I'll be working late tomorrow.	高校
現在完了進行	How long have you been playing tennis?	高校
話法	She said she liked brown bread. / He asked if she wanted to go home.	高校
単純な受動態	The trees were damaged by the storm.	中3

CEFR B2

未来進行	This time next year, I'll be working in Japan.	高校
未来完了	She won't have left by then.	高校
未来完了進行	Julia will have been studying economics for 5 years when she graduates next year.	高校
複雑な仮定法	If I had studied harder, I'd be at university now.	高校

助動詞（can't have）	It can't have been John you saw, because he was with me.	高校
さまざまな受動態	I thought I was being followed. / The new treatment for malaria has been found to be very effective.	高校
過去完了	He had had a terrible day up until that point.	高校
過去完了進行	I was tired. I'd been working for 16 hours.	高校
関係代名詞	I've lost the books that I borrowed from the library.	中3
間接話法	She thought she could do it all herself.	高校

CEFR C1, C2

否定副詞句による倒置	Little did I know that he had already left the company.	高校
複雑な仮定法	If Lola had given me the information earlier, she'd be coming with us on holiday.	高校
過去時制の助動詞	I should have warned him about the traffic, but I forgot. / Things might have turned out differently, if she had asked first.	高校
後悔の wish / if only	I wish I'd studied a bit harder. / If only I had behaved a bit better, she might have given me a chance.	高校
さまざまな受動態	He'll be given a warning. / You'll be being transferred to your new job tomorrow.	高校

　Core Inventory を細かく見ていくと興味深い配列に気づくことができる。例えば，比較級は以下のように配列されている：

　　形容詞+er than(A1)　＜　more 形容詞 than(A2)　＜　more 副詞 than(B1)

　このような比較級のタイプによる段階的な扱いは日本の中学校英語教科書ではあまり試みられていない。発達段階を考慮した配列として検討すべきものであると思われる。

　このように，Core inventory の文法配列は，日本の英語教育における文

法配列を考える上で，さまざまな示唆を与えてくれる。

※ CEFR-J と文法指導のあり方

　中学校および高等学校の現行学習指導要領（外国語）では，文法はコミュニケーションを支えるものであって，その指導にあたっては文法指導を言語活動と一体的に行うよう明記されている（文部科学省2008, 2009）。CEFR-J は各レベル，各スキルで学習者がどのような言語活動ができるのかを記述したものであるため，CEFR-J のディスクリプタにある言語活動を生徒が遂行できるように指導することによって，おのずと言語活動と統合した文法指導を行うことが可能になる。例えば，以下のディスクリプタに含まれる言語活動を行うためには，This is ..., We call ＋目的語＋補語，There is ... 場所などの複数の文法事項の使用が必須となり，学習者の文法に対する気づき，理解，内在化，自動化を促す指導を行うことが可能になる。

> 話すこと・発表（CEFR-J A2.1）
> 　写真や絵，地図などの視覚的補助を利用しながら，一連の簡単な句や文を使って，身近なトピック（学校や地域など）について短い話をすることができる。

> 話すこと・発表（CEFR-J A2.2）
> 　写真や絵，地図などの視覚的補助を利用しながら，一連の簡単な語句や文を使って，自分の毎日の生活に直接関連のあるトピック（自分のこと，学校のこと，地域のことなど）について，短いスピーチをすることができる。

※ 言語活動と一体化した文法指導──フォーカス・オン・フォーム

　文法指導に関する指導原理として，文法構造を1つ1つ積み重ねるように生徒が学習していけば，その言語知識を応用的に活用していつか将来使えるようになるというものがある。このような指導原理に基づいた英語授業では，文法構造が指導の中心となっていて，どんなことをするためにそれぞれの文法が必要となるのか，文法項目がどのような機能を果たすのかを十分に生徒に伝えることは，言語活動をしっかり組み合わせて行わない限り，難しいと思われる。CEFR-J を用いながら，各レベルで生徒に何ができるようになってほしいのかという言語運用能力を重視した観点で指導を組み立てていけば，

文法構造中心の指導とは全く異なるプロセスをたどって文法習得を促すことが可能になる。

　例えば，以下の例のように自分の町について紹介できるようになることを授業のねらいとし，そのためには there is 構文が必須のものになることを生徒に伝えていく指導においては，文法形式だけ理解して，それをどのような状況で何のために使うかわからないというようなことが起こりにくくなると予測される。

|言語活動の例|

○言語活動のねらい：自分の町について紹介できるようになる（A2-1）
○目標文法項目：there is 構文
○指導手順：
　①モデル文を教師が提示し，生徒は聞くこと，読むことで理解する。
　②教師がプレゼンテーションのモデルを示す。
　③自分の町を紹介する文を書く
　④自分の町を知らない人（ALT など）に自分の町を紹介する。
　　例：I live in Onagawa Town. It's in the east of Miyagi Prefecture. It's famous for fish. There are beautiful mountains in Onagawa. There is a big seaport in our town. I want to be a fisherman in the future. I want to help Onagawa recover.
　⑤絵や写真を使って，町を紹介するポスターをグループで作る。

　このように意味重視，コミュニケーション重視の言語活動の中に文法指導を組み込むのは，フォーカス・オン・フォーム（focus on form）と呼ばれる指導形態である。これは，1990年初頭から注目され，実証的な研究が蓄積されてきているもので，さまざまな点から第二言語習得を促すことが明らかにされている（Long, 1991；Long & Robinson, 1998；和泉，2009；髙島，2011；村野井，2006）。特に，形式・意味・用法のつながり（form-meaning-use mapping）を学習者が理解することを助けると考えられている（Doughty, 2001）。

　形式・意味・用法のつながりを把握することは文法の運用力を伸ばす上で不可欠であり，このつながりを学習者に理解させない限り，「文法を知っているけど，使えない」英語学習者を生み出し続けることになってしまう

(Larsen-Freeman, 2003)。目標言語を使って何をするのか，何ができるようになるのかを，授業のねらいとして明確に示した上で，それを支えるものとして文法を学習者に提示していくことによって，形式・意味・用法を学習者がしっかりとつかみ，文法運用能力を伸ばしていくと考えることができる。このように，構造中心の文法指導から言語活動重視の文法指導に転換する上で，CEFR-J は大きな意味を持つと考えることができる。

まとめ

CEFR-J は，学習者の熟達度ごとに何ができるようになるべきなのかを示したものである。各レベルにおいてどのような文法項目の習得を目指すのが効果的なのか，Threshold シリーズや Core Inventory などの資料を参考に，レベルごとの目標文法項目を確定していくことが求められる。

CEFR-J は言語活動を前面に押し出した能力記述リストなので，それぞれの言語活動を授業で行うことで，言語運用を重視した文法指導を行うことがおのずと可能になる。文法をコミュニケーションを支えるものとしてとらえ，文法の形式・意味・用法の習得を言語活動の中で促すことができる。各レベルで何ができるようになるかという能力記述を指導の中心に置くことにより，文法能力の育て方も質的に変わりうると期待することができる。

もっと知りたい方へ

Michael Milanovic & Nick Saville が編集する *English Profile Studies 1* には文法と CEFR の関係に関する詳細な研究結果が報告されている。第二言語習得研究の成果も随所で応用されており，文法習得研究を行う上で重要な文献である： Hawkins, J. and Filipović, L. (2012) *English profile studies: Critical features in L2 English*. Cambridge, UK: Cambridge UP.

Q43 CEFR-J を用いた語彙指導はどうあるべきか？

※ CEFR と語彙学習

CEFR または CEFR-J を用いた語彙指導について留意したい点は以下の3つである：
　① CEFR 各レベルで身につけるべき語彙は何か
　② CEFR の利用に際し，どのような語彙学習の方略をとるべきか
　③ CEFR 各技能と語彙の関連はどうすべきか
　この3点に関して以下で解説をしつつ，英語学習における語彙学習の重要なポイントに関してもまとめておきたい。

※ CEFR レベルと身につけるべき語彙

CEFR は大きく A1〜C2の6レベルに分かれている。その各レベルで身につけるべき語彙に関しては，どのような提案がされているかまとめておこう。まず知っておきたいのが，T-series の言語項目リストである（T-series の詳細は Q8を参照）。この中で実際に言語を使用する場面と機能に関する分類が細かくなされており，A1レベルでは約900項目，B1レベルでは2200項目の語彙・表現が分類されている。Q24で解説したように，ケンブリッジが提案している English Vocabulary Profile（EVP）では B2レベルまでで約5000語，CEFR-J Wordlist では6000語を提案している。B2レベルでは一般に大学基礎レベルの英語も扱うことを考慮すると，これらの語彙量は下限として設定してあると考えた方がよい。実際は英語圏の大学の教養レベルの英語では，8000〜10000語レベルの語彙を知っておかないと専門分野の講義やテキストの理解はできないだろう。

※ コアになる基礎語彙の特徴

どのくらいの語彙サイズがあれば何ができるのか？という問いに関しては，

CEFR単体では明確な答えは提示されていない。そこで英語母語話者のコーパス分析の結果を見てみよう。1億語のイギリス英語均衡コーパスBritish National Corpusの話し言葉1000万語においては，異なり語が57000語程度あるが，そのうち最も頻度の高い100語で67％を占める（投野，2006）。その100語の内訳は20程度の基本動詞と70の機能語（冠詞・代名詞・前置詞・副詞・接続詞・助動詞）で占められ，内容語の名詞と形容詞は合わせても10語（10％）しかない。すなわちこの100語程度の語彙で文法の骨組みや土台ができていると言える。そこから語彙ランクを下げて調査すると上位2000語で話し言葉の9割をカバーし，書き言葉の8割をカバーすることがわかる。この2000語の内訳をみると今度はその半分が名詞になる。つまり，トップ100語で文の骨組みを作り，2000語程度の語彙でそこに肉づけをしていろいろなことを表現し，会話の9割くらいの語彙はその2000語でまかなっているのである。そのイメージを図1に示す：

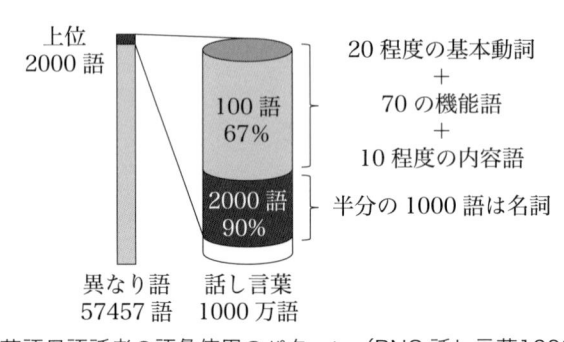

図1：英語母語話者の語彙使用のパターン（BNC話し言葉1000万語）

　この話し言葉9割，書き言葉8割を占める高頻度2000語の語彙群をきちんと発信語彙として習得することの重要性は強調し過ぎてもし過ぎることはない。その根拠はこの2000語レベルを超えると，テキストに占める単語のカバー率が極端に落ちるからである（次ページ図2参照）。
　次ページの図2に示すように，最初の2000語までのカバー率が書き言葉8割，話し言葉9割と圧倒的なのに対し，その後の4000，6000，8000語などのレベルの増加に比して，カバー率は各々数パーセントしか伸びない。つまり，英語という言語は2000語程度の高頻度語彙を多用してメインのアイデアや文の組み立てを大部分行ってしまい，そこに残りの分野別の低頻度

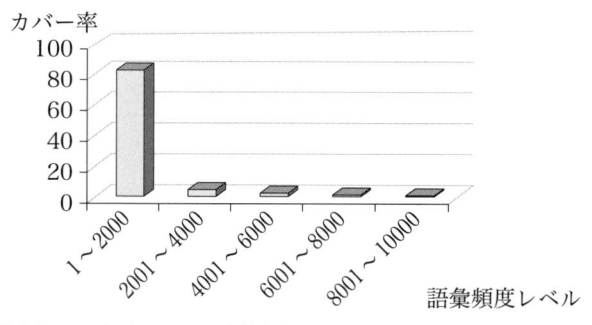

図2：単語頻度レベルとカバー率の推移（Cambridge International Corpus による）

語彙を挿入していろいろな場面や概念に対応した表現を作り出しているのである。

　コア語彙としてはこの2000語がマスターできなければ，その英語は実用レベルで使い物にならないといえる。この2000語は高校終了までにはほぼどの教科書にも登場する単語で，これを活用語彙として身につけることが高校終了時までの最重要の目標である。これができればあとは低頻度語彙を認識語彙として3000〜4000語程度意味だけ覚えていれば，たいていの大学レベルの英文も問題なく読破できる。むしろ，CEFR 的に言えば2000語が4技能バランスよく使いこなせている方が，B1の Independent User（自立した言語使用者）により近いといえよう。

※ 語彙学習の方略──「幹」の語彙と「枝葉」の語彙

　2000語の学習が最優先だとした場合，語彙学習はどのようにするべきだろうか？前述のコーパス分析から明らかなように，基本2000の語彙は文法の核を構成する100語程度の「幹」の単語と，残りの1900語の「枝葉」の単語から成っている。この「幹」と「枝葉」の単語の関係は相補的である。最重要の基本動詞 have を例として考えると，have は「have ＋目的語」というパターン以外に「have＋過去分詞」（完了形），「have ＋目的語＋原形不定詞」（使役），そして have to 〜のような準助動詞として文法事項では数回にわたって登場する。これだけ多機能であれば have が基本100語を構成する高頻度動詞であることは自明のことであるが，本当に大事なのはこういった文法事項としての have の活用ではない。表１は「have ＋名詞」の

表1:「have +名詞」のコロケーションの比較

日本人中高生(JEFLL)	英語母語話者 (出典:30億語の web コーパス)
breakfast; bread; rice; lunch; food; money; time; break; dream; fun	problem; time; idea; effect; access; chance; opportunity; fun; experience; impact

　コロケーションに関して日本人中高生1万人の英作文コーパス JEFLL Corpus と英語母語話者30億語のデータを比較したものである。
　最もよく出現したコロケーション上位10語のうち,共通していたのは time と fun の2つで,日本人英語学習者の使用パターンは母語話者に比べると「食事関係」(have breakfast),「具体的なもの」(have some [no] money),「時間」(have a good time ; have fun ; have a break) などに限定される。ここには挙げていないがさらに上位30語くらいまでを比較すると,中高生は「have +名詞」の中身が「具体的に持っているもの」が多いのに対して,母語話者は逆に具体的な名詞はほとんどなく,抽象的な名詞と一緒に使った表現が圧倒的に多いことがわかる。
　「have +名詞」は文法事項としては中学1年の最初に出てきて,既出事項として扱われてしまうが,実は英語の上達にはこのような have に続く名詞との組み合わせの知識が欠かせない。母語話者はこの組み合わせの知識を使ってさまざまな表現をしており,裏返すと基本動詞 have がこれほどまでに高頻度なのは,表1のような多様な表現を使いこなすために動詞として have が不可欠であり,「have +名詞」でこれらが出てくるようになっていることが英語力と直結している,といえるだろう。
　このような点を考えると,語彙学習の方略として重要なことは「幹」と「枝葉」は組み合わせて覚える,使ってみる,ということである。最初は個々の単語をばらばらに覚えてもよいが,早い段階から「枝葉」の語であっても,重要動詞とのコロケーションやチャンクの形で練習することが効果的である。
　ここで「幹」と「枝葉」の単語という区別と「発表語彙(productive vocabulary)」,「受容語彙(receptive vocabulary)」という区別を混同しないで欲しい。

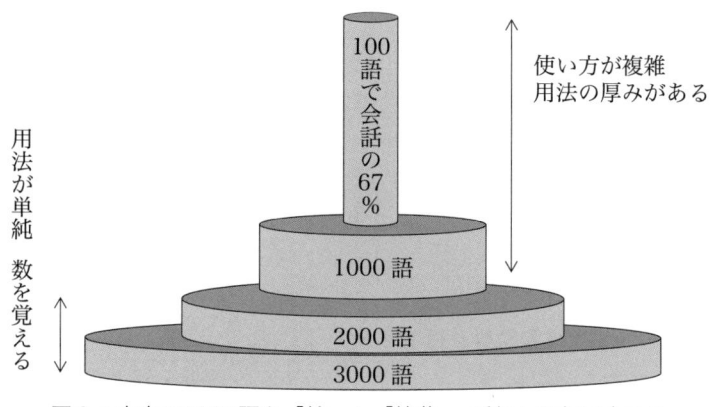

図3：中高の3000語を「幹」と「枝葉」，受信と発信で考える

※ 受容・発表語彙との関係

　図3は中高3年間の3000語を語彙知識の深さと広さをイメージして図解したものである。「幹」の単語は動詞と機能語群で英文の型を決めたりパーツを組み立てたりする役割がある。「枝葉」の単語は名詞・形容詞（または副詞も含める）などで「幹」の単語が作った構造の肉付けをする単語である。「幹」の単語100程度は英語学習の最初の段階から受容・発表両面を鍛えることが重要である。中学3年までは文科省指定の1200語のうち，「幹」の単語100語＋「枝葉」（500〜600語）が発表語彙として，残り500語くらいが受容語彙として身につけられるとよい。しかし，高校終了時までに3000語のうち，2000語を発表語彙，残り1000語を受容語彙とするのが標準的な目安になろう。その際に中学で習った1200語は高校の2年生あたりまでにそのほとんどが発表語彙に転換しているのが望ましい。現在，高校で懸案になっている「英語で授業」も，こういった「受容語彙として中学で出てきたものを発表語彙に転換する」という意味合いが重要である。

※ 発表語彙はくりかえし言語使用場面を提供する

　発表語彙は中核となる2000語であるから，高校の教科書の毎回のレッスンではテキストの8割はこの単語群になる。have の例で示したように，新出の文法事項として扱われる場合だけでなく，「have＋名詞」のコロケーションが具体的な名詞（I have a pen.）からより抽象的な名詞との用法（I had lunch. → Have a look! → I have a problem.) へと身につけるべき語彙知識が深化していく必要がある。これらは教科書の中心の文法事項にはなっていないが，「幹と枝葉」の語彙の組み合わせを発表語彙として身につける際に不可欠のフレーズ群だ。これら異なる用法を教師がピックアップして，繰り返し使い方を深めていくタスクを考えたい。この意味で，すでに知っているはずの単語を用いて英語で聞いたり話したりする活動は極めて重要である。

※「枝葉」の語彙はまずは量を増やす

　一方「枝葉」の単語は「幹」の単語と異なり，一定量を覚えておきたい。最初は1対1の単語カードで丸暗記でもかまわない。受容語彙の学習の場合にはいくつか留意点がある。1つは偶発的語彙学習（incidental vocabulary learning）よりも，意図的語彙学習（intentional vocabulary learning）を積極的に取り入れること。よく，多読をして単語は自然に身につけるという主張を聞くが，Nation & Webb（2010）などの語彙習得研究の先行研究を見れば，新しい単語が自然に定着するためには膨大な量のテキストに触れなければならず，偶発的学習と意図的学習の両方が重要であることがわかる。

　第2に，単語に触れるモードを多様にする，ということである。これは英語では multimodal という。単語を覚える際には，(1) 綴りを目で見て，(2) 発音を聞いて，(3) 口で言って，(4) 手で書いて，といった五感を用いた練習とその組み合わせ（単語を見て聞いて言って書いて，など）が効果的だ。さらに最終的には「日本語」→「英語」という風に覚えたものを出す練習でしめくくると保持率が高い。

※「枝葉」の語彙はリスニングとリーディングで触れる量を増やす

　さらに「枝葉」の単語は繰り返し触れる量を増やし，意味を再生する機会を多く持つことである。このために，受容語彙であっても「使う」機会として，やさしい英語で「聞く」「読む」を何度も体験するとよい。逆説的なようだが，意図的学習で覚えた単語はそれに再び出会うチャンスを求めてたくさんのインプットを積む，それも新しく単語を身につけるためではなく，知っている単語を使うチャンスとしてインプットを積む，ということが大事である。その意味でも，中学・高校の英語授業の一部を英語で行うことは非

常に大切だ。すでに知っていると思っている単語を，違うモードで触れさせて実際に意味がわかるかを試してみる。「枝葉」の単語の量を増やすためにもインプットの機会を多く作ってやることは必須条件である。

※ CAN-DOリストを語彙指導と連携させて活用する

今までは一般的な英語語彙習得の研究からわかっていることを述べた。ここでCEFRの枠組みの中での語彙指導に立ち返ってみよう。CEFRでは具体的な語彙リストはEnglish ProfileやCore Inventoryなどのプロジェクトの成果を参考にする必要がある。現在，筆者（投野）らが開発しているCEFR-J Wordlist（付属CD-ROMに収録）ではCEFRレベル別の語彙数に関しては以下のような大まかなガイドラインを設けている：

表2：CEFR-J WordlistにおけるCEFRレベルと単語数

CEFRレベル	A1	A2	B1	B2
単語数	1000語	1000語	2000語	2000語

ただしEnglish Vocabulary Profileとこのリストには1500語程度ずれがあり，それらを包含するとB2の終わりまでに約6000〜7500語の語彙サイズがベースとなるだろう。A2までに2000語というのは学習指導要領でいえば高校2年修了くらいのテキスト・レベルなのだが，おそらく受容語彙としては可能でも発表語彙として高2レベルで2000語を駆使できる学習者はきわめて稀だと言える。日本の現状で学習者の8割以上がAレベルであることを勘案すると，やはり当面の目標はこの2000語の攻略であると言ってよい。

CAN-DOリストから語彙を選定する際には，大きく以下の2通りのアプローチがある。

① CAN-DOリストの「行為」「文脈」などの情報から，使用語彙が推測できる場合：
(例)「スポーツや食べ物などの好き嫌いなどのとてもなじみのあるトピックに関しては，はっきり話されれば，限られたレパートリーを使って，簡単な意見交換をすることができる。」（やりとり：A1.2）

- 特に発信技能の CAN-DO にこのパターンが多い。
- この場合には「スポーツ」「食べ物」といった項目の単語をリストして,「好き嫌い」で意見を言えばいいのだから, I like ... / I don't like ... とか Do you like ...? 程度の表現が使えればよい。
- CEFR-J Wordlist から名詞の分野カテゴリーで候補の単語を絞り込むことができ, それらを使ったタスクを考えることが可能。

② CAN-DO リストの「テキストのジャンル」などから使用語彙を推測できる場合:

(例)「学習を目的として書かれた新聞や雑誌の記事の要点を理解することができる。」(読むこと:B1.1)

- 受信の CAN-DO の場合は多くが「〜を理解することができる」という文なので, 特定の表現が思い浮かばない。むしろ, 理解する対象であるテキストのジャンルや文章レベルなどで難易度を規定することになる。
- この場合には B1 レベルに書き直しをしてあるテキストであるから, 少なくとも 2000 語の基本語彙を中核に, 4000 語レベル程度の難易度までを許容する。
- 「新聞・雑誌」の記事ということで, 時事的な内容や説明文などの文体に慣れることがこの CAN-DO の主眼になる。こういった視点から, 教科書の本文で新聞・雑誌の記事に近いものや, 英語学習者用の語彙統制を効かせた実際の新聞などから記事を参照することになろう。

具体的な語彙選定の際の CEFR-J Wordlist 利用のポイントは Q24 を参考にして欲しい。

※ B レベル以上はアカデミック語彙・ESP 語彙の方向へ

日本の中高の英語教育ではまずは A レベルの発表語彙をしっかりと身につけることが最大の目標となるが, 大学英語教育までを視野に入れると B レベルの語彙が重要になる。これは 4000〜6000 語レベルの語彙で, 大学入試や大学学部教養レベルに必要な単語群と言ってよい。このレベルでは, 基礎の 2000 語を活用語彙としてさらに深めながら, 受容語彙としてはアカデミック語彙（例:Coxhead の Academic Word List の約 500 word family など）および専門分野の語彙を徐々に増やす必要が出てくる。こういった指導には

今後「内容言語統合型学習 CLIL (Content and Language Integrated Learning)」のような指導法の可能性が重要になってくるだろう。ただ，ここに達するまでの基礎段階での英語教育の改革が先決である。そのためには，語彙指導もできるだけ「英語力」の全体像をイメージして，「幹」と「枝葉」それぞれに合った学習法を勧めていくべきであろう。

【まとめ】
　英語の語彙力は立体構造をしている。最も重要な100程度のコアと2000語の発表語彙を身につけるのが第1のゴール。そこまでがAレベルの基礎を作る。Bレベルになると，2000語を深めつつ，4000語くらいまでの受容語彙を身につけ（B1），アカデミック語彙とESP語彙が重要になっていく（B2）。

【もっと知りたい方へ】
　コーパス分析による英語語彙知識の構造に関しては，投野（2006）に詳しい。さまざまな語彙習得研究の方法や先行研究は Nation & Webb（2010）を参照。

Q44 CEFR-J を用いた言語テストはどうあるべきか？

※ テストでカバーするスキルの決定

　CEFR-J に基づいた言語テストはどのようなものだろうか。言語能力の評価に際しては，言語テストによる場合とそれ以外の方法による場合とがある。後者の評価は英語では alternative assessment といい，教室活動の観察やスピーチ，レポートなどが含まれる。CEFR-J は CEFR と基本的に同じ枠組みを持っているので，5つのスキル（「聞くこと」「読むこと」「やりとり」「発表」「書くこと」）という観点から評価計画を作成することになる。CEFR-J に基づいて到達目標を記述したとすると，その評価にはそれらのスキルが含まれていなければならない。そして，その CAN-DO ディスクリプタのうちどれを言語テストにより評価し，どれを alternative assessment により評価するかを決定しなければならない。例えば，到達目標に「話すこと」の「やりとり」に関する CAN-DO ディスクリプタが入っており，これを言語テストにより評価することにしたとすると，そのテストには「やりとり」が含まれていなければならない。CAN-DO リストにだけ，「やりとり」が含まれていて，テストには「やりとり」がないというのでは，整合性がない。

　もっとも，「やりとり」などは，「テスト」ではなく，alternative assessment である教室内の活動の「観察」で見ていこうとすることもあるかもしれない。観察で見ること自体はいいのだが，この際注意しなければならないのは，CAN-DO ディスクリプタは，学習者が自力でできることを書いたものなので，教室の中で教師や友達などのさまざまな助けを得ればできてしまうようなことは「できる」とは判断されないという点だ。この点を考慮しないと，教室内でやった活動は，みな「できる」活動となってしまい，これでは必ずしも妥当性のある評価とは言えなくなっている可能性もある。

※ テスト・タスクの決定,テキストの決定

　さて,到達目標に設定したスキルはすべてテストするとしよう。この場合,CAN-DO ディスクリプタをもとにテストを作成することになる。それぞれの CAN-DO ディスクリプタが実行できるかどうかを知るには,これらの CAN-DO ディスクリプタに基づくタスクを実際にやらせてみればよい。日本の英語のテストでは,いわゆる「総合問題」が出題されたり,文法や語彙といった言語知識を単独で問うような問題が出題されたりすることが多いが,CEFR-J に基づいたテストでは,こうした方法は採用されないだろう。文法や語彙といった言語知識を問うような問題は,それ自体の有用性を必ずしも否定するものではないが,CEFR-J に基づいたテスト・タスクとの相性は悪い。

　CAN-DO ディスクリプタは,行動中心に書かれているので,ここからテスト・タスクを作成することはそれほど困難なことではない。CAN-DO ディスクリプタに基づくテスト・タスクは,基本的にオーセンティックなタスクを志向すべきである。例えば,「やりとり」のB1.1のCAN-DOディスクリプタは,次のようにテスト・タスクとして具現化される（→ Q32参照）。

CAN-DO ディスクリプタ
・身近なトピック（学校・趣味・将来の希望）について,簡単な英語を幅広く使って意見を表明し,情報を交換することができる。

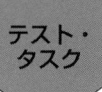

テスト・タスク
・今度留学生が来るのであなたたちは学校代表として学校紹介のプレゼンテーションをすることになりました。この学校のアピールポイントをまずできる限り多く挙げ,そのあとでどのポイントを取り上げるか1つ決めましょう。

図1：B1.1「やりとり」のディスクリプタとテスト・タスク

　ただし,タスクが具体的にどのような現実のタスクを意味しているかということに関しては,テスト作成者によりかなり異なったイメージを持つ可能性がある。例えば,「やりとり」のA2.1の「道案内をすること」などは,タスクとしての解釈の幅が比較的狭いと思われるが,同じA2.1のもう1つのタスク「意見交換をすること」は解釈の幅はかなり広いだろう。

　「話すこと」や「書くこと」といった発表技能とは異なり,「聞くこと」や

「読むこと」といった受容技能では，テキストの「理解」が問題になる。しかし，テキストを読んだり聞いたりして「理解すること」は，それ自体では目に見えないために，テストでは何らかの方法で引き出さなければならない。その際に，なるべく現実のタスクに近い形で引き出すことである。例えば，「アナウンスを理解することができる」であれば，自分に必要な情報を聞き取って，「どこに行くべきか」とか「何をすべきか」などの判断させたり，メモをとらせたりというようなテスト・タスクになるだろう。ただし，「〜の要点を理解することができる」というようなディスクリプタの場合は，いわゆる典型的なテスト・タスクになってしまわざるを得ないかもしれない。

さらに，受容技能のテストでは，タスクの確定以外に，理解する対象である「テキスト」も確定しなければならない。CAN-DO ディスクリプタの中には，「基本的な語彙」や「身近な話題」という文言が含まれているが，テスト作成においては，これらを具体化していかなければならない。これはもともとの CEFR のディスクリプタがどの言語でも使えるようにするために，個別の言語への言及は避けていることに起因する。つまり，Milanovic (2009, p.3) の言うように CEFR 自体は "deliberately underspecified and incomplete" となっているために，個別言語のテストでは，これらを具体的に規定していく必要がある。語彙レベルの具体化にあたっては，Q24で紹介されている CEFR-J Wordlist や English Profile Programme の Vocabulary Profile などを参照するといいだろう。また，「基本的な語彙で書かれた文章」が実際にどのような文章なのかを具体的に決めてみて，テスト作成者で合意できれば，それをその後のテスト作成のベンチマーク・テキストとして共有することも必要である。これは，「読むこと」や「聞くこと」の受容技能だけでなく，「話すこと」や「書くこと」の発表技能の場合も同様である。「話すこと」であれば，生徒のパフォーマンスの実例，「書くこと」であれば，生徒が実際に書いた文章の実例などを用意できるとよい。

※ 採点方法の決定

受容技能のテストは客観式となることが多いが，記述式の採点で注意したいのは，テストしようとしている能力とは別の観点からの減点を行わないことである。具体的には，リーディングやリスニングのテストで，解答の英文の中にミス・スペリングがあっても，減点したりしないことである。こうして

しまうと，テスト結果は本来ねらっていたのとは別の能力を測ることになる。

さて，これに対して，発表技能の採点はやっかいである。CEFR-Jの CAN-DO ディスクリプタに基づく発表技能のテストは，一般的に言えば，主観テストとなるであろう。ということは，きちんとした手続きを踏んで採点を行わなければ，信頼性の高いテスト結果は得られないということを意味する。採点の観点としては，「全体的採点」と「分析的採点」とがあるが，後者の採点基準としては，Council of Europe (2001, pp.28-29) の Common Reference Levels : qualitative aspects of spoken language use などを参考にするといいだろう。ちなみに，こちらでは，観点として range, accuracy, fluency, interaction, cohesion が挙げられており，それぞれの観点に，レベルごとの記述がある。このため，分析的採点は診断的な機能が高いと言われているが，その一方で，あまり多くの観点を用意しても，実際には採点者が使い切れないとも指摘されている。

分析的採点方法の代表的な例としては，他に Jocobs *et al.* (1981) があり，こうしたものを利用する手もある。しかしながら，利用にあたっては，それが評価対象となる学習者のレベルの弁別に合っているかを見極める必要がある。海外で開発された幅広い言語熟達度の学習者の弁別を目的としたものなどは，日本の英語学習者の弁別にはレベルの刻みが大まかすぎるような場合がある。

【まとめ】

CEFR-Jを用いた言語テストの作成にあたっては，まず，どの技能のどの CAN-DO ディスクリプタをテストによって評価するかを決定する必要がある。次に，CAN-DO ディスクリプタをもとにテスト・タスクを作成する。CEFR-J は CEFR 同様に underspecified であるために，テスト・タスク作成の段階では，言語材料やタスクを具体化する必要がある。発表技能の採点にあたっては，「全体的採点」か「分析的採点」かを決め，信頼性の高い採点となることを心がけなければならない。

【もっと知りたい方へ】

CEFR-J に基づくテスト作成については，Glenn Fulcher (2010) による Practical Language Testing の8章の Aligning tests to standards が参考になる。

CEFR-J 日本語版（Version 1.1）

	レベル	Pre-A1	A1.1	A1.2	A1.3	A2.1	A2.2
理解	聞くこと	ゆっくりはっきりと話されれば，日常の身近な単語を聞きとることができる。	当人に向かって，ゆっくりはっきりと話されれば，「立て」「座れ」「止まれ」といった短い簡単な指示を理解することができる。	趣味やスポーツ，部活動などの身近なトピックに関する短い話を，ゆっくりはっきりと話されれば，理解することができる。	ゆっくりはっきりと話されれば，自分自身や自分の家族・学校・地域などの身の回りの事柄に関連した句や表現を理解することができる。	ゆっくりはっきりと放送されれば，公共の乗り物や駅や空港の短い簡潔なアナウンスを理解することができる。	スポーツ・料理などの一連の行動を，ゆっくりはっきりと指示されれば，指示通りに行動することができる。
理解	聞くこと	英語の文字が発音されるのを聞いて，どの文字かわかる。	日常生活に必要な重要な情報（数字，品物の値段，日付，曜日など）を，ゆっくりはっきりと話されれば，聞きとることができる。	日常生活の身近なトピックについての話を，ゆっくりはっきりと話されれば，場所や時間等の具体的な情報を聞きとることができる。	（買い物や外食などで）簡単な用をたすのに必要な指示や説明を，ゆっくりはっきりと話されれば，理解することができる。	学校の宿題，旅行の日程などの明確で具体的な事実を，はっきりとなじみのある発音で指示されれば，要点を理解することができる。	視覚補助のある作業（料理，工作など）の指示を，ゆっくりはっきりと話されれば，聞いて理解することができる。
理解	読むこと	口頭活動で既に慣れ親しんだ絵本の中の単語を見つけることができる。	「駐車禁止」，「飲食禁止」等の日常生活で使われる非常に短い簡単な指示を読み，理解することができる。	簡単なポスターや招待状等の日常生活で使われる非常に短い簡単な文章を読み，理解することができる。	簡単な語を用いて書かれた，スポーツ・音楽・旅行など個人的な興味のあるトピックに関する文章を，イラストや写真も参考にしながら理解することができる。	簡単な語を用いて書かれた人物描写，場所の説明，日常生活や文化の紹介などの，説明文を理解することができる。	簡単な英語で表現されていれば，旅行ガイドブック，レシピなど実用的・具体的で内容が予想できるものから必要な情報を探すことができる。
理解	読むこと	ブロック体で書かれた大文字・小文字がわかる。	ファーストフード・レストランの，絵や写真がついたメニューを理解し，選ぶことができる。	身近な人からの携帯メールなどによる，旅の思い出などが書かれた非常に短い簡単な近況報告を理解することができる。	簡単な語を用いて書かれた，挿絵のある短い物語を理解することができる。	簡単な語を用いて書かれた短い物語や伝記などを理解することができる。	生活，趣味，スポーツなど，日常的なトピックを扱った文章の要点を理解したり，必要な情報を取り出したりすることができる。

B1.1	B1.2	B2.1	B2.2	C1	C2
外国の行事や習慣などに関する説明の概要を、ゆっくりはっきりと話されれば、理解することができる。	自然な速さの録音や放送(天気予報や空港のアナウンスなど)を聞いて、自分に関心のある、具体的な情報の大部分を聞き取ることができる。	自然な速さの標準的な英語で話されていれば、テレビ番組や映画の母語話者同士の会話の要点を理解できる。	非母語話者への配慮としての言語的な調整がなされていなくても、母語話者同士の多様な会話の流れ(テレビ、映画など)についていくことができる。	構成が明瞭ではなく、事柄の関係性が暗示されているだけで明示的になっていないときでも、長い話を理解できる。また、特別に努力しないでもテレビ番組や映画を理解することができる。	生であれ、放送されたものであれ、母語話者の速いスピードの発話でも、話し方の癖に慣れる時間の余裕があれば、どんな種類の話し言葉も難無く理解することができる。
自分の周りで話されている少し長めの議論でも、はっきりとなじみのある発音であれば、その要点を理解することができる。	はっきりとなじみのある発音で話されれば、身近なトピックの短いラジオニュースなどを聞いて、要点を理解することができる。	トピックが身近であれば、長い話や複雑な議論の流れを理解することができる。	自然な速さで標準的な発音の英語で話されていれば、現代社会や専門分野のトピックについて、話者の意図を理解することができる。		
学習を目的として書かれた新聞や雑誌の記事の要点を理解することができる。	インターネットや参考図書などを調べて、文章の構成を意識しながら、学業や仕事に関係ある情報を手に入れることができる。必要であれば時に辞書を用いて、図表と関連づけながら理解することができる。	現代の問題など一般的関心の高いトピックを扱った文章を、辞書を使わずに読み、複数の視点の相違点や共通点を比較しながら読むことができる。	記事やレポートなどのやや複雑な文章を一読し、文章の重要度を判断することができる。綿密な読みが必要と判断した場合は、読む速さや読み方を変えて、正確に読むことができる。	長い複雑な事実に基づくテクストや文学テクストを、文体の違いを認識しながら理解できる。自分の関連外の分野での専門的記事や長い技術的説明書も理解できる。	抽象的で、構造的にも言語的にも複雑な文章、例えばマニュアル・専門的記事・文学作品のテクストなど、事実上あらゆる形式で書かれた英文を容易に読むことができる。
ゲームのやり方、申込書の記入のしかた、ものの組み立て方など、簡潔に書かれた手順を理解することができる。	平易な英語で書かれた長めの物語の筋を理解することができる。	難しい部分を読み返すことができれば、自分の専門分野の報告書・仕様書・操作マニュアルなどを、詳細に理解することができる。	自分の専門分野の論文や資料から、辞書を使わずに、必要な情報や論点を読み取ることができる。		

	レベル	Pre-A1	A1.1	A1.2	A1.3	A2.1	A2.2
話すこと	やりとり	基礎的な語句を使って、「助けて！」や「〜が欲しい」などの自分の要求を伝えることができる。また、必要があれば、欲しいものを指さししながら自分の意思を伝えることが出来る。	なじみのある定型表現を使って、時間・日にち・場所について質問したり、質問に答えたりすることができる。	基本的な語や言い回しを使って日常のやりとり（何ができるかできないかや色についてのやりとりなど）、において単純に応答することができる。	趣味、部活動などのなじみのあるトピックに関して、はっきりと話されれば、簡単な質疑応答をすることができる。	順序を表す表現である first, then, next などのつなぎ言葉や「右に曲がって」や「まっすぐ行って」などの基本的な表現を使って、単純な道案内をすることができる。	簡単な英語で、意見や気持ちをやりとりしたり、賛成や反対などの自分の意見を伝えたり、物や人を較べたりすることができる。
		一般的な定型の日常の挨拶や季節の挨拶をしたり、そうした挨拶に応答したりすることができる。	家族、日課、趣味などの個人的なトピックについて、（必ずしも正確ではないが）なじみのある表現や基礎的な文を使って、質問したり、質問に答えたりすることができる。	スポーツや食べ物などの好き嫌いなどのとてもなじみのあるトピックに関して、はっきり話されれば、限られたレパートリーを使って、簡単な意見交換をすることができる。	基本的な語や言い回しを使って、人を誘ったり、誘いを受けたり、断ったりすることができる。	補助となる絵やものを用いて、基本的な情報を伝え、また、簡単な意見交換をすることができる。	予測できる日常的な状況（郵便局・駅・店など）ならば、さまざまな語や表現を用いてやり取りができる。

B1.1	B1.2	B2.1	B2.2	C1	C2
身近なトピック（学校・趣味・将来の希望）について，簡単な英語を幅広く使って意見を表明し，情報を交換することができる。	病院や市役所といった場所において，詳細にまた自信を持って，問題を説明することができる。関連する詳細な情報を提供して，その結果として正しい処置を受けることができる。	ある程度なじみのあるトピックならば，新聞・インターネットで読んだり，テレビで見たニュースの要点について議論することができる。	一般的な分野から，文化，学術などの，専門的な分野まで，幅広いトピックの会話に積極的に参加し，自分の考えを正確かつ流暢に表現することができる。	言葉をことさら探さずに流暢に自然に自己表現ができる。社会上，仕事上の目的に合った言葉遣いが，意のままに効果的にできる。自分の考えや意見を正確に表現でき，自分の発言を他の話し手の発言にうまくあわせることができる。	いかなる会話や議論でも無理なくこなすことができ，慣用表現，口語体表現をよく知っている。自分を流暢に表現し，細かい意味のニュアンスを正確に伝えることができる。表現上の困難に出会っても，周りの人に気づかれないように修正し，うまく繕うことができる。
個人的に関心のある具体的なトピックについて，簡単な英語を多様に用いて，社交的な会話を続けることができる。	駅や店などの一般的な場所で，間違った切符の購入などといったサービスに関する誤りなどの問題を，自信を持って詳しく説明することができる。相手が協力的であれば，丁寧に依頼したり，お礼を言って，正しいものやサービスを受けることができる。	母語話者同士の議論に加われないこともあるが，自分が学んだトピックや自分の興味や経験の範囲内のトピックなら，抽象的なトピックであっても，議論できる。	幅広い慣用表現を使って，雑誌記事に対して意見を交換することができる。		

	レベル	Pre-A1	A1.1	A1.2	A1.3	A2.1	A2.2
話すこと	発表	簡単な語や基礎的な句を用いて，自分についてのごく限られた情報（名前，年齢など）を伝えることができる。	基礎的な語句，定型表現を用いて，限られた個人情報（家族や趣味など）を伝えることができる。	前もって発話することを用意した上で，限られた身近なトピックについて，簡単な語や基礎的な句を限られた構文を用い，簡単な意見を言うことができる。	前もって発話することを用意した上で，限られた身近なトピックについて，簡単な語や基礎的な句を限られた構文に用い，複数の文で意見を言うことができる。	一連の簡単な語句や文を使って，自分の趣味や特技に触れながら自己紹介をすることができる。	写真や絵，地図などの視覚的補助を利用しながら，一連の簡単な語句や文を使って，自分の毎日の生活に直接関連のあるトピック（自分のこと，学校のこと，地域のことなど）について，短いスピーチをすることができる。
		前もって話すことを用意した上で，基礎的な語句，定型表現を用いて，人前で実物などを見せながらその物を説明することができる。	基礎的な語句，定型表現を用いて，簡単な情報（時間や日時，場所など）を伝えることができる。	前もって発話することを用意した上で，日常生活の物事を，簡単な語や基礎的な句を限られた構文を用い，簡単に描写することができる。	前もって発話することを用意した上で，日常生活に関する簡単な事実を，簡単な語や基礎的な句を限られた構文を用い，複数の文で描写できる。	写真や絵，地図などの視覚的補助を利用しながら，一連の簡単な句や文を使って，身近なトピック（学校や地域など）について短い話をすることができる。	一連の簡単な語句や文を使って，意見や行動計画を，理由を挙げて短く述べることができる。

B1.1	B1.2	B2.1	B2.2	C1	C2
使える語句や表現を繋いで，自分の経験や夢，希望を順序だて，話しを広げながら，ある程度詳しく語ることができる。	短い読み物か短い新聞記事であれば，ある程度の流暢さをもって，自分の感想や考えを加えながら，あらすじや要点を順序だてて伝えることができる。	ある視点に賛成または反対の理由や代替案などをあげて，事前に用意されたプレゼンテーションを聴衆の前で流暢に行うことができ，一連の質問にもある程度流暢に対応ができる。	要点とそれに関連する詳細の両方に焦点を当てながら，流暢にプレゼンテーションができ，また，あらかじめ用意されたテキストから自然にはなれて，聴衆が興味のある点に対応してプレゼンテーションの内容を調整し，そこでもかなり流暢に容易に表現できる。	複雑なトピックを，派生的問題にも立ち入って，詳しく論ずることができ，一定の観点を展開しながら，適切な結論でまとめ上げることができる。	状況にあった文体で，はっきりと流暢に記述・論述ができる。効果的な論理構成によって聞き手に重要点を把握させ，記憶にとどめさせることができる。
自分の考えを事前に準備して，メモの助けがあれば，聞き手を混乱させないように，馴染みのあるトピックや自分に関心のある事柄について語ることができる。	自分の関心事であれば，社会の状況（ただし自分の関心事）について，自分の意見を加えてある程度すらすらと発表し，聴衆から質問がでれば相手に理解できるように答えることができる。	ディベートなどで，そのトピックが関心のある分野のものであれば，論拠を並べ自分の主張を明確に述べることができる。	ディベートなどで，社会問題や時事問題に関して，補助的観点や関連事例を詳細に加えながら，自分の視点を明確に展開することができ，話を続けることができる。		

レベル		Pre-A1	A1.1	A1.2	A1.3	A2.1	A2.2
書くこと	書くこと	アルファベットの大文字・小文字，単語のつづりをブロック体で書くことができる。	住所・氏名・職業などの項目がある表を埋めることができる。	簡単な語や基礎的な表現を用いて，身近なこと（好き嫌い，家族，学校生活など）について短い文章を書くことができる。	自分の経験について，辞書を用いて，短い文章を書くことができる。	日常的・個人的な内容であれば，招待状，私的な手紙，メモ，メッセージなどを簡単な英語で書くことができる。	身の回りの出来事や趣味，場所，仕事などについて，個人的経験や自分に直接必要のある領域での事柄であれば，簡単な描写ができる。
		単語のつづりを1文字ずつ発音されれば，聞いてそのとおり書くことができる。また書いてあるものを写すことができる。	自分について基本的な情報（名前，住所，家族など）を辞書を使えば短い句または文で書くことができる。	簡単な語や基礎的な表現を用いて，メッセージカード（誕生日カードなど）や身近な事柄についての短いメモなどを書ける。	趣味や好き嫌いについて複数の文を用いて，簡単な語や基礎的な表現を使って書くことができる。	文と文を and, but, because などの簡単な接続詞でつなげるような書き方であれば，基礎的・具体的な語彙，簡単な句や文を使った簡単な英語で，日記や写真，事物の説明文などのまとまりのある文章を書くことができる。	聞いたり読んだりした内容（生活や文化の紹介などの説明や物語）であれば，基礎的な日常生活語彙や表現を用いて，感想や意見などを短く書くことができる。

B1.1	B1.2	B2.1	B2.2	C1	C2
自分に直接関わりのある環境（学校，職場，地域など）での出来事を，身近な状況で使われる語彙・文法を用いて，ある程度まとまりのあるかたちで，描写することができる。	新聞記事や映画などについて，専門的でない語彙や複雑でない文法構造を用いて，自分の意見を含めて，あらすじをまとめたり，基本的な内容を報告したりすることができる。	自分の専門分野であれば，メールやファックス，ビジネス・レターなどのビジネス文書を，感情の度合いをある程度含め，かつ用途に合った適切な文体で，書くことができる。	自分の専門分野や関心のある事柄であれば，複雑な内容を含む報告書や論文などを，原因や結果，仮定的な状況も考慮しつつ，明瞭かつ詳細な文章で書くことができる。	いくつかの視点を示して，明瞭な構成で，かなり詳細に自己表現ができる。自分が重要だと思う点を強調しながら，手紙やエッセイ，レポートで複雑な主題について書くことができる。読者を念頭に置いて適切な文体を選択できる。	明瞭で流暢な文章を適切な文体で書くことができる。効果的な論理構造で事情を説明し，その重要点を読み手に気づかせ，記憶にとどめさせるよう，複雑な手紙，レポート，記事を書くことができる。仕事や文学作品の概要や評論を書くことができる。
身近な状況で使われる語彙・文法を用いれば，筋道を立てて，作業の手順などを示す説明文を書くことができる。	物事の順序に従って，旅行記や自分史，身近なエピソードなどの物語文を，いくつかのパラグラフで書くことができる。また，近況を詳しく伝える個人的な手紙を書くことができる。	そのトピックについて何か自分が知っていれば，多くの情報源から統合して情報や議論を整理しながら，それに対する自分の考えの根拠を示しつつ，ある程度の結束性のあるエッセイやレポートなどを，幅広い語彙や複雑な文構造をある程度使って，書くことができる。	感情や体験の微妙なニュアンスを表現するのでなければ，重要点や補足事項の詳細を適切に強調しながら，筋道だった議論を展開しつつ，明瞭で結束性の高いエッセイやレポートなどを，幅広い語彙や複雑な文構造を用いて，書くことができる。		

参考文献

Alderson, C. (2007). The CEFR and the Need for More Research. *The Modern Language Journal 91*, 659-663.

Brewster, J. & Ellis, E. (2004). *The Primary English Teacher's Guide* (New Edition). Harlow: Pearson Education Limited.

Cameron, L. (2001). *Teaching Language to Young Learners*. Cambridge: Cambridge University Press.

Canale, M., & Swain, M. (1980). Theoretical bases of communicative approaches to second language teaching and testing. *Applied Linguistics, 1*, 1-47.

Capel, A. (2012). Completing the English Vocabulary Profile: C1 and C2 vocabulary. *English Profile Journal 3*(1). doi: 10.1017/S2041536212000013. Published online. 15 June 2012.

Carle, E. (1993). *Today is Monday*. New York: Scholastic.

Cohen, A. D. (1994). *Assessing Language Ability in the Classroom*. Boston: Heinle & Heinle Publishers.

Council of Europe. (2001). *Common European Framework of Reference for Languages: Learning, Teaching, Assessment*. Cambridge: Cambridge University Press.

Council of Europe. (2002). *Common European Framework of Reference for Languages: Learning, Teaching, Assessment: Case studies*. Retrieved from http://www.coe.int/t/DG4/Portfolio/documents/case_studies_CEF.doc

Council of Europe. (2004). *Common European Framework in its political and educational context*. Retrieved from http://www.coe.int/t/dg4/linguistic/Source/Framework_en.pdf

Council of Europe.(2005). *Draft Guide for the Production of RLD: Version 2*, Strasbourg: Council of Europe.

Council of Europe. (2006). *European Language Portfolio: Teacher's Guide— third edition*. Retrieved from http://www.bing.com/search?q=+The+European+Language+Portfolio%3A+a+guide&form=MSNH69&qs=n&sk=&mkt=ja-jp&x=123&y=9

Council of Europe. (2009). *Language Education Policy Profiles—A transversal analysis: trends and issues*. Retrieved from http://www.coe.int/t/dg4/linguistic/Profils_EN.asp#TopOfPage

Council of Europe. (2011). *Pathways through assessing, learning and teaching in the CEFR*. Strasbourg: Council of Europe.

Curtain, H. & C. A. Dahlberg, (2010). *Languages and Children (Fourth Edition)*. Boston: Pearson.

Council of Europe. (2011). *Manual for Language test development and examining for use with the CEFR*. Retrieved from http://www.coe.int/t/dg4/linguistic/ManualtLangageTest-Alte2011_EN.pdf.

Council of Europe. (2011). *Manual for relating Language Examinations to the Common European Framework of Reference for Languages (CEFR)*. Retrieved from http://www.coe.int/t/dg4/linguistic/manuel1_en.asp http://en.wikipedia.org/wiki/Common_European_Framework_of_Reference_for_Languages

Debyser, F. (2001). European Language Portfolio. In European Centre for Modern Languages (ed.) *Living together in Europe in the 21st century: the challenge of plurilingual and multicultural communication and dialogue* (pp.113-125). Strasbourg: Council of Europe.

Doff, A. (2010). *English Unlimited Coursebook*. Cambridge: Cambridge University Press.

Doughty, C. (2001). Cognitive underpinnings of focus on form. In P. Robinson (Ed.), *Cognition and second language instruction* (pp. 206-257). Cambridge: Cambridge University Press.

English Profile: Introducing the CEFR for English Information Booklet (2011) http://www.englishuk.com/uploads/assets/training/English_Profile_Information_Booklet.pdf

Figueras, N. (2012). The impact of the CEFR, *ELT Journal, 66*(4).

Finnish National Board of Education. (2003). *National Core Curriculum for Basic Education 2004*. Vammala: Vammalan Kirjapaino Oy.

Green, A. (2010). Conflicting purposes in the use of CAN-DO statements in language education. In Schmidt, M. G., Naganuma, N., O'Dwyer, F., Imig, A., & Sakai, K., (Eds.), *CAN-DO statements in language education in Japan and beyond – Applications of the CEFR –* (pp. 35-48). Tokyo: Asahi Press.

Green, A. (2012). *Language Functions Revisited*. Cambridge: Cambridge University Press.

Halliday, M. A. K. (2004). *The Language of Science*. New York: Continuum.

Halliday, M. A. K., and Hasan, R. (1976). *Cohesion in English*. London: Longman.

Harmer, G. (2007). *The Practice of English Language Teaching (Fourth*

Edition). Edinburgh Gate: Pearson Longman.

Hawkins, J. A. & Filipovic, L. (2012). *Criterial Features in L2 English*. Cambridge: Cambridge University Press.

Heyworth, F. (2004). 'Why the CEF is important' in Morrow K. (ed.) *Insights from the Common European Framework*, (pp. 12-21). Oxford: Oxford University Press.

Higuchi, A. (2011). Common Asian Framework of References for Languages in Learning, Teaching, and Assessment (CAFR).『鹿児島大学教育学部研究紀要. 教育科学編』pp.1-12

Hindmarsh, R. (1980). *Cambridge English Lexicon*. Cambridge: Cambridge University Press.

Introducing the CEFR for English Version 1.1 Retrieved from http://www.englishprofile.org/images/pdf/theenglishprofilebooklet.pdf

Jacobs, H., Zinkgraf, S., Wormuth, D., Hartfiel, V. & Hughey, J. (1981). *Testing ESL composition: A practical approach*. Rowley: Newbury House.

Jones, N., & Saville. N. (2009). European Language Policy: Assessment, Learning, and the CEFR. *Annual Review of Applied Linguistics, 29*, pp. 51-63.

Kawanari, M. (2012). *Improving logical thinking and writing skills in English: sociocultural approach to EFL learners*.『明海大学外国語学部論集』第24集, pp. 131-147.

Keddle, J. S. (2004). The CEF and the secondary school syllabus. In Morrow, K. (ed.) *Insights from the Common European Framework* (pp.43-54). Oxford: Oxford University Press.

Komorowska, H. (2004). The CEF in pre- and in-service teacher education. In Morrow, K. (ed.) *Insights from the Common European Framework* (pp.55-64). Oxford: Oxford University Press.

Kuhn, B. & Cavana, M.L. P. (Eds.) (2012). *Perspectives from the European Language Portfolio: Learner autonomy and self-assessment*. London: Routledge.

Larsen-Freeman, D. (2003). *Teaching language: From grammar to grammaring*. Boston: Heinle.

Lenz, P. & Schneider, G. (2004). *Introduction to the bank of descriptors for self-assessment in European Language Portfolio*. Retrieved from http://www.coe.int/t/dg4/education/elp/elp-reg/Source/Key_reference/Intro_descriptors_bank_EN.pdf

Linacre, J. (2008). *FACETS*. [Computer software]. Chicago: Mesa Press.

Little, D. (2002). *The European Language Portfolio and learner autonomy*. Retrieved from http://www.tea4teachers.org/joomla/index.php?option=com_content&view=article&id=72:the-euroepan-language-portfolio-and-learner-autonomy&catid=38:publications&Itemid=37

Little, D. (2003). *The European Language Portfolio in use: Nine examples*. Retrieved from http://www.coe.int/t/DG4/Portfolio/documents/ELP %20 in%20use%2031%20January%2003.pdf

Little, D. (2006). *Drawing together the threads of self-assessment, goal-setting and reflection*. Retrieved from http://archive.ecml.at/mtp2/Elp_tt/Results/PagEF/e06.html

Little, D. (2009). Language learner autonomy and the European Language Portfolio: Two L2 English examples. *Language Teaching 42*(2), pp. 222-233.

Little, D. & Perclova, R. (2001). *The European Language Portfolio: a guide for teachers and teacher trainers*. Retrieved from http://www.scribd.com/doc/37189313/European-Language-Portfolio-Guide-for-Teachers-and-Teacher-Trainers

Little, D., Goullier, F. & Huges, G. (2011). *The European Language Portfolio: The Story So Far (1991-2011)*. Strasbourg: Council of Europe

Long, M. (1991). Focus on form: A design feature in language teaching methodology. In K. de Bot, R. Ginsberg, & C. Kramsch (Eds.), *Foreign language research in cross-cultural perspective* (pp. 39-52). Amsterdam: John Benjamins.

Long, M. & Robinson, P. (1998). Focus on form: Theory, research, and practice. In C. Doughty & J. Williams (Eds.), *Focus on form in classroom second language acquisition* (pp. 15-41). Cambridge: Cambridge University Press.

Lord, F. M. (1980). *Application of Item Response Theory to Practical Testing Problems*. Mahwah: Lawrence Erlbaum Associates.

LTTC. (2009).「各項英語測驗與 CEFR 參考架構」Retrieved from http://www.lttc.ntu.edu.tw/Tests_developed_by_LTTC.pdf

Maley, A. (2009). *Advanced Learners*. Oxford: Oxford University Press.

McBeath, N. (2011). The Common European framework of reference for languages: learning, teaching, assessment. *Arab World English Journal, 2* (1), pp. 186-213.

Milanovic, M. (2009). Cambridge ESOL and the CEFR. *Research Notes 37*. pp. 34-40.

Morrow, K. (2004). *Insights from the Common European Framework.* Oxford: Oxford University Press.

Morrow, K. (2004). Background to the CEF. In Morrow, K. (ed.) *Insights from the Common European Framework* (pp. 3-11). Oxford: Oxford University Press.

Nakatani, Y. (2006). Developing an Oral Communication Strategy Inventory. *The Modern Language Journal, 90*(2), 151-168.

Nation, P. & Webb, S. (2010). *Researching and Analyzing Vocabulary.* Boston: Heinle.

Negishi, M, Tono, Y, & Fujita, Y. (2012). A Validation Study of the CEFR Levels of Phrasal Verbs in the English Vocabulary Profile. *English Profile Journal 3*(1), pp. 1-16.

Negishi, M., Takada, T. & Tono, Y. (2012). A progress report on the development of the CEFR-J. *Studies in Language Testing 36*: pp. 137-157.

North, B. & Schneider, G. (1998). Scaling descriptors for language proficiency scales. *Language Testing, 15* (2), pp. 217-263.

North, B. (2000). *The Development of a Common Framework Scale of Language Proficiency.* New York: Peter Lang.

North, B. (2006). The Common European Framework of Reference: Development, Theoretical and Practical issues. Paper presented at the symposium on A New Direction in Foreign Language Education: The Potential of the Common European Framework of Reference for Languages. Osaka University of Foreign Studies, Japan, March 2006.

North, B., Ortega, A., & Sheehan, S. (2010). *Core inventory for general English.* British Council EAQUALS (European Association for Quality Language Services).

Päkkilä, T. (2003) The Finnish ELP pilot project, for upper secondary school. In D. Little (ed.) *The European Language Portfolio in use: nine examples.* (pp.7-12) Strasbourg: Council of Europe.

Parks, E. (2011). Vietnam demands English language teaching 'miracle.' *Guardian Weekly*, November 8th. Retrieved from http://www.guardian.co.uk/education/2011/nov/08/vietnam-unrealistic-english-teaching-goals

Redston, C. & Cunningham, C. (2005). *face2face elementary student's book.* Cambridge: Cambridge University Press.

Richards, J.C. & Bohlke, D. (2011). *Four corners level 1-4.* Cambridge: Cambridge University Press.

Samuda, V. & Bygate, M. (2008). *Tasks in second language learning.* New

York: Palgrave Macmillan.
Schärer, R. (2000). *Final Report: A European Language Portfolio: Pilot Project Phase 1998-2000*. Strasbourg: Council of Europe.
Schärer, R. (2004). *European Portfolio: From Piloting to Implementation (2001-2004)*. Strasbourg: Council of Europe.
Schärer, R. (2005). *European Language Portfolio: Interim Report 2005 with executive Summary*. Retrieved from http://elp.ecml.at/tabid/2591/language/en-GB/Default.aspx
Tarone, E. (1980). Communication strategies, foreigner talk and repair in interlanguage. *Language Learning, 30*, pp. 417-431.
Taylor, L. & Geranpayeh, A. (2011). Assessing listening for academic purposes: Defining and operationalising the test construct, *Journal of English for Academic Purposes, 10*(2), pp. 89-101.
van Ek, J. A. (1975). *The Threshold Level for Modern Language Learning in Schools*. London: Longman.
van Ek, J. A. & Trim, J.L.M. (1991). *Threshold 1990*. Cambridge: Cambridge University Press.
van Ek, J. A. & Trim, J.L.M. (1991, 2001). *Waystage*. Cambridge: Cambridge University Press.
van Ek, J. A. (1986). *Objectives for foreign language learning. Vol.II Levels*, Strasbourg: Council of Europe.
van Ek, J. A. & Trim, J. L. M. (2001). *Vantage*. Cambridge: Cambridge University Press.
Williams, J. M. (1994). *Style: Ten Lessons in Clarity and Grace*. New York: Harper Collins.
Zamel, V. (1983). The Composing Processes of Advanced ESL Students: Six Cases Studies. *TESOL Quarterly, 17*(2), pp. 165-187.

相澤一美・石川慎一郎・村田年・磯達夫・上村俊彦・小川貴宏・清水伸一・杉森直樹・羽井左昭彦・望月正道 (2005)『JACET 8000英単語』桐原書店.
和泉伸一 (2009)『「フォーカス・オン・フォーム」を取り入れた新しい英語教育』大修館書店.
植野真巨・荘島宏二郎 (2010)『学習評価の新潮流』朝倉書店.
D. A. ウィルキンズ著, 島岡丘訳注 (1984)『ノーショナル シラバス』桐原書店／オックスフォード大学出版局.
NHK語学講座 (2012)「2012年度からNHK英語講座が導入する新基準CEFRとは？」Retrieved from http://eigoryoku.nhk-book.co.jp/cefr.html

大友賢二（1996）『項目応答理論入門』大修館書店．
笠島準一他（2006）『NEW HORIZON English Course 1』東京書籍．
川成美香（2011）「4．社会文化的アプローチによる第二言語習得」『英語教育学大系　第5巻　第二言語習得』pp. 122-123．大修館書店．
K. モロウ（編），ジュリア・スター・ケドル　和田稔ほか（訳）（2013）「CEFRと中等学校用シラバス」『ヨーロッパ共通参照枠から学ぶ英語教育』研究社．
小池生夫（2006）「日本の外国語教育を創り直す――外国語教育政策策定の基本構想」『英語展望』夏号113. pp. 37-43，財団法人英語教育協議会．
小池生夫（編）（2007）『第二言語習得研究を基盤とする小，中，高，大の連携をはかる英語教育の先導的基礎研究』平成16年度〜平成19年度科学研究費補助金（基盤研究A）研究課題番号16202010．研究成果報告書．
小池生夫（2008）「世界水準の英語教育を見据えた英語教育――国家的な危機に対応する小池科研の研究成果と提言」『英語展望』2008年夏号．pp. 14-18，財団法人英語教育協議会．
小池生夫（2009）「CEFRと日本の英語教育の課題」『英語展望』冬号117．pp. 14-19，一般財団法人英語教育協議会．
小池生夫（監）寺内一（編）（2010）『企業が求める英語力』朝日出版社．
国際交流基金（2010）『JF日本語教育スタンダード2012利用者ガイドブック』独立行政法人国際交流基金．
椎名紀久子，石井恭平（2007）「高校生のリスニング力養成－英語CALL教材による自律学習の支援」『言語文化論叢』創刊号．pp.43-56．
椎名紀久子，松井順子，金森強，林正治．「小中高一貫の英語リスニングの到達指標の策定と検証：CEFR（A2-B1）を照準にして」，第40回九州英語教育学会宮崎研究大会，宮崎県立看護大学，2011.12.10．
塩澤真季・石司えり・島田徳子（2010）「言語能力の熟達度を表わすCan-do記述の分析」『国際交流基金　日本語教育紀要』第6号．pp.23-39．
髙島英幸（2011）『英文法導入のための「フォーカス・オン・フォーム」アプローチ』大修館書店．
高田智子（2012）「CEFRが目指すautonomyとagencyに関する考察」『明海大学外国語学部論叢』第24集，pp.75-86．
高田智子・尾関直子・笹島茂・寺内一（2012）Self-assessment vs. actual skills: Reading.「新しい英語能力到達度指標CEFR-J公開シンポジウム」口頭発表．2012年3月9日．明治大学．
高橋美由紀・山岡多美子（2001）『Sunshine Kids』Book 1・Book 2．開隆堂出版．
高橋美由紀・柳善和（編著）（2011）『新しい小学校英語科教育法』協同出版．
高橋美由紀他（2009）『Hello, kids!』Book 1・Book 2．開隆堂出版．

田辺洋二（2003）『これからの学校英語』早稲田大学出版部．
寺内一（2010）「国際ビジネスに必要なスキル」．小池生夫（監修）寺内一（編集）『企業が求める英語力』．pp. 67-76．朝日出版社．
寺内一（2012：2刷）「21世紀のESP．大学英語教育学会（監修）森住衛・神保尚武・岡田伸夫・寺内一（編集）『大学英語教育学－その方向性と諸分野』pp. 137-149．大修館書店．
投野由紀夫（2006）『コーパス超入門』小学館．
投野由紀夫（2010）「CEFR準拠の日本版英語教育へ到達目標の策定へ」『英語教育』増刊号，pp.60-63．
投野由紀夫（2012）「CEFR-Jを活用するための'CAN-DO' Descriptor リスト」東京外国語大学投野研究室．
投野由紀夫（編）（2012）『小，中，高，大の一貫する英語コミュニケーション能力の到達基準の策定とその検証』（平成20年度～23年度科学研究費補助金（基盤研究(A)）研究課題番号20242011．研究成果報告書．
豊田秀樹（2002）『項目反応理論：入門編－テストと測定の科学－』朝倉書店．
豊田秀樹（2004）『項目反応理論：理論編－テストの数理－』朝倉書店．
中谷安男（2012）「アカデミック・ライティングにおける研究者のスタンス：研究論文のIntroductionにおける伝達動詞の時制の検証」『英語コーパス研究』第19号，pp. 15-29．
中谷安男・土方裕子・清水眞（2011）「アカデミックコーパスにおけるCoherence構築のストラテジー：ScienceのDiscussionにおけるInformation Orderの検証」『英語コーパス研究』第18号，pp. 1-16．
中野美知子（2012）Students' self-assessment questionnaires.「新しい英語能力到達度指標CEFR- J公開シンポジウム」口頭発表，2012年3月9日，明治大学．
根岸雅史（2010）「CEFR-J ベータ版への確定作業について」．http://www.tufs.ac.jp/ts/personal/tonolab/cefr-j/TonoKakenInterimReportVer1.0.pdf より2012年10月14日検索
拝田清（2012）「ベトナムの言語教育政策－CEFRの受容と英語教育，そして少数民族語－」『EUおよび日本の高等教育における外国語教育政策と言語能力評価システムの総合的研究』pp. 13-21（平成21～23年度 科学研究費補助金研究 成果報告書 富盛伸夫代表）
日向清人（2007） http://eng.alc.co.jp/newsbiz/hinata/2007/12/post_449.html
日向清人（2008）「実社会が求める英語力のレベルはどの程度か」『日向清人のビジネス英語雑記帳』http://eng.alc.co.jp/newsbiz/hinata/2007/r/post-449html

深山晶子（2012）『CAN-DOリストと連動させたシミュレーション型ESP能力自己評価サイトの構築』平成21年度〜平成23年度科学研究費補助金（基盤研究（C））研究成果報告書（研究課題番号21520607）．
村野井仁（2006）『第二言語習得理論に基づく効果的な英語学習法・指導法』大修館書店．
文部科学省（2008）『中学校学習指導要領解説：外国語編』開隆堂出版．
文部科学省（2008）『小学校学習指導要領解説：外国語活動編』東洋館出版社．
文部科学省（2008）『中学校学習指導要領』文部科学省．
文部科学省（2012）『Hi, friends!』Book 1・Book 2．東京書籍．
文部科学省（2009）『高等学校学習指導要領』文部科学省．
文部科学省（2011）「国際共通語としての英語力向上のための5つの提言と具体的施策〜英語を学ぶ意欲と使う機会の充実を通じた確かなコミュニケーション能力の育成に向けて」外国語能力の向上に関する検討会．
矢野安剛他（2011）『英語教育学体系　第2巻　英語教育政策』大修館書店．
吉島茂・大橋理枝（他）訳・編（2004）『外国語教育Ⅱ－外国語の学習，教授，評価のためのヨーロッパ共通参照枠』朝日出版社．
吉島茂・長谷川弘基（編）（2004）『外国語教育Ⅲ－幼稚園・小学校篇』朝日出版社．
吉島茂・長谷川弘基（編）（2007）『外国語教育Ⅳ－小学校から中学校へ』朝日出版社．
吉島茂（2007）「ヨーロッパの外国語教育を支える考え方」『英語展望』No. 114, pp. 49-54．

Analysis of Spoken Interaction (http://www.philseflsupport.com/analysisofspokeni.htm)
CASEC CAN-DO http://casec.evidus.com/
Common European Framework of Reference for Languages (http://www.coe.int/t/dg4/Linguistic/Source/Framework_EN.pdf)
European Language Portfolio (https://eflstrategies.wikispaces.com/European+Language+Portfolio)
英検 Can-Do　http://www.eiken.or.jp/about/cando/cando_02.0.html

索引

欧文

ALTE　109
alternative assessment　291
Breakthrough　9, 46, 95
Cambridge Advanced English (CAE)　83
Cambridge English Lexicon　131
Cambridge ESOL　35, 82
Cambridge Exam　78
Cambridge ESOL Examinations　82
Cambridge Proficiency in English (CPE)　78, 83
CAN-DO　23, 34, 48, 102, 47, 51, 52, 54, 56, 78
CAN-DO 調査　110
CAN-DO ディスクリプタ　123, 124
CAN-DO リスト　77, 97, 98, 102, 104, 109, 229, 246, 259, 287
CEFR　84, 109
CEFR 準拠教材　77
CEFR-J　92, 123
CEFR-J のレベル設定　94
CEFR-J Can do Descriptor Database　135, 137
CEFR-J Wordlist　131, 281, 287
City & Guilds　79
CLIL　180, 289
coherence　272
Core Inventory　61, 66, 274, 275, 278, 287
DIALANG　109
Dossier　135
ELP →欧州言語ポートフォリオ　30, 31, 33, 56, 58, 104, 124, 161, 177
English Profile (EPP)　65, 287
English Vocabulary Profile (EVP)　69, 130, 281
e-Portfolio　78
European Language Portfolio (ELP)　135
First Certificate in English (FCE)　83
GEPT　89
global scale　98, 172, 190
good practice　75
GTEC　124
Hi, friends!　143
IELTS　89
Key English Test (KET)　83
Language Biography　135
Language Passport　135
notional syllabuses　6
Preliminary English Test (PET)　79, 83, 262, 269
PPP　163
Reference Level Descriptions (RLDs)　65
self-assessment grid　98
Spoken interaction →やりとり　38, 99, 205, 207, 213, 127, 129
Spoken production →発表　38, 189, 198
SurveyLang　72
Swiss project　109
European survey on language competences (ESLC)　72
Threshold Level　6, 89, 92, 101, 102, 132
Threshold　46, 84, 172, 267, 274, 275
TOEFL/TOEIC　89, 105

Total Physical Response（TPR） 143
T-Series 46, 132, 281
Vantage 9, 46, 172
Waystage 9, 46, 84

あ

アカデミック語彙 288
アジア共通言語参照枠（CAFR） 90
アメリカ外国語教育協会（ACTFL） 101
言いよどみ 40, 226
一貫性 52, 266
一般的概念 132
意図的語彙学習 286
イントネーション 226
A2レベル 160, 193, 239, 258, 292
A1レベル 149, 192, 227, 239
欧州言語ポートフォリオ（ELP） 9, 10
欧州現代語センター（ECML） 5
欧州評議会 4

か

概念 7, 35, 49
書くこと（ライティング） 120, 147, 155, 159, 166, 184, 256, 259, 266
学習時期 75
学習指導要領 92
学習者 53
学習者コーパス 66
学習ストラテジー 207
学生自己評価アンケート 95, 117, 125
カリキュラム 93
聞くこと（リスニング） 119, 150, 156, 165, 167, 184, 222, 229, 234, 286, 287, 293
基準特性 66-68
機能 35, 49
教育制度 74
教育領域 16

教授者 53
共存的妥当性 269
共通参照枠 36
偶発的語彙学習 286
具体的概念 132
結束 266
言語構造に関する能力 14
言語使用者 52
言語処理 40
言語生活の領域 98
言語政策部門（LPU） 5
言語テスト 82, 291
検証 95
語彙指導 281
公的な領域 16
行動指向アプローチ 11, 13, 63, 97
行動目標 101
項目応答理論 117, 125
項目困難度 109, 110, 118, 125, 127
項目特性曲線（ICC） 109, 118
項目反応理論（IRT） 108, 117
国際共通語としての英語力向上のための5つの提言と具体的施策 59
コミュニカティブ・コンピタンス 209
コミュニケーション・ストラテジー 207
コミュニケーション能力 24
語用論的能力 14

さ

参照レベル記述 167
Cレベル 182-184, 194
ジェスチャー 226
自己評価 125, 233, 235, 253
質的検証 26
質的調査法 106
私的な領域 16
社会言語的能力 14, 209
ジャンル 185

受信　24
受容語彙　284, 285
主要特性　106
小学校外国語活動　142
職業領域　16
シラバス開発　93
資料集→ ELP
信念　253
スピーキングの質的側面　175
SEL-Hi 校　92, 124
潜在特性分析　108
全体的採点　294
全体的評価基準　269

た

多次元尺度法　108
タスク　206, 210, 217, 248, 251, 268
達成度　72
妥当性検証　105, 248
ためらい　40
談話　175
中高一貫校　92
直観　95
直観的検証　26
直観的手法　105
ディスクリプタ　23, 34, 57, 63, 97, 102, 113, 115, 127, 136, 213, 217 229, 232, 238, 246, 248, 251, 267, 292, 294
　　ディスクリプタの改変　139
　　ディスクリプタ検証　26
　　ディスクリプタ作成　94
ディスコース　266
テスト・タスク　292

な・は

内的一貫性　270
内容的妥当性　269

並べ替えタスク　107
並べ替え調査　95, 111, 115, 116, 125
背景知識　43, 223
発信　24
発信語彙　284, 285
発達の最近接領域（ZPD）　206, 265
発表　38, 42, 44, 146, 154, 157, 165, 183
話すこと　165, 171
パフォーマンス　198, 219
場面　48
判別分析　107
B2レベル　172, 238, 261
B1レベル　165, 167, 169, 171, 238, 259, 262, 266
ビジネスパーソン調査　92
評価　53, 93
フォーカス・オン・フォーム　279, 280
複言語主義　11, 18, 20, 87, 90, 92
複文化主義　11, 18
Pre-A1レベル　142, 241, 257
プレゼンテーション　187
文型　68
分析的採点　294
文法指導　274, 279
包括性　52
ポートフォリオ　60

ま・や・ら

明確性　52
やりとり　24, 38, 42, 44, 146, 152, 158, 165, 183, 190
読むこと（リーディング）　151, 157, 165, 169, 183, 184, 238, 241, 242, 246, 286, 287, 293
ラッシュモデル　108, 117
量的検証　27
量的調査法　107

[編者紹介]

投野由紀夫（とうの　ゆきお）
東京外国語大学大学院教授．専門はコーパス言語学，第二言語語彙習得，辞書学．現在は CEFR のレベル別学習者コーパスをもとにした英語学習者のプロファイリング研究を中心に行っている．8年間にわたり，科研費基盤 A で CEFR の日本の英語教育への適用を実証的に研究し，CEFR-J を発表．
著書に *Corpus-Based Language Studies*（Routledge，共著），*Frequency Dictionary of Japanese*（Routledge，共著），『英語語彙の指導マニュアル』（大修館書店，共著），『プログレッシブ英和中辞典』（小学館，編者）他多数．

CAN-DO リスト作成・活用　英語到達度指標 CEFR-J ガイドブック（CD-ROM付）
©Tono Yukio, 2013　　　　　　　　　　　　　　　　　NDC 375／viii, 313p／21cm

初版第1刷──2013年6月15日
第4刷　──2015年7月1日

編者───────投野由紀夫
発行者──────鈴木一行
発行所──────株式会社　大修館書店
　　　　　　　〒113-8541　東京都文京区湯島 2-1-1
　　　　　　　電話 03-3868-2651（販売部）　03-3868-2294（編集部）
　　　　　　　振替 00190-7-40504
　　　　　　　［出版情報］http://www.taishukan.co.jp

装丁者──────CCK（長沼　直子）
印刷所──────広研印刷
製本所──────司製本

ISBN 978-4-469-24578-3　Printed in Japan

Ⓡ本書のコピー，スキャン，デジタル化等の無断複製は著作権法上での例外を除き禁じられています．本書を代行業者等の第三者に依頼してスキャンやデジタル化することは，たとえ個人や家庭内での利用であっても著作権法上認められておりません．

本 CD-ROM に収録されているデータの無断複製は，著作権法上の例外を除き禁じられています．